신주 사마천 사기 20

초세가

월왕구천세가

이 책은 롯데장학재단의 지원을 받아 번역, 출간되었습니다.

신주 사마천 사기 20 / 초세가·월왕구천세가

초판 1쇄 인쇄 2022년 6월 15일
초판 1쇄 발행 2022년 6월 30일

지은이 (본문) 사마천
(삼가주석) 배인·사마정·장수절
번역 및 신주 한가람역사문화연구소 사기연구실

펴낸이 이덕일
펴낸곳 한가람역사문화연구소

등록번호 제2019-000147호
주소 서울특별시 종로구 김상옥로17 대호빌딩 신관 305호
전화 02) 711-1379
팩스 02) 704-1390
이메일 hgr4012@naver.com

ISBN 979-11-90777-30-8 94910

값은 뒤표지에 있습니다.

세계 최초
**삼가주석
완역**

신주
사마천
사기

20

초세가
월왕구천세가

지은이
본문_ 사마천
삼가주석_ 배인·사마정·장수절

번역 및 신주
한가람역사문화연구소 사기연구실

한가람역사문화연구소

차례

사기 제41권 史記卷四十一
월왕구천세가 越王句踐世家

新註史記

원 사료는 중화서국中華書局 발행의 《사기》와 영인본 《백납본사기百衲本史記》를 기본으로 삼고, 인터넷 사료로는 대만 중앙연구원 역사어언연구소歷史語言研究所에서 제공하는 한적전자문헌자료고漢籍電子文獻資料庫의 《사기》를 참조했다.

일러두기

❶ 네모 상자 안의 글은 사기 본문 및 삼가주석 서문의 글이다.
❷ 한글 번역문 바로 아래 한문 원문을 실어 쉽게 대조할 수 있게 했다.
❸ 삼가주석 아래 신주를 실어 우리 연구진의 새로운 해석을 달았다.
❹ 사기 분문뿐만 아니라 삼가주석도 필요할 경우 신주를 달았다.
❺ 직역을 원칙으로 삼고 의역은 최대한 피했다.
❻ 한문 원문의 ( )는 빠져야 할 글자를, [ ]는 추가해야 할 글자를 나타낸다.

《사기》〈세가〉에 관하여

1. 〈세가〉의 여섯 유형

《사기》〈본기本紀〉가 제왕들의 사적이라면 〈세가世家〉는 제후들의 사적이다. 〈본기〉가 모두 12편으로 1년의 열두 달을 상징한다면 〈세가〉는 모두 30편으로 한 달을 상징한다. 훗날 북송北宋의 구양수歐陽修(1007~1072)가 《신오대사新五代史》를 편찬하면서 〈열국세가列國世家〉 10편을 저술했지만 반고班固는 《한서漢書》를 편찬할 때 〈열전〉만 저술하고 〈세가〉는 두지 않았다. 반고는 천하의 군주는 황제 1인이라고 다른 왕들의 존재를 인정하지 않았지만, 사마천은 〈세가〉를 설정해 각 지역의 제후도 독자적 영역을 가진 군주로 인정했다. 따라서 〈세가〉는 사마천이 역사를 바라보는 독특한 시각이 담긴 체제이다. 물론 《사기》의 중심은 〈본기〉로 제왕들이 중심이자 축이지만 그 중심이자 축은 혼자서는 기능하지 못하고 다른 기구들의 보좌가 있어야 제 역할을 할 수 있는데, 그중에서 제후로서 보좌한 인물들의 사적이 〈세가〉이다.

사마천이 〈세가〉를 편찬할 수 있었던 제도의 뿌리는 주나라의 봉건제라고 할 수 있다. 주나라는 제후들을 분봉할 때 공작, 후작, 백작, 자작, 남작의 다섯 작위를 주었는데 이들이 기본적으로 〈세가〉에 분류될 수 있는 제후들이다. 그러나 사마천은 주나라 이래의 수많은 제후 중에서 일부를 추려 30편의 〈세가〉를 저술했다. 〈세가〉는 대략 여섯 유형으로 나눌 수 있다.

〈세가〉의 유형별 분류

유형	목록	편수	내용
1	오태백吳太伯, 제태공齊太公, 노주공魯周公, 연소공燕召公, 관채管蔡, 진기陳杞, 위강숙衛康叔, 송미자宋微子, 진晉, 초楚, 월왕구천越王句踐, 정鄭	12	주나라 초기 분봉 제후
2	조趙, 위魏, 한韓, 전경중완田敬仲完	4	춘추전국 시기 제후가 된 인물들
3	공자孔子	1	유학의 종주
4	진섭陳涉	1	진秦 멸망 봉기의 단초
5	외척外戚, 초원왕楚元王, 형연荊燕, 제도혜왕齊悼惠王, 양효왕梁孝王, 오종五宗, 삼왕三王	7	한나라 외척 및 종친
6	소상국蕭相國, 조상국曹相國, 유후留侯, 진승상陳丞相, 강후주발絳侯周勃	5	한나라 초 개국공신

2. 〈세가〉의 대부분은 동이족 혈통

여섯 유형 중 가장 중요한 것은 제1유형으로 모두 열두 편이다. 주로 주나라 초기에 분봉된 제후들의 사적인데, 제1유형을 특징하는 가장 중요한 요소는 혈통이다. 사마천은 열두 편의 〈세가〉를 모두 오제의 후손으로 설정했다. 사마천이 《사기》를 지은 가장 중요한 목적은 황제黃帝를 시작으로 삼는 한족漢族의 천하사를 서술하려는 것이었는데, 이 목적을 더욱 세밀하게 이루려는 이유로 〈세가〉를 서술한 것이다. 사마천은 《사기》에서

동이족의 역사를 한족의 역사로 대체하고자 했는데, 〈세가〉도 이 목적
내에서 벗어나서는 안 되었다.

　이런 의도에서 사마천은 〈세가〉의 대부분을 주나라 왕실의 후예로 설
정했다. 상商(은)나라는 동이족 국가임이 명확했기에 상나라를 꺾고 중원
을 차지한 주나라를 한족의 역사를 만든 최초의 나라로 간주하고 대부
분의 〈세가〉를 주나라 왕실의 후예로 설정한 것이다. 이것은 비단 사마
천의 의도뿐만 아니라 주나라 자체에도 이런 성격이 있었다. 주나라는
상나라를 꺾고 중원을 차지한 후 자국의 수도를 천하의 중심이라고 인
식하기 시작했다. 여기에서 하락河洛이란 개념이 나온다. 낙양 북쪽으로
흐르는 황하黃河에서 하河 자를 따고 수도 낙양洛陽에서 낙洛 자를 딴 것
이 '하락河洛'인데, 이곳이 주나라의 중심부였고 이 지역을 주족周族들이
중국中國이라고 부른 것이 중국의 탄생이었다.

　그러나 〈세가〉의 시조 대부분을 주나라 왕실의 후예로 만들어 한족
漢族의 역사를 서술하려는 사마천의 의도가 성공을 거두기는 쉽지 않았
다. 해석이 사실을 너무 뛰어넘었기 때문이다. 역사의 사실을 바꾸는 것
은 쉽지 않은 일이어서 사마천이 서술한 〈세가〉의 이면을 연구하면 각 나
라의 시조들이 사실은 한족이 아니라 동이족임을 간파할 수 있다.

　특히 주나라의 시조 후직后稷도 한족이 아닌 동이족이라는 점에서
사마천의 의도가 성공을 거두기는 쉽지 않은 일이었다. 후직에 대해
《사기》〈주본기〉에서는 후직의 어머니 강원姜原이 제곡帝嚳의 원비元妃
라고 말하고 있는데, 오제의 세 번째 제왕인 제곡은 동이족 소호少昊
김천씨의 손자로 동이족임이 명확하다. 그러므로 그 후예인 주나라 왕실은

동이족의 후예인 것이다. 그러니 사마천이 〈세가〉의 대부분을 주 왕실의 후예로 설정해 한족의 역사를 만들려고 했던 의도는 처음부터 빗나갈 수밖에 없었다. 사마천의 이런 의도를 간파하는 역사학자가 나타난다면 말이다.

주나라 시조 후직이 동이족이라면 사마천이 주왕실의 후예로 설정한 〈세가〉의 주요 인물들인 오태백, 노주공, 연소공, 관채(관숙 선, 채숙 도) 위강숙, 진강숙, 정환공 등도 모두 동이족의 후예일 수밖에 없다.

이는 실제의 혈통을 바꾸는 것이 얼마나 어려운 것인가를 말해주는 것이다. 〈세가〉의 두 번째 주인공인 제태공 여상이 동이족이라는 점이 이를 말해준다. 여상이 살았다는 '동해 위쪽[東海上]'에 대해서 배인裵駰이 《집해》에서 "《여씨춘추呂氏春秋》에는 '동이東夷의 땅이다.'라고 했다."고 쓴 것처럼 제태공은 명백한 동이족이자 상나라의 후예였다. 또한 진기(진陳나라와 기杞나라)는 맹자가 동이족이라고 말했던 순임금의 후예이고, 송미자는 동이족 국가였던 은나라 왕족이니 동이족일 수밖에 없다. 사마천은 초나라의 시조를 전욱 고양의 후손으로 설정했다. 전욱은 황제黃帝의 손자이자 창의昌意의 아들인데, 창의는 어머니와 아버지가 같은 형 소호의 동생이므로 역시 동이족이다. 월왕 구천은 우禹임금의 후예로 설정했는데, 남조南朝 유송劉宋의 유의경劉義慶이 5세기에 편찬한 《세설신어世說新語》에서 "우禹는 동이족이고 주나라 문왕은 서강西羌족이다."라는 구절이 있는 것처럼 하夏, 상商, 주周는 모두 이족夷族의 국가였다. 이는 중국의 삼대, 즉 하, 상, 주의 역사가 동이족의 역사임을 말해준다.

〈세가〉의 가장 중요한 제1유형에 속하는 열두 편의 주인공들은 모두 동이족의 후예였다. 사마천은 주나라부터는 한족이 역사의 주인공인 것처럼 서술했지만 서주西周가 멸망하는 서기전 771년의 사건에 대해 〈정세가〉에서 "견융犬戎이 유왕幽王을 여산驪山 아래에서 살해하고 아울러 정환공도 살해했다."라고 말하는 것처럼 이족夷族들은 제후국뿐만 아니라 주나라 왕실의 운명을 좌우할 정도로 주나라 왕실 깊숙이 뒤섞여 살았다. 동이족의 역사를 배제하면 〈세가〉를 이해할 수 없고, 〈세가〉가 존재할 수도 없다.

3. 유학적 관점의 〈세가〉 배열과 〈공자세가〉

사마천은 제후가 아니었던 공자를 세가 반열에 포함시킬 정도로 유학을 높였다. 비록 〈화식貨殖열전〉 등을 《사기》에 편찬해 의義보다 이利를 앞세웠다는 비판도 받았지만 사마천과 아버지 사마담司馬談은 기본적으로 유학자였다. 이런 사마천의 의도는 〈세가〉를 오태백부터 시작한 것에서도 드러난다. 유학에서 최고의 가치로 여겼던 선양禪讓을 높이기 위해서 주周나라 고공단보의 장남이지만 후사를 동생 계력에게 양보한 오태백을 〈세가〉의 첫 번째로 설정한 것이다.

그러나 〈세가〉는 각국의 시조를 모두 오제나 주나라 왕실의 후예로 설정한 모순이 드러난다. 태백과 동생 중옹이 도주한 형만은 지금의 강소성江蘇省 소주蘇州로 비정하는데, 태백과 중옹이 주나라 강역이 아니었던 남방 오나라의 군주가 되었다는 서술은 많은 검증이 필요하다. 마찬가지로 월나라에 대해 "월왕 구천은 그 선조가 우禹임금의 먼 자손으로 하후夏后 제소강帝少康의 서자庶子이다."라고 말하고 있는데 하나라 강역이 아니었던 월나라의 시조를 하나라 시조의 후손으로 설정한 것도 많은 검증이 필요하다.

4. 흥망성쇠의 역사

〈세가〉는 사실 《사기》의 어느 부분보다 역동적이다. 사마천은 비록 제왕은 아니었지만 한 나라를 세우거나 다스렸던 군주들의 흥망성쇠를 현장감 있게 전해주었다. 한 제후국이 어떻게 흥하고 망하는지는 지금도 많은 교훈과 생각거리를 준다. 진晉나라가 일개 호족들이었던 위魏, 한韓, 조趙씨의 삼진三晉에 의해 멸망하는 것이나, 제나라를 세운 태공망 여씨 呂氏의 후손들이 전씨田氏들에 의해 멸망하고 선조들의 제사마저 폐해지는 장면 등은 내부를 장악하지 못한 왕실의 비극적 종말을 보여준다.

또한 같은 동이족이자 영성嬴姓이었던 진秦과 조趙의 양측 100만여 군사가 전사하는 장평지전長平之戰은 때로는 같은 혈통이 다른 혈통보다 더 적대적임을 말해주는 사례이다. 이 장평지전으로 진나라와 1대 1로 맞서는 국가가 사라졌고, 결국 진秦나라가 중원을 통일했다. 만약 장평지전이 없었다면 중원은 현재의 유럽처럼 여러 나라가 공존하는 대륙으로 남을 수 있지 않았을까라는 의문이 든다.

이렇게 중원을 통일한 진나라가 일개 농민이었던 진섭陳涉의 봉기로 무너지는 것은 한 필부匹夫의 한이 역사를 바꾼 사례라는 점에서 동서고금의 위정자들이 새겨야 할 교훈이 아닐 수 없다.

〈세가〉는 한나라 왕실 사람들도 그리 행복한 인생은 아니었다는 사실을 잘 말해주고 있다. 황후들의 운명 또한 그리 행복하지 않았다는 사실을

〈외척세가〉는 잘 보여주고 있다. 특히 한문제가 훗날 소제의 생모 구익부인을 죽이는 장면은 미래의 황제를 낳은 것이 행복의 시작이 아니라 개인적 불행의 정점이라는 점에서 역사의 냉혹함을 느끼게 한다.

효경제孝景帝의 다섯 명의 비妃에게서 난 열세 명의 아들에 대해 서술한 〈오종세가五宗世家〉 역시 황제의 아들이라는 신분이 때로는 축복이 아니라 저주일 수도 있다는 사실을 잘 말해준다. 무제의 세 아들 유굉劉閎, 유단劉旦, 유서劉胥에 대해 서술한 〈삼왕세가三王世家〉도 마찬가지이다. 〈삼왕세가〉는 청나라 양옥승梁玉繩이 《사기지의》에서 저소손褚少孫이 끼워 넣은 것이라고 비판했지만, 이와는 별도로 세 아들은 모두 풍요로운 땅에 봉해졌지만 나라가 없어지거나 자살해야 했으니 이 또한 고귀한 혈통일수록 겸손하고 자제해야 한다는 역사의 교훈을 말해주고 있다.

〈세가〉에서 서술한 각국, 각 제후 명칭과 연도는 그간 숱한 논쟁의 대상이 되어 왔다. 학자들에 따라서 1~2년 정도씩 차이가 나는 경우가 적지 않았다. 우리 해역진은 현재 중국 학계에서 인정하는 연표를 기본으로 서술했다. 그러나 이런 연표들이 다른 사료와 비교 검증했을 때 실제 연도와 다른 경우도 적지 않았다. 이 경우 〈수정 연표〉를 따로 제시했다. 〈수정 연표〉 작성은 이 분야를 오래 연구한 이시율 해역자가 주로 작성했고, 다른 해역자들의 검증도 거쳤음을 밝힌다.

사기 제40권 史記卷四十

초세가 楚世家

신주 초楚나라의 선조는 제전욱帝顓頊 고양高陽씨로부터 나왔다. 고양
은 황제黃帝의 손자이고 창의昌意의 아들이다. 황제와 누조 사이에서 태
어난 첫째가 소호이고 둘째가 창의인데, 오제의 두 번째인 전욱은 창의
의 아들이다. 소호가 명백한 동이족이니 부모가 같은 창의는 동이족이
고, 그 아들 전욱 또한 동이족일 수밖에 없다.

그런데 〈초세가〉는 초 왕실의 먼 조상부터 설명하고 있으므로 과연 제
전욱이 초 왕실의 직접적인 선조인지를 살펴봐야 한다. 사마천은 '고양
(전욱)→권장→중려重黎'라고 설명하고 있는데 사마정은 《사기색은》에
서 중려를 두 사람으로 여기며 소호씨의 아들은 중重이고 전욱씨의 아
들은 여黎라고 했다. 그 다음이 '중려→중려 동생 오회→육종→계련'
이라는 것인데, 계련이 초나라의 왕성인 미성羋姓을 얻었다. 그 이후 '계
련→부저→혈웅 (중략) →육웅→육웅의 아들→웅려→웅광→웅역熊
繹'으로 이어지며 웅역이 비로소 초의 시조가 되었다. 〈초세가〉는 웅역이
주나라 성왕에 의해 초만楚蠻에 봉해졌다고 말한다. 이후에도 초나라 계
보는 대단히 복잡하다. 웅역 이후의 '웅애熊艾→웅달熊䵣→웅승熊勝→
웅승 아우 웅양熊楊→웅거熊渠'로 이어진다. 웅거는 주나라 이왕夷王 때

주나라 왕실이 미약해지자 군사를 일으켜 용庸과 양월楊粵을 정벌하고 악鄂 땅에 이르러 나라를 세울 기틀을 잡게 된다. 그런데 웅거는 "우리는 만이蠻夷이다. 중원에서 부르는 시호를 받지 않을 것이다."라고 선언할 정도로 스스로 이족夷族이라는 의식이 강했다. 주나라의 책봉을 거부한 웅거는 주나라의 제후 직을 벗어던지고 스스로 왕이 되어 아들들을 제후로 봉했다. 장자 웅무강熊毋康을 세워 구단왕句亶王으로 삼고, 둘째 웅지홍熊摯紅을 악왕鄂王으로 삼고, 막내 웅연熊延을 월장왕越章王으로 삼았다. 그러나 주나라 여왕이 압박하자 초나라를 공격해 올 것을 두려워하고 왕의 칭호를 없앴다. 웅거 이후 그의 큰아들 웅무강이 계승했으나 일찍 죽어 둘째 웅지홍이 계승하고 그의 아들에게 자리를 잇게 했다. 그러나 지홍의 동생 웅연이 시해하고 스스로 즉위했다. 이후 웅용 → 웅엄 → …… → 웅부추(서기전 223)까지 이어진다. 웅역이 주나라 성왕成王으로부터 초반에 봉해진 이후 초문왕 웅자때에 이르러 나라의 힘이 거대해져 강수와 한수 사이의 작은 나라들이 두려워했으며 초성왕때 당시 패자였던 송양왕을 공격하여 상처를 입혔다. 60년 후 초장왕이 진晉나라와 싸워 승리함으로써 최강국으로 등장하게 되었다. 그의 아들인 초공왕때부터 기울기 시작하였고, 전국시대에는 초위왕때 월나라를 대패시켜 세력을 회복했지만, 서기전 223년 초왕 부추가 진秦나라의 공격으로 생포당하면서 멸망하고 말았다. 주나라의 제후직을 벗어던지고 스스로 주나라와 같은 왕이 되어 아들들을 제후로 봉했다. 주나라 봉건제를 거부하고 스스로 왕이 되겠다는 뜻이었다. 웅거의 뒤를 웅통熊通이 이었는데, 그가 초무왕楚武王이다. 그가 무왕이 된 것은 주나라에서 책봉한 것이 아니라 스스로 왕을 자칭한 것이었다. 이때가 서기전 704년인데 초나라는 주나라의 책봉권을 거부한 셈이다. 〈초세가〉는 대단히 복잡하고 제대로 정리가 되어 있지 않은데, 스스로 이족이라는 의식이 뚜렷했다는 특징이 있다. 초나라는 앞으로 깊게 연구해보아야 할 과제이다.

군주 세계

1. 육웅부터 웅연까지

육웅鬻熊 → 웅려熊麗 → 웅광熊狂 → 웅역熊繹 → 웅애熊艾 → 웅달熊䵣 → 웅승熊勝 → 웅양熊楊 → 웅거熊渠 → 웅지홍熊摯紅 → 웅연熊延(?~848)

2. 재위 기간이 알려진 군주

군주 칭호	이름	재위 기간(모두 서기전)
웅용熊勇	웅용	847~838
웅엄熊嚴	웅엄	837~828
웅상熊霜	웅상	827~822

군주 칭호	이름	재위 기간(모두 서기전)
웅순熊徇	웅순	821~800
웅악熊咢	웅악	799~791
초약오楚若敖	웅의熊儀	790~764
초소오楚霄敖	웅감熊坎	763~758
초분모楚蚡冒(초려왕楚厲王)	웅순熊眴	757~741
초무왕楚武王	웅통熊通	740~690
초문왕楚文王	웅자熊貲	689~675
초장오楚莊敖	웅간熊艱	674~672
초성왕楚成王	웅운熊惲	671~626
초목왕楚穆王	웅상신熊商臣	625~614
초장왕楚莊王(초장왕楚臧王, 초형장왕楚荊莊王)	웅려熊侶	613~591
초공왕楚共王(초공왕楚恭王, 초공왕楚龔王)	웅심熊審	590~560
초강왕楚康王	웅소熊招	559~545
초겹오楚郟敖(초사자왕楚嗣子王,초유자왕楚孺子王)	웅원熊員	544~541
초영왕楚靈王	웅위熊圍	540~529
초비왕楚比王	웅비熊比	529

군주 칭호	이름	재위 기간(모두 서기전)
초평왕楚平王(초경평왕楚景平王)	웅거熊居	528~516
초소왕楚昭王(초소왕楚卲王)	웅진熊珍	515~489
초혜왕楚惠王(초헌혜왕楚獻惠王)	웅장熊章	488~432
초간왕楚簡王(초간대왕楚柬大王)	웅중熊中	431~408
초성왕楚聲王(초성환왕楚聲桓王)	웅당熊當	407~402
초도왕楚悼王(초도절왕楚悼折王)	웅의熊疑	401~381
초숙왕楚肅王	웅장熊臧	380~370
초선왕楚宣王	웅양부熊良夫	369~340
초위왕楚威王	웅상熊商	339~329
초회왕楚懷王	웅괴熊槐	328~299
초경양왕楚頃襄王	웅횡熊橫	298~263
초고열왕楚考烈王	웅원熊元	262~238
초유왕楚幽王	웅한熊悍	237~228
초애왕楚哀王	웅유熊猶	228
초왕부추楚王負芻	웅부추熊負芻	227~223

남만의 나라

초나라의 선조는 제전욱帝顓頊 고양高陽씨로부터 나왔다. 고양은
황제黃帝의 손자이고 창의昌意의 아들이다.[①] 고양은 칭稱[②]을 낳
았고, 칭은 권장卷章을 낳았고, 권장은 중려重黎를 낳았다.[③]
楚之先祖出自帝顓頊高陽 高陽者 黃帝之孫 昌意之子也[①] 高陽生稱[②]
稱生卷章 卷章生重黎[③]

[①] 高陽者 黃帝之孫 昌意之子也고양자 황제지손 창의지자야

신주 《사기지의》에 따르면 전욱은 황제에게서 출자하지 않았다고 한
다. 핵심은 고양씨는 전욱의 자손들을 통칭하는 호칭이라는 점이다.

[②] 稱칭

정의 稱의 발음은 '층[尺證反]'이다.

尺證反

[③] 稱生卷章 卷章生重黎칭생권장 권장중생려

집해 서광이 말했다. "《세본》에서 노동老童이 중려와 오회를 낳았다고

한다." 초주가 말했다. "노동은 곧 권장卷章이다."

徐廣曰 世本云老童生重黎及吳回 譙周曰 老童即卷章

색은 권장의 이름은 노동이다. 그러므로《세본》에서 노동이 중려를 낳았다고 한 것이다. 중씨重氏와 여씨黎氏의 두 관직은 천지天地를 번갈아 맡아 중重은 목정木正이 되었고, 여黎는 화정火正이 되었다. 살펴보니《좌전》에서는 "소호씨少昊氏의 아들을 중重이라고 하고 전욱씨의 아들을 여黎라고 했다."라고 했다.

지금 중려를 한 사람이라 하고 전욱의 자손이라고 하는데, 유씨는 말했다. "소호씨 후손은 중이고 전욱씨 후손은 중려인데 저 중에 짝해서 단수로 칭하면 여가 되는데, 만약 〈초세가〉에 맞게 스스로 말하려면 중려라고 칭해야 한다. 그러므로 초나라와 사마씨司馬氏는 모두 중려의 후손이지 소호씨의 후손인 중과 관련된 것이 아니다." 나는 이 해석이 마땅하다고 이른다.

卷章名老童 故系本云老童生重黎 重氏黎氏二官代司天地 重爲木正 黎爲火正
案 左氏傳少昊氏之子曰重 顓頊氏之子曰黎 今以重黎爲一人 仍是顓頊之子孫
者 劉氏云少昊氏之後曰重 顓頊氏之後曰重黎 對彼重則單稱黎 若自言當家則
稱重黎 故楚及司馬氏皆重黎之後 非關少昊之重 愚謂此解爲當

중려는 제곡帝嚳 고신高辛씨의 화정火正으로 있었다.[①] 큰 공이 있었는데 천하를 밝게 빛낼 능력이 있어서 제곡이 축융祝融이라 명명했다.[②]
공공씨共工氏가 난을 일으키자 제곡이 중려重黎에게 죽이게 했는데

임무를 다하지 못했다. 제곡은 이에 경인일에 중려를 죽이고 그의 아우 오회吳回를 중려의 후임으로 삼아서 다시 화정에 임명하고 축융이라 했다.

重黎爲帝嚳高辛居火正① 甚有功 能光融天下 帝嚳命曰祝融② 共工氏作亂 帝嚳使重黎誅之而不盡 帝乃以庚寅日誅重黎 而以其弟吳回爲重黎後 復居火正 爲祝融

① 重黎爲帝嚳高辛居火正중려위제곡고신거화정

[색은] 이 중려는 화정이 되었고 저 소호씨의 후손 중重은 스스로 목정木正이 되었으니, 이 중려가 곧 저 여黎라는 것을 알 수 있다.

此重黎爲火正 彼少昊氏之後重自爲木正 知此重黎即彼之黎也

② 帝嚳命曰祝融제곡명왈축융

[집해] 우번이 말했다. "축祝은 큰 것이고, 융融은 밝은 것이다." 위소가 말했다. "축은 처음이다."

虞翻曰 祝 大 融 明也 韋昭曰 祝 始也

[신주] 우번, 위소와는 다르게 융은 '솟아오르다'라는 뜻이고 축은 '빈다'라는 뜻으로 해석하여 '불꽃이 타서 솟아오르는 것을 빈다'는 뜻이다. 그러므로 화정과 축융은 같은 뜻이 되며, 중국신화에서 불의 신으로 등장한다.

> 오회吳回는 육종陸終을 낳았다. 육종은 아들 6명을 낳았는데, 배
> 를 가르고 출산했다.[1] 맏이는 곤오昆吾,[2] 둘째는 삼호參胡,[3] 셋째
> 는 팽조彭祖[4]이다.
>
> 吳回生陸終 陸終生子六人 坼剖而産焉[1] 其長一曰昆吾[2] 二曰參胡[3]
> 三曰彭祖[4]

[1] 陸終生子六人 坼剖而産焉육종생자육인 탁부이산언

집해 간보가 말했다. "선대 유학자들은 이 일에 의문이 많았다. 초윤
남(초주)은 사물에 능통한 재주가 있고 학문에 능통해서 경우와 이치를
자세히 조사한 사람으로 《고사고》를 지었는데, 작자의 그릇된 기록이라
하여 폐지하고 논하지 않았다. 나도 또한 더욱 그들의 탄생이 특이하다
고 생각했다. 그러나 살펴보니 여섯 아들의 세대와 자손들이 나라를 가
지고 6대六代(요, 순, 우, 하, 은, 주)의 성쇠를 거듭하며 수천 년간 번갈아 패왕
霸王에 이르렀는데, 하늘이 장차 일으키려 했으니 반드시 뛰어난 인물이
있었던 것이 아닌가? 무릇 이전 기록에서 전하기를 수기修己가 등을 갈
라서 우禹를 낳았고 간적簡狄이 가슴을 갈라서 설契을 낳았다고 하는데
지난 시간이 오래되었으니 서로 증명하기가 충분치 않다.

근래 위魏나라 황초黃初 5년 여남군 굴옹屈雍의 아내 왕씨가 사내아이
를 낳는데, 오른쪽 겨드랑이를 따라 물이 흘러 내려 배 위에서 나왔다.
하지만 평화롭고 상태가 태연했으며, 수개월 만에 창상이 봉합되었다. 그
리고 어머니와 아들도 아무 탈이 없었다. 이는 대개 근래 일로 믿을 만한
것이었다. 지금으로 옛날을 비유하면, 진실로 주석하여 기록한 자가 망
령되지 않았다는 것을 알 수 있다. 하늘과 땅이 음양을 변화시키는데 어

찌 하나의 실마리만 지켜서 대개 늘 있는 이치라고 할 수 있겠는가?

《시경》〈대아 생민〉에서 ”찢어지고 갈라지는 일도 없고 재난도 해도 없으셨네."라고 했다. 본래 시인의 뜻은 옛날 아녀자들이 일찍이 ⒥ 갈라 애를 낳는 자가 있다는 것을 밝힌 것이다. 또 출산으로 인해 재앙을 만나는 일이 있었다. 그러므로 해로운 것이 없음을 아름답게 여긴 것이다.”

干寶曰 先儒學士多疑此事 譙允南通才達學 精核數理者也 作古史考 以爲作者妄記 廢而不論 余亦尤其生之異也 然按六子之世 子孫有國 升降六代 數千年間 迭至霸王 天將興之 必有尤物乎 若夫前志所傳 修己背坼而生禹 簡狄胸剖而生契 歷代久遠 莫足相證 近魏黃初五年 汝南屈雍妻王氏生男兒從右脅下水腹上出 而平和自若 數月創合 母子無恙 斯蓋近事之信也 以今況古 固知注記者之不妄也 天地云爲 陰陽變化 安可守之一端 概以常理乎 詩云 不坼不副 無災無害 原詩人之旨 明古之婦人嘗有坼副而産者矣 又有因産而遇災害者 故美其無害也

색은 《세본》에서 말한다. “육종陸終은 귀방씨의 누이동생을 취했는데 여궤女嬇라고 한다.”

系本云 陸終娶鬼方氏妹 曰女嬇

신주 간보는 삼국시대를 통일한 서진西晉 사람으로 특이한 이야기를 많이 담은《수신기搜神記》를 지었는데, 그중에 실린 이야기로 보인다.

② 其長一曰昆吾기장일왈곤오

집해 우번이 말했다. “곤오의 이름은 번樊으로 기성己姓이며 곤오에 봉해졌다.”《세본》에서 말한다. “곤오는 위衛나라 땅 그곳이다.”

虞翻曰 昆吾名樊 爲己姓 封昆吾 世本曰 昆吾者 衛是也

색은 맏이는 곤오이다. 《세본》에서 말한다. “첫째는 번樊이고 이를 곤오라고 했다. 또 곤오는 위나라 땅 그곳이다." 송충이 말했다. "곤오는 나라 이름이고 기성己姓이 나온 곳이다."《좌전》에서 말한다. "위나라 군주가 꿈을 꾸었는데, 머리를 풀어헤치고 곤오의 누대에 오른 것을 보았다." 살펴보니 지금의 복양성濮陽城 안에 곤오대가 있다.

長曰昆吾 系本云 其一曰樊 是爲昆吾 又曰 昆吾者 衛是 宋忠曰 昆吾 國名 己姓所出 左傳曰 衛侯夢見披髮登昆吾之觀 按 今濮陽城中有昆吾臺

[정의] 《괄지지》에서 말한다. "복양현은 옛날 곤오국이다. 곤오 고성은 현의 서쪽 30리에 있고 대臺는 현 서쪽 100보에 있는데, 곧 곤오昆吾의 터이다."

括地志云 濮陽縣 古昆吾國也 昆吾故城在縣西三十里 臺在縣西百步 即昆吾墟也

③ 二曰參胡이왈삼호

[집해] 《세본》에서 말한다. "삼호는 한韓나라 땅 그곳이다."

世本曰 參胡者 韓是也

[색은] 《세본》에서 말한다. "둘째는 혜련惠連인데, 이이가 삼호이다. 삼호는 한나라 땅 그곳이다." 송충이 말했다. "삼호는 국가 이름이고 짐성斟姓이며 후사가 없다."

系本云 二曰惠連 是爲參胡 參胡者 韓是 宋忠曰 參胡 國名 斟姓 無後

④ 三曰彭祖삼왈팽조

[집해] 우번이 말했다. "이름은 전翦이고 팽성彭姓이며 대팽에 봉해졌다."《세본》에서 말한다. "팽조는 팽성彭城 땅 그곳이다."

虞翻曰 名翦 爲彭姓 封於大彭 世本曰 彭祖者 彭城是也

색은 《세본》에서 말한다. "셋째는 전갱籛鏗이고 이이가 팽조이다. 팽조는 팽성 땅 그곳이다." 우번이 말했다. "이름은 전籛이고 팽성이며 대팽에 봉해졌다."

系本云 三曰籛鏗 是爲彭祖 彭祖者 彭城是 虞翻云 名籛 爲彭姓 封於大彭

정의 《괄지지》에서 말한다. "팽성은 옛날 팽조국이다. 《국어》에서 '은나라 말에 팽조국이 없어졌다.'라고 한다. 우번은 '이름을 전籛'이라고 했다. 《신선전》에서는 '팽조의 이름은 갱鏗이고 제전욱의 현손인데 은나라 말년에 이미 767세에 이르렀으나 노쇠하지 않았으며 마침내 유사流沙의 서쪽으로 갔으니 수명을 마친 것이 아니다.'라고 한다."

括地志云 彭城 古彭祖國也 外傳云殷末滅彭祖國也 虞翻云名籛 神仙傳云彭祖諱鏗 帝顓頊之玄孫 至殷末年已七百六十七歲而不衰老 遂往流沙之西 非壽終也

신주 장수절 주석의 핵심은 육종이 낳은 아들 6명은 사람이 아니라 6국國이라는 것이다. 즉 고대 부족국가들이 어떤 경위로 생겨난 것인지를 가리키는 설화라는 것이다. 육종이 낳은 것이 사람인지 국가인지 논해야 할 정도로 초나라의 세가가 분명치 않다는 사실을 말해준다.

넷째는 회인會人이고,[①] 다섯째는 조성曹姓이고,[②] 여섯째는 계련季連이라 하였는데, 성姓은 미羋로, 초나라는 그의 후예들이다.[③]
四曰會人[①] 五曰曹姓[②] 六曰季連 羋姓 楚其後也[③]

① 四曰會人사왈회인

《세본》에서 말한다. "회인은 정鄭나라 땅 그곳이다."

世本曰 會人者 鄭是也

《세본》에서 말한다. "넷째를 구언求言이라 하는데 이이가 회인이다. 회인은 정나라 땅 그곳이다." 송충이 말했다. "구언은 이름이다. 운성妘姓이 나온 곳으로 회국鄶國이다."

系本云 四曰求言 是爲鄶人 鄶人者 鄭是 宋忠曰 求言 名也 妘姓所出 鄶國也

《괄지지》에서 말한다. "옛날 회성은 정주 신정현 동북쪽 22리에 있다. 《모시보》에서는 '옛날 고신高辛씨의 땅이고 축융의 터인데 당唐(요堯나라)을 거쳐 주나라에 이르러 중려의 후손인 운성이 그 땅에 거처했다. 이곳이 회국으로 정나라 무공武公에게 멸망당했다.'라고 했다."

括地志云 故鄶城在鄭州新鄭縣東北二十二里 毛詩譜云 昔高辛之土 祝融之墟 歷唐至周 重黎之後妘姓處其地 是爲鄶國 爲鄭武公所滅也

② 五曰曹姓오왈조성

《세본》에서 말한다. "조성은 주邾나라 땅 그곳이다."

世本曰 曹姓者 邾是也

《세본》에서 말한다. "다섯째를 안安이라 하는데, 이이가 조성曹姓이다. 조성은 주나라 땅 그곳이다." 송충이 말했다. "안安은 이름이다. 조성曹姓은 여러 조씨가 나온 곳이다."

系本云 五曰安 是爲曹姓 曹姓 邾是 宋忠曰 安 名也 曹姓者 諸曹所出

《괄지지》에서 말한다. "옛날 주국邾國은 황주 황강현 동남쪽 121리 거리에 있는데, 《사기》에서는 주자邾子를 조성曹姓이라고 했다."

括地志云 故邾國在黃州黃岡縣東南百二十一里 史記云邾子 曹姓也

주邾나라가 한漢나라 때 형주 일대라는 것은 지나친 비약이다.

주나라는 주邾에 도읍했는데, 이 주는 현재 산동성 추성현 경내에 있다. "노나라 곡부 동남쪽에 주邾나라가 있다."는 기록과 부합한다. 《중국역사지도집》에서도 이곳에 비정해 그려놓았다.

③ 六曰季連 芈姓 楚其後也육왈계련 미성 초기후야

색은 《세본》에서 말한다. "여섯째를 계련이라 하는데, 이는 미성芈姓이다. 계련은 초나라 땅 그곳이다." 송충이 말했다. "계련은 이름이다. 미성이 여기에서 나왔는데 초나라 선조이다." 芈의 발음은 '미[弥是反]'이다. 미芈는 양 울음소리이다.

系本云 六曰季連 是爲芈姓 季連者 楚是 宋忠曰 季連 名也 芈姓所出 楚之先 芈音弥是反 芈 羊聲也

신주 초나라 공족의 성은 미芈이고 씨는 웅熊이다.

곤오씨는 하夏나라 때 일찍이 후백侯伯이 되었는데 걸桀왕 때 탕湯왕에 의해 멸망했다. 팽조씨는 은殷나라 때 일찍이 후백이 되었는데 은나라의 말세에 팽조씨도 멸망했다.
계련季連은 부저附沮①를 낳았고, 부저는 혈웅穴熊을 낳았다. 그의 후예가 중간에 미약해져서 혹은 중원에 있기도 하고 혹은 만이蠻夷에 있기도 했는데, 그 세대世代는 계통을 세워 적을 수 없다.
昆吾氏 夏之時嘗爲侯伯 桀之時湯滅之 彭祖氏 殷之時嘗爲侯伯 殷之 末世滅彭祖氏 季連生附沮① 附沮生穴熊 其後中微 或在中國 或在蠻夷 弗能紀其世

① 附沮부저

손검이 말했다. "저沮는 다른 판본에는 '조祖'로 되어 있다."

孫檢曰 一作祖

沮의 발음은 '저[才敍反]'이다.

沮音才敍反

주나라 문왕 때 계련의 후예를 육웅鬻熊이라 했다. 육웅의 아들은 문왕을 섬겼는데 일찍 죽었다. 그의 아들은 웅려熊麗라고 했다. 웅려는 웅광熊狂을 낳았고, 웅광은 웅역熊繹을 낳았다.

웅역은 주나라 성왕成王 때에 해당하는데, 문왕과 무왕 대에 부지런히 일한 공신의 후예들을 천거하게 했다. 그래서 웅역을 초만楚蠻에 봉했다. 자작子爵과 남작男爵으로 봉해 전답을 내려주고 성은 미씨羋氏라 했으며, 단양丹陽①에 거주하게 했다.

초나라 자작 웅역은 노나라 공작 백금伯禽, 위衛나라 강숙의 아들 모牟, 진晉나라 후작 섭燮, 제나라 태공의 아들 여급呂伋 등과 함께 성왕成王을 섬겼다.

周文王之時 季連之苗裔曰鬻熊 鬻熊子事文王 蚤卒 其子曰熊麗 熊麗生熊狂 熊狂生熊繹 熊繹當周成王之時 舉文武勤勞之後嗣 而封熊繹於楚蠻 封以子男之田 姓羋氏 居丹陽① 楚子熊繹與魯公伯禽衛康叔子牟晉侯燮齊太公子呂伋俱事成王

① 丹陽단양

집해 서광이 말했다. "(단양은) 남군 지강현에 있다."

徐廣曰 在南郡枝江縣

정의 영용의 《전례》에서 말한다. "초나라는 단양에 자리했는데 지금의 지강현 고성이다."《괄지지》에서 말한다. "귀주 파동현 동남쪽 4리에 귀주 고성이 있는데 초나라 자작 웅역이 나라를 시작한 곳이다. 또 웅역무덤이 귀주 자귀현에 있다. 《여지지》에서 '자귀현 동쪽에 단양성이 있는데 둘레는 8리이고, 웅역이 처음 봉해진 곳'이라고 한다."

潁容(云)傳例云 楚居丹陽 今枝江縣故城是也 括地志云 歸州巴東縣東南四里歸故城 楚子熊繹之始國也 又熊繹墓在歸州秭歸縣 輿地志云秭歸縣東有丹陽城 周迴八里 熊繹始封也

신주 파동巴東과 자귀秭歸는 삼국시대 촉蜀과 오吳가 맞부딪힌 곳인데 북쪽으로는 위魏와 또 접하여 치열하게 다툰 곳이다. 자귀 동남쪽에 이릉夷陵, 즉 서릉西陵이 있는데 유비劉備가 육손陸遜에게 대패한 곳으로 유비는 다시 자귀를 통해 귀환했다. 자귀 동쪽에 단양이라는 지명이《진서》에서 나오는데 오나라 최후에 진군晉軍의 왕준王濬이 이곳을 통해 장강을 따라 내려가 오나라 수도 건업建業(현재 남경)까지 이르러 오나라를 항복시킨다. 《괄지지》에서 말하는 단양은 자귀이며, 지리적으로 장강 삼협三陝 일대이다.

하지만 초나라가 처음 시작된 단양은 이곳이 아니다. 회왕 17년에 보면, 진秦나라는 초나라를 크게 무찌르고 단양 일대를 차지한다. 그 주석에 당나라 때 균주均州라고 나오는데 이곳은 한漢나라 때 한중군 동부지역이며 조위曹魏 때 위흥군魏興郡 동부지역이다. 실제 〈초세가〉에 따라 지리를 검토하면 균주 일대가 맞다. 자귀의 단양과는 무려 250km 떨어져 있다. 어쩌면 자귀의 단양은 초나라가 원래 단양을 잃고 나서 옮겨온 지명일 수 있다. 한편 담기양의《중국역사지도집》에서는 현재 하남성 남양시 남쪽으로 비정하는 무관武關 동남쪽의 단수丹水 인근으로 표기되어 있다.

> 웅역은 웅애熊艾를 낳았고, 웅애는 웅달熊䵣[①]을 낳았고, 웅달은 웅승熊勝을 낳았다. 웅승은 아우 웅양熊楊[②]을 후계자로 삼았다. 웅양은 웅거熊渠를 낳았다.
>
> 熊繹生熊艾 熊艾生熊䵣[①] 熊䵣生熊勝 熊勝以弟熊楊[②]爲後 熊楊生熊渠

① 熊䵣웅달

색은 다른 판본에는 '담䵣'으로 되어 있다. 䵣의 발음은 '탐[土感反]'이고, '단但'으로도 독음하는데, 단亶과 같은 자이므로 또한 단이라 한다.

一作䵣 音土感反 䵣音但 與亶 同字 亦作亶

신주 달䵣은 회색이란 뜻이다.

② 熊楊웅양

색은 추탄생본에는 '웅양熊錫'으로 되어 있다. 다른 판본에는 '양楊'은 '양煬'으로 되어 있다.

鄒誕本作熊錫 一作煬

웅거는 아들 3명을 낳았다. 주나라 이왕夷王 때는 왕실이 미약해져 제후들이 혹은 조회하지 않았고 서로를 정벌했다.

웅거는 강수江水와 한수漢水 사이에서 백성의 신망을 많이 얻자 곧 군사를 일으켜 용庸①과 양월楊粵②을 정벌하고, 악鄂③에 이르렀다.

熊渠生子三年 當周夷王之時 王室微 諸侯或不朝 相伐 熊渠甚得江漢間民和 乃興兵伐庸①楊粵② 至于鄂③

① 興兵伐庸흥병벌용

집해 두예가 말했다. "용庸은 지금의 상용현이다."

杜預曰 庸 今上庸縣

정의 《괄지지》에서 말한다. "방주 죽산현은 본래 한나라의 상용현이고 옛날 용국이다. 옛날 주무왕이 은나라 주왕紂王를 토벌할 때 용만庸蠻이 있었다."

括地志云 房州竹山縣 本漢上庸縣 古之庸國 昔周武王伐紂 庸蠻在焉

신주 수도 단양에서 서남쪽 100km 지점이며 계속 가면 촉蜀으로 이어진다.

② 楊粵양월

색은 '양우楊雩'라고 된 판본도 있다. 雩는 '우吁'로 발음한다. 땅 이름이다. 지금 발음은 '월越'인데, 초주는 또한 '양월楊越'이라고도 했다.

有本作楊雩 音吁 地名也 今音越 譙周亦作楊越

③ 鄂악

정의 鄂의 발음은 '악[五各反]'이다. 유백장이 말했다. "지명이고 초나라 서쪽에 있는데, 뒤에 초楚로 옮겼으니 지금의 동악주이다." 《괄지지》에서 말한다. "등주 향성현 남쪽 20리 서악 고성이 곧 초나라 서악이다."

五各反 劉伯莊云 地名 在楚之西 後徙楚 今東鄂州是也 括地志云 鄧州向城縣南二十里西鄂故城是楚西鄂

신주 수도 단양에서 동쪽 150km 지점이며, 남양군 북부이다.

웅거가 말했다.

"우리는 만이蠻夷이다. 중원에서 부르는 시호를 받지 않을 것이다."

이에 그의 맏아들 강康을 세워 구단왕句亶王으로 삼고,[1] 둘째 아들 홍紅을 악왕鄂王으로 삼고,[2] 막내아들 집자執疵를 월장왕越章王으로 삼았는데[3] 모두 강수江水 주변에 있는 초만楚蠻의 땅이다.

주나라 여왕厲王 때에 이르러 포악해지자, 웅거는 (주나라가) 초나라를 정벌할까 두려워 왕 칭호를 버렸다.

熊渠曰 我蠻夷也 不與中國之號謚 乃立其長子康爲句亶王[1] 中子紅爲鄂王[2] 少子執疵爲越章王[3] 皆在江上楚蠻之地 及周厲王之時 暴虐 熊渠畏其伐楚 亦去其王

---

① 康爲句亶王강위구단왕

집해 장형이 말했다. "지금의 강릉이다."

張瑩曰 今江陵也

《세본》에서 '康강'은 '庸용'으로 되어 있고, '亶단'은 '袒단'으로 되어 있다. 〈지리지〉에서 강릉江陵은 남군의 현이다. 초나라 문왕이 단양丹陽에서 도읍을 옮겼다고 한다.

系本康作庸 亶作袒 地理志云江陵 南郡之縣也 楚文王自丹陽徙都之

신주 장형이 구단의 위치를 강릉이라 한 것은 근거가 없다. 당시 초나라는 겨우 한수 중류 일대에 있었는데 남쪽의 강릉까지는 상당히 먼 거리여서 개연성이 없기 때문이다.

② 紅爲鄂王홍위악왕

집해 《구주기》에서 말한다. "악은 지금의 무창이다."

九州記曰 鄂 今武昌

색은 '예경藝經' 두 글자로 된 판본이 있다. (子紅의) 발음은 '지홍摯紅'인데 아래 문장을 따라 웅지홍熊摯紅으로 읽는다. 《고사고》 및 추탄생과 유씨 등의 발음에는 예경이 없으니 아마 잘못일 것이다.

有本作藝經二字 音摯紅 從下文熊摯紅讀也 古史考及鄒氏劉氏等音無藝經 恐非也

정의 《괄지지》에서 말한다. "무창현은 악왕의 옛 도읍이다. 지금 악왕신鄂王神은 웅거熊渠의 아들 신神이다."

括地志云 武昌縣 鄂王舊都 今鄂王神即熊渠子之神也

신주 무창은 앞의 주석에서 말한 동악주東鄂州이다. 즉 후대에 옮겨진 지명일 것이다. 원래 악은 앞의 주석처럼 남양군 북부로 당시 초나라 영역의 동단이다. 이 주석의 무창은 삼국시대 오나라 수도이기도 했던 무창이다. 현재 호북성 무한시武漢市의 일부인 무창이 아니라, 그보다 60km 동쪽이다. 《구주기》와 《괄지지》의 위치 비정도 역시 잘못되었다.

옮겨진 지명에 따라 후대에 중국사의 강역을 확장하였음을 짐작하게 하는 한 사례이다.

③ 執疵爲越章王집자위월장왕

[색은] 《세본》에는 '집執' 자가 없다. 월越은 '취就'로 되어 있다.

系本無執字 越作就

(웅거의) 후사는 웅무강熊毋康[1]으로 삼았는데 무강이 일찍 죽고, 웅거도 죽자 아들 웅지홍熊摯紅이 계승했다.[2] 지홍이 죽은 것은 그의 아우가 시해하고 대신 즉위한 것인데, 웅연熊延이다.[3] 웅연은 웅용熊勇을 낳았다.

後爲熊毋康[1] 毋康蚤死 熊渠卒 子熊摯紅立[2] 摯紅卒 其弟弑而代立 曰熊延[3] 熊延生熊勇

---

① 熊毋康웅무강

[집해] 서광이 말했다. "곧 웅거의 맏아들이다."

徐廣曰 即渠之長子

② 熊渠卒 子熊摯紅立웅거졸 자 웅지홍립

[색은] 《사기》의 뜻은 곧 위의 악왕 홍紅이라는 것이다. 초주는 "웅거가 죽고 아들 웅상熊翔이 계승했다. 웅상이 죽고 맏아들 지摯는 병이 있어 작은아들 웅연熊延이 계승했다."라고 한다. 여기서는 "지홍摯紅이 죽은

것은 그의 아우가 시해하고 대신 즉위한 것인데, 웅연이다."라고 일렀다. 이곳의 대代에 맞춘다면 웅상은 또한 무강毋康의 아우로 원래 웅거를 계승한 것이다. 무강은 이미 일찍 죽고 지홍이 계승했는데, 웅연에게 죽임을 당했다. 그러므로 《고사고》에는 '지유질摯有疾'(지가 죽임을 당함)이라고 말한 것이다. 그래서 여기에서 '시弑'라고 말했다.

如此史意即上鄂王紅也 譙周以爲熊渠卒 子熊翔立 卒 長子摯有疾 少子熊延立 此云摯紅卒 其弟殺而自立曰熊延 欲會此代系 則翔亦毋康之弟 元嗣熊渠者 毋康旣蚤亡 摯紅立而被延殺 故史考言摯有疾 而此言弑也

정의 곧 위의 악왕 홍紅이다.

即上鄂王紅也

③ 其弟弑而代立 曰熊延기제시이대립 왈웅연

정의 초주가 말한 '지유질摯有疾'은 여기에서 '시弑'(시해했다)라고 말한 것인데, 자세하지 않다. 송균은 《악위》에서 주석해 말했다. "웅거의 적자인 후사를 웅지熊摯라고 하는데 나쁜 병이 있어서 후계가 되지 못하고 기夔에 따로 살면서 초나라에 붙어살게 되었는데 뒤에 왕명으로 기자夔子라고 했다."

譙周言摯有疾 此言弑 未詳 宋均注樂緯云 熊渠嫡嗣曰熊摯 有惡疾 不得爲後 別居於夔 爲楚附庸 後王命曰夔子也

신주 이 '시弑' 자를 지홍을 죽인 것으로 보느냐, 지홍이 병이 있는 것으로 보느냐에 대해 주석자들의 의견이 일치하지 않는 것이다. 〈초세가〉는 시해한 것으로 해석했다. 《사기지의》에 따르면 여기 〈초세가〉에서는 탈락한 문장이 있다고 했는데 이 말이 사실이면 그 탈락한 문장을 찾아야 정확한 의미를 알 수 있을 것이다.

웅용熊勇[1] 6년, 주나라 사람이 난亂을 일으켜 여왕을 공격하자 여왕은 체 땅으로 달아났다.

웅용은 10년 만에 죽고 아우 웅엄熊嚴이 후계자가 되었다.

웅엄은 10년 만에 죽었다. 아들 4명을 두었는데 장자는 백상伯霜이고, 중자中子는 중설仲雪이고, 차자는 숙감叔堪[2]이고, 막내는 계순季徇[3]이다. 웅엄이 죽자 맏아들 백상이 대신해 즉위했는데, 이이가 웅상熊霜이다.

熊勇[1]六年 而周人作亂 攻厲王 厲王出奔彘 熊勇十年 卒 弟熊嚴爲後 熊嚴十年 卒 有子四人 長子伯霜 中子仲雪 次子叔堪[2] 少子季徇[3] 熊嚴 卒 長子伯霜代立 是爲熊霜

① 熊勇웅용

신주 〈십이제후연표〉는 공화共和 원년인 웅용 7년에 "죽웅鬻熊의 후손인 관계로 웅熊을 씨로 삼았다."고 했다.

② 叔堪숙감

색은 다른 판본에는 (감堪이) '잠湛'으로 되어 있다.

一作湛

③ 季徇계순

색은 徇의 발음은 '순[旬俊反]'이다.

旬俊反

신주 《사기지의》에서는 '순紃'이라 하는데, 어차피 고대에는 음이 아니면 뜻으로 이름을 지었으니, 같은 것이라고 봐야 한다.

웅상 원년, 주나라 선왕宣王이 처음 즉위했다.

웅상이 6년 만에 죽자, 세 아우들이 자리를 다투었다. 중설은 죽었고, 숙감은 도망쳐 복濮 땅①에서 난을 피했으며, 막내아우 계순이 즉위했다. 이이가 웅순熊徇이다.

웅순 16년, 정鄭나라 환공桓公이 처음 정나라에 봉해졌다.②

22년, 웅순이 죽고 아들 웅악熊咢③이 계승했다.

웅악이 9년 만에 죽고 아들 웅의熊儀가 계승하니 이이가 약오若敖이다.

熊霜元年 周宣王初立 熊霜六年 卒 三弟爭立 仲雪死 叔堪亡 避難於濮①而少弟季徇立 是爲熊徇 熊徇十六年 鄭桓公初封於鄭② 二十二年 熊徇卒 子熊咢③立 熊咢九年 卒 子熊儀立 是爲若敖

① 濮복

집해 두예가 말했다. "건녕군 남쪽에 복이濮夷가 있다."

杜預曰 建寧郡南有濮夷

정의 살펴보니 건녕은 진晉나라 군이고 촉蜀의 남쪽에 있어 만蠻과 서로 가깝다. 유백장은 말했다. "복은 초나라 서남쪽에 있다." 공안국은 말했다. "용庸과 복은 한수漢水 남쪽에 있다." 살펴보니 《좌전》 성공成公 원년에 "초나라 땅이 1,000리이다."라고 했으니, 공안국의 설명이 옳다.

按 建寧 晉郡 在蜀南 與蠻相近 劉伯莊云 濮在楚西南 孔安國云 庸濮在漢之南 按 成公元年楚地千里 孔說是也

신주 복濮을 오늘날 운남성 지역인 건녕군이라 한 두예의 주석은 잘못이다. 운남성 지역은 전국시대 초나라는 말할 것도 없고 중원을 처음으로 통일한 진나라의 강역도 아니었기 때문이다. 삼국시대까지도 영역이 아니었고, 명나라 때까지도 독립된 국가가 존재했었다. 청나라 때에야 비로소 중앙정부의 통제 내에 들어왔는데, 이 시기에 운남성까지 강역으로 두었을 수는 없다. 이 또한 후대에 들어서 이전 시대의 강역을 크게 확대시키는 중국 특유의 역사지리 인식에 의한 것이다.

② 鄭桓公初封於鄭정환공초봉어정

신주 하남에 있는 정나라가 아니라, 원래 정나라가 봉해진 관중關中 지역인 섬서성 화현華縣의 서북쪽을 말한다.

③ 熊咢웅악

□색은□ 咢은 '악鄂'으로 발음한다. 또한 '악咢'으로도 되어 있다.

咢音鄂 亦作咢

약오 20년, 주나라 유왕幽王이 견융犬戎에게 시해되었다. (다음 해) 주나라는 동쪽으로 옮겼으며, 진秦나라 양공襄公이 처음으로 제후의 반열에 올랐다.

27년, 약오가 죽고 아들 웅감熊坎[①]이 계승했는데, 이이가 소오霄敖이다.

소오가 6년 만에 죽고 아들 웅순熊眴[②]이 계승했는데 이이가

분모蚡冒[③]이다.

분모 13년, 진晉나라가 비로소 어지러워졌다. 곡옥의 일 때문이다.[④]

분모가 17년 만에 죽었다. 분모의 아우 웅통熊通은 분모의 아들을 시해하고 대신 즉위했는데, 이이가 초나라 무왕武王이다.

若敖二十年 周幽王爲犬戎所弑 周東徙 而秦襄公始列爲諸侯 二十七年 若敖卒 子熊坎[①]立 是爲霄敖 霄敖六年 卒 子熊眴[②]立 是爲蚡冒[③] 蚡冒十三年 晉始亂 以曲沃之故[④] 蚡冒十七年 卒 蚡冒弟熊通弑蚡冒子而代立 是爲楚武王

---

① 熊坎웅감

정색은 坎의 발음은 '감[苦感反]'이다. 다른 판본에는 '균菌'으로 되어 있고 '흠欽'으로 된 곳도 있다.

苦感反 一作菌 又作欽

② 熊眴웅순

집해 서광이 말했다. "眴은 '순舜'으로 발음한다."

徐廣曰 眴音舜

정색은 서광은 "眴은 '순舜'으로 발음한다."고 했다. 살펴보니 《옥편》에서는 구부口部에 있는데, 고씨는 "초나라 선조이며 곧 분모이다."라고 했다. 유씨는 발음을 '순'이라 했는데, 근대 판본에는 글자가 눈 목目을 부수로 한다고 했으니, 유씨가 발음을 '순'이라 한 것은 잘못이다.

徐音舜 按 玉篇在口部 顧氏云楚之先 即蚡冒也 劉音舜 其近代本即有字從目者 劉舜音 非

③ 蚡冒분모

옛 판본에는 분蚡을 분粉이라고 했다. '분憤'으로 발음한다. 冒는 '매[亡北反]'로 발음한다. 혹은 '모[亡報反]'로 발음한다

古本蚡作羒 音憤 冒音亡北反 或亡報反

《사기지의》에서 말한다. "《좌전》 문공 16년 주석에서 '분모는 초 무왕의 아버지이다.'라고 한다. 소疏에 '유현劉炫은 일컬어, 〈초세가〉에서 분모가 죽고 아우 웅달熊達이 분모의 아들을 시해하고 대신 즉위했다고 하니, 분모는 형이지 아버지가 되지 못한다. 지금 그렇지 않다는 걸 깨달 았는데, 〈초세가〉에는 《춘추》 및 《좌전》과 어긋나는 것이 많으며, 두예는 그 문장을 보지 못한 것이 아니라 단지 보고도 사용하지 않은 것이다.'라 고 했다. 유현은 두예를 따라야 하며, 〈초세가〉가 잘못된 것으로 여겼다.

또 무왕 이름을 《사기》 각 판본에서는 모두 웅통熊通이라 했다. 그러 나 두예의 《세족보》, 《좌전》 문공 16년, 선공 12년, 소공 22년 소 그리고 석문에서 인용한 〈초세가〉에서 아울러 웅달熊達이라 했다. 환공 2년 소 에 〈초세가〉를 인용하지 않았지만 역시 웅달이라 하였으니, 아마 현재의 판본들이 잘못되었을 것으로 여겨진다. 《한서》 〈지리지〉와 《회남자》 〈주 술〉편 주석에 모두 '달達'이라 했다."

④ 晉始亂 以曲沃之故진시란 이곡옥지고

진소후晉昭侯 원년, 소후는 선군 문후文侯의 아우 성사成師를 곡 옥曲沃에 봉하는데 성사의 후손 무공武公이 끝내 나중에 진晉을 합병하 게 된다. 곡옥에 봉한 이때가 서기전 745년이다.

연이은 왕권 투쟁

무왕 17년, 진晉나라 곡옥曲沃의 장백莊伯이 주인 나라인 진晉나라 효후孝侯를 시해했다.

19년, 정나라 백작의 아우 단段이 난을 일으켰다.

21년, 정나라에서 천자의 전답을 침범했다.

23년, 위衛나라에서 군주 환공桓公을 시해했다.[1]

29년, 노나라에서 군주 은공隱公을 시해했다.

31년, 송나라 태재太宰 화독華督이 군주 상공殤公을 시해했다.[2]

武王十七年 晉之曲沃莊伯弑主國晉孝侯 十九年 鄭伯弟段作亂 二十一年 鄭侵天子之田 二十三年 衛弑其君桓公[1] 二十九年 魯弑其君 隱公 三十一年 宋太宰華督弑其君殤公[2]

① 衛弑其君桓公위시기군환공

신주 〈십이제후연표〉 등 기록에 따르면 주우州吁가 환공을 시해한 것은 1년 전이며, 이때는 후임 선공宣公 원년이다.

② 宋太宰華督弑其君殤公송태재화독시기군상공

송나라 태재 화독이 공보가孔父嘉의 아내를 빼앗기 위해 공보가를 살해하고 연이어 상공을 시해했다. 공보가는 공자孔子의 선조이다.

35년, 초나라가 수隨나라①를 정벌했다. 수나라에서 말했다.

"우리는 죄가 없소."

초나라에서 말했다.

"우리는 만이蠻夷이다. 지금 제후들이 모두 반역하고 서로 침략하거나 혹은 서로 죽인다. 나는 미약한 군대[敝甲]②를 갖고 있지만 중원의 정치를 관찰하고자 하니 왕실에서 우리의 호칭을 높여주기를 청한다."

수나라 사람이 이를 위해 주나라로 가서 초나라를 높여달라고 청했지만, 왕실에서 들어주지 않았는데 돌아와 초나라에 보고했다.

37년, 초나라 웅통熊通이 화가 나서 말했다.

"나의 선조 육웅鬻熊은 주문왕의 스승이었는데 일찍 돌아가셨다. 성왕은 나의 선공을 천거해서 자작과 남작으로 봉해 밭을 내려주고 초나라에 살게 했다. 이에 만이들을 모두 거느려 복종시켰다. 왕이 지위를 더해주지 않는다면 내가 스스로 높일 따름이다."

이에 스스로 즉위하여 무왕武王이라 하고③ 수나라 사람과 맹약하며 떠나갔다. 이로써 처음으로 복濮 땅을 개척하여 소유했다.

三十五年 楚伐隨① 隨曰 我無罪 楚曰 我蠻夷也 今諸侯皆爲叛相侵 或相殺 我有敝甲② 欲以觀中國之政 請王室尊吾號 隨人爲之周 請尊楚 王室不聽 還報楚 三十七年 楚熊通怒曰 吾先鬻熊 文王之師也 蚤終 成

> 王擧我先公 乃以子男田令居楚 蠻夷皆率服 而王不加位 我自尊耳 乃
>
> 自立爲武王③ 與隨人盟而去 於是始開濮地而有之

① 隨수

집해 가규가 말했다. "수나라는 희성姬姓이다." 두예가 말했다. "수나라는 지금의 의양군 수현이다."

賈達曰 隨 姬姓也 杜預曰 隨國今義陽隨縣

정의 《괄지지》에서 말한다. "수주 외성은 옛 수나라 땅이다." 《세본》에서 말한다. "초무왕의 무덤은 예주豫州 신식新息에 있다. 수나라는 희성이다. 초무왕은 군대 안에서 죽어서 군사가 철수했다." 《괄지지》에서 "상채현 동북쪽 50리이다."라고 한 것이 이것이다.

括地志云 隨州外城古隨國地 世本云 楚武王墓在豫州新息 隨 姬姓也 武王卒師中而兵罷 括地志云上蔡縣東北五十里 是也

신주 의양군은 서진西晉에서 남양군南陽郡 남부를 나누어 설치한 군이다. 초나라 도읍 영郢의 북쪽에 있다.

② 敝甲폐갑

신주 폐갑은 헤진 갑옷이라는 뜻도 있지만 자신의 군대를 겸손하게 칭하는 용어이기도 하다. 여기에서는 초왕의 군대를 겸손하게 말한 것으로 보는 것이 더 적당할 것이다.

③ 自立爲武王자립위무왕

신주 자신들은 주나라 왕실이 임명한 제후들과는 다르다는 뜻이기도

하다. 스스로 당시 중원과는 다른 족속임을 선언한 것이다.

51년, 주나라에서 수후隨侯를 불러 초나라가 스스로 즉위하여 왕
이 된 것을 책망했다. 초나라는 노하여 수나라가 자신을 배반했
다고 여기고 수나라를 공격했다. 무왕이 군중에서 죽자 군사는
철수했다.[1]
아들 문왕 웅자熊貲가 즉위하고 비로소 영郢에 도읍했다.[2]
五十一年 周召隨侯 數以立楚爲王 楚怒 以隨背己 伐隨 武王卒師中而
兵罷[1] 子文王熊貲立 始都郢[2]

---

① 武王卒師中而兵罷무왕졸사중이병파

집해 《황람》에서 말한다. "초무왕 무덤은 여남군 동양현 갈피향성葛
陂鄉城 동북에 있다. 백성은 초왕잠楚王岑이라고 이른다. 한漢나라 영평永
平 연간에 갈릉성 북쪽 축리사祝里社 아래 흙 속에서 동으로 만든 정鼎을
얻었는데 정의 이름이 '초무왕'이라고 했다. 그래서 초무왕의 무덤이라
는 것을 알았다. 백성이 전하는 말에는 진秦나라나 항우項羽나 적미赤眉
의 시대에 발굴하고자 했으나 번번이 무너져 메워 누르는 바람에 발굴하
지 못했다."
皇覽曰 楚武王冢在汝南郡鮦陽縣葛陂鄉城東北 民謂之楚土岑 漢永平中 葛陵
城北祝里社下於土中得銅鼎 而名曰楚武王 由是知楚武王之冢 民傳言 秦項赤
眉之時欲發之 輒頹壞塡壓 不得發也

정의 본래 주석에 '갈피향葛陂鄉'을 '갈릉향葛陵鄉'이라 한 것은 잘못이

다. 〈지리지〉에서는 신채현 서북쪽 60리에 갈피향이 있다. 곧 비장방費長
房이 대나무를 던져 용지피龍之陂(용지둑)를 만든 곳으로 이로 인해 향명이
되었다.

有本注葛陂鄉作葛陵鄉者 誤也 地理志云新蔡縣西北六十里有葛陂鄉 即費長
房投竹成龍之陂 因爲鄉名也

신주 주석에서 초무왕의 무덤이 있다고 한 곳은 당시 채蔡나라 영토였
다. 〈십이제후연표〉에서는 수나라를 치면서 부인에게 두근거리는 마음
을 알렸다고 하는데, 군중에서 죽었다는 설도 있다.

② 始都郢시도영

정의 《괄지지》에서 말한다. "기남紀南 고성은 형주 강릉현 북쪽 50리
에 있다. 두예는 '초나라가 영郢에 도읍하니, 지금의 남군 강릉현 북쪽
기남성紀南城이다.'라고 했다." 《괄지지》에서 또 말한다. "또 초평왕楚平王
에 이르러 다시 영에 성을 쌓았는데, 강릉현 동북쪽 6리에 있으며 옛 영
성郢城이다."

括地志云 紀南故城在荊州江陵縣北五十里 杜預云國都於郢 今南郡江陵縣北
紀南城是也 括地志云 又至平王 更城郢 在江陵縣東北六里 故郢城是也

문왕 2년, 신申나라를 정벌하려고 등鄧나라를 지날 즈음[①] 등나
라 사람이 말했다.

"초나라 왕을 쉽게 잡을 수 있습니다."

등나라 후작[②]이 허락하지 않았다.

6년, 채나라^③를 공격해 애후哀侯를 포로로 잡고 돌아와서 석방시켜 주었다.^④ 초나라가 강해져 강수와 한수 사이의 작은 나라들을 업신여기자 작은 나라들이 모두 두려워했다.

11년, 제나라 환공이 처음으로 패자가 되었는데 초나라도 비로소 거대해졌다.

文王二年 伐申過鄧^① 鄧人曰楚王易取 鄧侯^②不許也 六年 伐蔡^③ 虜蔡哀侯以歸 已而釋之^④ 楚彊 陵江漢間小國 小國皆畏之 十一年 齊桓公始霸 楚亦始大

① 伐申過鄧벌신과등

　정의　《괄지지》에서 말한다. "옛 신성申城은 등주 남양현 북쪽 30리에 있다. 《진태강지지》에서 주선왕周宣王의 외삼촌을 봉한 곳이라고 한다. 옛 등성은 양주 안양현 북쪽 20리에 있다. 춘추시대 등나라는 (노나라) 장공莊公 16년 초문왕이 멸망시켰다."

括地志云 故申城在鄧州南陽縣北三十里 晉太康地志云周宣王舅所封 故鄧城在襄州安養縣北二十里 春秋之鄧國 莊十六年楚文王滅之

② 鄧侯등후

　집해　복건이 말했다. "등나라는 만성曼姓이다."

服虔云 鄧 曼姓

　신주　〈십이제후연표〉에서 초왕을 잡자고 말한 사람은 생甥이라 한다.

③ 蔡채

정의 예주 상채현은 주의 북쪽 70리에 있는데 옛 채나라이다. 현의 외성이 채나라 성이다.

豫州上蔡縣在州北七十里 古蔡國也 縣外城 蔡國城也

신주 〈십이제후연표〉와 〈관채세가〉에 자세히 나온다. 식후息侯는 채나라에서 자기 부인을 예로 대하지 않아서 초나라에 정벌을 부탁했다. 식息나라는 채나라 남쪽에 이웃했고 수隨나라 동북쪽이며 회수淮水를 끼고 있다.

④ 已而釋之이이석지

신주 〈관채세가〉에서는 채나라 애후는 9년간 초나라에 억류되어 있다가 초나라에서 죽었다고 한다.

12년, 등나라를 공격해 멸망시켰다.

13년, 문왕이 죽고① 아들 웅간熊囏②이 계승했는데 이이가 장오莊敖이다.③

장오 5년, 그의 아우 웅운熊惲④을 죽이려고 하자 운이 수隨나라로 달아났다. 웅운이 수나라와 함께 장오를 습격해 시해하고 대신 즉위하니 이이가 성왕成王이다.

성왕 운惲 원년, 처음 즉위해 덕을 베풀고 은혜를 베풀었으며 제후들과 옛날의 우호를 맺었다. 사람을 보내 천자에게 공물을 바치자, 천자가 제육을 하사하며 말했다.

"너는 남방 이월夷越의 난을 진압해 중원을 침략함이 없게 하라."

이에 초나라 땅이 1,000리가 되었다.

十二年 伐鄧 滅之 十三年 卒^① 子熊囏^②立 是爲莊敖^③ 莊敖五年 欲殺 其弟熊惲^④ 惲奔隨 與隨襲弑莊敖代立 是爲成王 成王惲元年 初即位 布德施惠 結舊好於諸侯 使人獻天子 天子賜胙曰 鎭爾南方夷越之亂 無侵中國 於是楚地千里

① 十三年 卒십삼년 졸

신주 《좌전》에서는 2년 후인 노나라 장공 19년에 문왕이 죽었다고 한다. 그렇다면 문왕 재위는 15년이어야 하고, 장오는 3년이어야 한다. 〈연표〉는 〈초세가〉와 같다.

② 熊囏웅간

집해 《사기음은》에서 말한다. "간囏은 옛날의 '간艱'이다."
史記音隱云 囏 古 艱字

③ 莊敖장오

색은 앞의 莊의 발음은 '창[側狀反]'이다.
上音側狀反

신주 〈십이제후연표〉에서는 장오가 아닌 도오堵敖라고 하며, 사마정의 주석에서는 두오杜敖라고도 한다.

④ 熊惲웅운

색은 惲은 '운[紆粉反]'으로 발음한다. 《좌전》에서는 '군頵'으로 되어 있는데 '인[紆貧反]'으로 발음한다.

惲音紆粉反 左傳作頵 紆貧反

신주 운혼은 '도탑다'라는 뜻이다.

16년, 제나라 환공이 군사로 초나라를 침략해 형산陘山^①에 이르렀다. 초나라 성왕은 장군 굴완屈完^②에게 군사로 막게 하고 환공과 맹약했다. 환공은 주나라 왕실에 공물을 들이지 않는 것을 책망했는데, 초나라가 공물을 들이겠다고 약속하자 물러갔다.

十六年 齊桓公以兵侵楚 至陘山^① 楚成王使將軍屈完^②以兵禦之 與桓公盟 桓公數以周之賦不入王室 楚許之 乃去

① 陘山형산

정의 두예가 말했다. "형陘은 초나라 땅이다. 영천군 소릉현 남쪽에 형정陘亭이 있다." 《괄지지》에서 말한다. "형산은 정주 서남쪽 110리에 있는데 곧 이 산이다."

杜預云 陘 楚地 潁川召陵縣南有陘亭 括地志云 陘山在鄭州西南一百一十里即此山也

신주 소릉은 동쪽으로 진陳과 채蔡, 북쪽으로 허許에 접한다.

② 將軍屈完장군굴완

정의 屈의 발음은 '굴[曲勿反]'이다. 완은 '환桓'으로 발음한다. 굴완은 초나라 족속이다.

屈 曲勿反 完音桓 楚族也

18년, 성왕은 군사로 북쪽 허許나라[①]를 공격했다. 허나라 군주가 육단肉袒(웃통을 벗어 상체를 드러내고 사죄하는 것)으로 사죄하자 풀어주었다.

22년, 황黃나라[②]를 공격했다.

26년, 영英나라[③]를 멸망시켰다.

十八年 成王以兵北伐許[①] 許君肉袒謝 乃釋之 二十二年 伐黃[②] 二十六年 滅英[③]

① 許허

［집해］〈지리지〉에서는 "영천군 허창현은 옛 허나라이다."라고 했다.

地理志曰潁川許昌縣 故許國也

② 黃황

［색은］여남군 익양현은 옛 황나라이다.

汝南弋陽縣 故黃國

［정의］《괄지지》에서 말한다. "황나라 고성은 한漢나라 익양현이다. 진秦나라 때 황도黃都이고 영성嬴姓이며, 광주 정성현 40리에 있다."

括地志云 黃國故城 漢弋陽縣也 秦時黃都 嬴姓 在光州定城縣四十里也

［신주］황국은 회수를 경계로 식息나라와 마주하고 있다. 《춘추》에서는 희공 11년 겨울에 정벌하여 12년에 멸한 것으로 나온다. 희공 11년은 초성왕 23년에 해당한다. 영성은 진秦, 조趙와 같은 성으로 동이족이다.

③ 英영

서광이 말했다. "〈십이제후연표〉나 다른 판본에도 모두 '영英'으로 되어 있지만, 또 다른 판본에는 '황黃'으로 되어 있다."

徐廣曰 年表及他本皆作英 一本作黃

영나라는 회남군에 있고 아마 요국蓼國인데, 이름을 고친 시기는 알지 못한다.

英國在淮南 蓋蓼國也 不知改名時也

영나라는 황나라에서 회수를 따라 내려가 동쪽에 있다. 서진西晉 때 안풍군安風郡 일대이다.

33년, 송나라 양공襄公이 회맹을 하고자 초나라를 불렀다. 초왕이 노하여 말했다.

"나를 부르다니, 내 장차 우호적인 체하고 가서 습격해 욕보이겠다."

마침내 가서 우盂[1]에 이르러 결국 송나라 양공을 체포해 욕보이고 얼마 지나서 돌려보냈다.

34년, 정나라 문공이 남쪽 초나라에 조회하러 갔다. 초나라 성왕은 북쪽 송나라를 공격해 홍수泓水에서 무찌르고 송나라 양공을 활로 쏘아 상처를 입혔다. 양공은 마침내 상처가 도져서 죽었다.[2]

三十三年 宋襄公欲爲盟會 召楚 楚王怒曰 召我 我將好往襲辱之 遂行至盂[1] 遂執辱宋公 已而歸之 三十四年 鄭文公南朝楚 楚成王北伐宋 敗之泓 射傷宋襄公 襄公遂病創死[2]

① 盂우

盂는 '우于'로 발음한다. 송나라 땅이다.

音于 宋地也

② 襄公遂病創死양공수병창사

송양공이 죽은 것은 초성왕 35년이다.

35년, 진晉나라 공자 중이重耳가 초나라를 지나가는데 성왕이 제후가 손님이 된 예로 연회를 베풀고 후하게 대접해 진秦나라로 보내주었다.

39년(수정 38), 노나라 희공僖公이 와서 제나라를 공격할 군사를 요청했다. 초나라는 신후申侯를 보내 군사를 이끌고 제나라를 공격하게 했다. 이에 곡穀 땅①을 빼앗아 제나라 환공의 아들 옹雍을 두었다. 제나라 환공의 일곱 아들은 모두 초나라로 도망쳤는데 초나라는 모두 상대부로 삼았다.

기夔를 멸망시켰는데, 기 땅에서 축융과 육웅鬻熊의 제사를 받들지 않았기 때문이다.②

三十五年 晉公子重耳過楚 成王以諸侯客禮饗 而厚送之於秦 三十九年 魯僖公來請兵以伐齊 楚使申侯將兵伐齊 取穀① 置齊桓公子雍焉 齊桓公七子皆奔楚 楚盡以爲上大夫 滅夔 夔不祀祝融鬻熊故也②

① 穀곡

두예가 말했다. "제북군 곡성현이다."

杜預曰 濟北穀城縣

정의 《괄지지》에서 말한다. "곡곡穀은 제주 동아현 동쪽 26리에 있다."

括地志云 穀在濟州東阿縣東二十六里

신주 《좌전》에서는 이 일이 희공 26년 조에 기록되어 있다. 초성왕 38년에 해당한다. 희공이 초나라에 간 것이 아니라 노나라 대부 양중襄仲과 장문중臧文仲이 갔다.

② 夔不祀祝融鬻熊故也기불사축융육웅고야

집해 복건이 말했다. "기夔는 초나라 웅거熊渠의 손자이고 웅지熊摯의 후예이다. 기는 무산巫山 남쪽에 있는데 자귀향이 이곳이다."

服虔曰 夔 楚熊渠之孫 熊摯之後 夔在巫山之陽 秭歸鄉是也

색은 초주는 '멸귀滅歸'라고 했는데, 귀歸는 곧 기夔의 땅 이름 귀향歸鄉이다.

譙周作滅歸 歸即夔之地名歸鄉也

신주 웅거의 적사嫡嗣 웅지의 후손들이 다스리던 초나라 안의 봉국을 말한다.

(39년) 여름, 송나라를 공격했다. 송나라에서 위급함을 진晉나라에 알리자 진晉나라에서 송나라를 구원했다. 성왕은 군사를 철수해 돌아가려 했다. 장군 자옥子玉이 싸우기를 청하자 성왕이 말했다. "중이重耳가 망명해 외국에 거주한 것이 오래인데, 마침내 나라로

돌아간 것은 하늘이 열어준 바이다. 당해낼 수 없다."

자옥이 굳이 청하자 이에 적은 군사를 주어 보냈다. 진晉나라는

과연 자옥을 성복에서 무찔렀다.[1] 성왕은 노하여 자옥을 죽였다.

夏 伐宋 宋告急於晉 晉救宋 成王罷歸 將軍子玉請戰 成王曰 重耳亡居
外久 卒得反國 天之所開 不可當 子玉固請 乃與之少師而去 晉果敗子
玉於城濮[1] 成王怒 誅子玉

① 晉果敗子玉於城濮진과패자옥어성복

신주 《좌전》과 〈십이제후연표〉에서 성복대전은 초성왕 40년의 일이다.
여기서는 기년이 빠져 있다.

46년, 애초에 성왕은 장차 상신商臣을 태자로 삼고자 영윤 자상子
上에게 말했다. 자상이 대답했다.

"군주의 연세가 아직 젊고,[1] 또 총희들도 많은데, 세자로 세웠다가
쫓겨나면 곧 난이 일어날 것입니다. 초나라는 세자를 세우는데,
늘 어린 자만 있었습니다.[2] 또 상신은 벌의 눈에 승냥이의 소리
를 내니 잔인한 사람입니다.[3] 태자로 세워서는 안 됩니다."

왕은 듣지 않고 태자로 세웠다. 뒤에 다시 아들 직職[4]을 세우고
태자 상신을 내쫓고자 했다. 상신이 듣긴 했으나 (그 진상을) 살피지
못하고서 그의 스승 반숭潘崇에게 알려 말했다.

"어떻게 해야 그 실상을 알 수 있겠습니까?"

四十六年 初 成王將以商臣爲太子 語令尹子上 子上曰 君之齒未也^①
而又多內寵 絀乃亂也 楚國之擧常在少者^② 且商臣蠭目而豺聲 忍人
也^③ 不可立也 王不聽 立之 後又欲立子職^④而絀太子商臣 商臣聞而未
審也 告其傅潘崇曰 何以得其實

① 君之齒未也군지치미야

집해 두예가 말했다. "치齒는 연年이다. 아직 젊다는 말이다."

杜預曰 齒 年也 言尚少

② 楚國之擧常在少者초국지거상재소자

집해 가규가 말했다. "거擧는 세우는 것이다."

賈逵曰 擧 立也

신주 초나라는 나라가 어지러우면 막내를 세우는 전통이 있다. "미성
芈姓은 어지러움이 있을 때마다 막내를 내세웠다. 그것이 상도이다."라는
말이 뒤에 나온다.

③ 忍人也인인야

집해 복건이 말했다. "인忍은 의롭지 못하다는 말이다."

服虔曰 言忍爲不義

신주 인인忍人은 잔인한 사람이라는 뜻이다.

④ 子職자직

집해 가규가 말했다. "직職은 상신의 서제庶弟이다."

賈逵曰 職 商臣庶弟也

반숭이 말했다.

"왕의 총애 받는 누이동생^① 강미江芈^②를 접대하되 불경스럽게 대하십시오."

상신은 그 말을 따랐다. 강미가 노해서 말했다.

"마땅하구려. 왕께서 그대를 죽이고 직職을 태자로 세우려는 것이."

상신이 반숭에게 알려 말했다.

"(저를 해치려는 것이) 확실합니다."

반숭이 말했다.

"(직을) 섬기겠습니까?^③"

상신이 말했다.

"그러지 못할 것입니다."

반숭이 말했다.

"도망쳐 떠나겠습니까?"

상신이 대답했다.

"그러지 못할 것입니다."

반숭이 말했다.

"대사大事를 행하겠습니까?^④"

상신이 말했다.

"그리하겠습니다."

崇曰 饗王之寵姬^①江芈^②而勿敬也 商臣從之 江芈怒曰 宜乎王之欲殺

若而立職也 商臣告潘崇曰 信矣 崇曰 能事之乎③曰 不能 能亡去乎曰 不能 能行大事乎④曰 能

① 寵姬총희

집해 희姬는 '매妹'로 쓰는 것이 마땅하다.

姬 當作妹

② 江芈강미

정의 芈의 발음은 '미[亡爾反]'이다.

芈 亡爾反

신주 성왕의 총애받는 누이동생이며, 태자 상신의 고모이다. 미芈의 뜻은 양 울음 소리이다.

③ 能事之乎능사지호

집해 복건이 말했다. "만약 직職을 세운다면 그대는 능히 섬기겠는가?"

服虔曰 若立職 子能事之

④ 能行大事乎능행대사호

집해 복건이 말했다. "(대사란) 군주를 시해한다는 것을 이른다."

服虔曰 謂弑君

겨울 10월, 상신은 궁의 호위병으로 성왕을 포위했다. 성왕은 곰 발바닥 요리를 먹고 죽겠다고[①] 청했는데 들어주지 않았다.

정미일에 성왕은 스스로 목을 매어 죽었다. 상신이 대신 즉위하니 이이가 목왕穆王이다.

목왕이 즉위하자, 그의 태자궁을 반숭에게 주고 태사로 삼아서 국사를 관장하게 했다.

목왕 3년, 강江나라[②]를 멸망시켰다.

4년, 육六나라와 요蓼나라를 멸망시켰다. 육과 요[③]는 고요皐陶의 후예이다.

8년, 진陳나라를 공격했다.[④]

12년에 죽었다. 아들 장왕莊王 여侶가 즉위했다.

冬十月 商臣以宮衛兵圍成王 成王請食熊蹯而死[①] 不聽 丁未 成王自絞 殺 商臣代立 是爲穆王 穆王立 以其太子宮予潘崇 使爲太師 掌國事 穆 王三年 滅江[②] 四年 滅六蓼 六蓼[③] 皐陶之後 八年 伐陳[④] 十二年 卒 子 莊王侶立

① 熊蹯而死웅번이사

집해 두예가 말했다. "곰의 발바닥은 익히는 것이 어렵다. 오래 머물러 장차 밖에서 구원이 있기를 바란 것이다."

杜預曰 熊掌難熟 冀久 將有外救之也

② 江강

집해 두예가 말했다. "강국江國은 여남군 안양현에 있다."

杜預曰 江國在汝南安陽縣

신주 식息나라 서쪽에 있으며 역시 회수를 끼고 있다.

③ 六蓼육요

집해 두예가 말했다. "육국六國은 지금의 여강군 육현이다. 요국蓼國은 지금의 안풍군 요현이다."

杜預曰 六國 今廬江六縣 蓼國 今安豐蓼縣

신주 요는 안풍군에 있고 육은 안풍군 동쪽 여강군 일대에 있는데, 회남의 거대한 방죽 작피芍陂 남쪽이다. 또 이때는 노나라 문공 5년으로, 《춘추》 및 《좌전》의 기록과 일치한다. 《좌전》에서 요는 정견庭堅의 후예라고 했다.

④ 伐陳벌진

신주 진공공陳共公 14년의 일이다. 〈진기세가〉에는 이 기록이 없다. 《좌전》에 따르면 여름에 초나라가 침공하여 승리하고 가을에 침공했다가 진나라에게 패하여 양국이 화평했다고 한다.

패왕이 된 장왕

장왕莊王이 즉위한 지 3년, 호령은 나오지 않았고 낮밤으로 향락에 빠져 있었다. 나라 안에 영을 내리고 말했다.

"감히 간언하는 자가 있으면 죽이고 용서하지 않을 것이다."

오거伍擧가 들어가 간언했다.[①] 장왕이 왼쪽에는 정나라 여인을 안고 오른쪽에는 월越나라 여인을 안고 종과 북 사이에 앉아 있었다. 오거가 말했다.

"원컨대 수수께끼[②]를 내드리고자 합니다."

이어 말했다.

"어떤 새가 언덕에 있는데, 3년 동안 날지도 않고 울지도 않는데 이것이 무슨 새입니까?"

장왕이 말했다.

"3년 동안 날지 않았는데 난다면 장차 하늘을 채울 것이고, 3년 동안 울지 않았는데 운다면 장차 사람을 놀라게 할 것이다. 오거는 물러가라. 나는 알았노라."

莊王即位三年 不出號令 日夜爲樂 令國中曰 有敢諫者死無赦 伍擧入諫[①] 莊王左抱鄭姬 右抱越女 坐鍾鼓之間 伍擧曰 願有進隱[②]曰 有鳥在

於阜 三年不蜚不鳴 是何鳥也 莊王曰 三年不蜚 蜚將沖天 三年不鳴 鳴
將驚人 舉退矣 吾知之矣

① 伍擧入諫오거입간

신주 《사기지의》에서 말한다. "오거는 강왕과 영왕 시대에 있었으니,
장왕을 섬긴 자는 그 아버지 오참五參이다. 여기와 〈오자서전〉은 모두
잘못되었다. 《설원》〈정간〉에서 장왕이 초거椒擧를 상객으로 모셨다는
것과 어찌 다른가? 그러나 큰 새의 말로 간한 사람을 《사기》에서는 잘못
하여 오거라고 하고, 《한비자》〈유노〉에서는 우사마右司馬라고 하고, 《여
씨춘추》〈중언〉에서는 성공가成公賈라고 하고, 《신서》〈잡사2〉에서는 사
경士慶이라고 했으니 결정할 수 없다."

② 進隱진은

집해 은隱은 속내를 감추고 있는 것을 이른다.

隱謂隱藏其意

수개월이 지났지만 음란함이 더욱 심해졌다. 대부 소종蘇從이 들
어가 간언했다. 왕이 말했다.
"너는 명령을 듣지 못했느냐?"
대답해 말했다.
"제 몸이 죽어 군주께서 밝게 되신다면 신이 바라는 것입니다."

이에 음란한 음악을 그만두고 정사를 듣게 되자 죽임을 당한 자들이 수백 명이었고, 등용한 자도 수백 명이었다. 오거와 소종을 임명해 정사를 맡기자 나라 사람들이 크게 기뻐했다.

이해에 용庸나라[1]를 멸망시켰다.

6년, 송나라를 침략하여 수레 500대를 얻었다.

8년, 육혼융陸渾戎[2]을 정벌하고 마침내 낙수洛水에 이르러 주周나라 교외에서 관병식觀兵式을 했다.[3] 주나라 정왕定王은 왕손 만滿을 보내서 초나라 왕을 위로했다.[4] 초왕은 구정九鼎의 대소大小와 경중輕重에 대해서 물었다.[5] 만이 대답했다.

"대소와 경중은 덕에 달려 있는 것이지, 정鼎에 달려 있는 것이 아닙니다."

장왕이 말했다.

"그대는 구정을 믿지 마시오. 초나라는 갈고리 날만 부러뜨려도[6] 구정을 만들기에 충분하오."

居數月 淫益甚 大夫蘇從乃入諫 王曰 若不聞令乎 對曰 殺身以明君 臣之願也 於是乃罷淫樂 聽政 所誅者數百人 所進者數百人 任伍擧蘇從以政 國人大說 是歲滅庸[1] 六年 伐宋 獲五百乘 八年 伐陸渾戎[2] 遂至洛 觀兵於周郊[3] 周定王使王孫滿勞楚王[4] 楚王問鼎小大輕重[5] 對曰在德不在鼎 莊王曰 子無阻九鼎 楚國折鈎之喙[6] 足以爲九鼎

① 庸용

정의 지금의 방주 죽산현이다.

今房州竹山縣是也

신주 상용上庸이다. 전한 때 한중군 동남부였다.

② 陸渾戎육혼융

집해 복건이 말했다. "육혼융은 낙洛의 서남쪽에 있다."

服虔曰 陸渾戎在洛西南

정의 윤성允姓의 융으로, 이사해서 육혼에 거주했다.

允姓之戎徙居陸渾

③ 觀兵於周郊관병어주교

집해 복건이 말했다. "관병觀兵은 군사를 진열해 주나라에 과시한 것이다."

服虔曰 觀兵 陳兵示周也

④ 使王孫滿勞楚王사왕손만노초왕

집해 복건이 말했다. "교외에서 위로하고 예로써 맞이한 것이다."

服虔曰 以郊勞禮迎之也

⑤ 楚王問鼎小大輕重초왕문정소대경중

집해 두예가 말했다. "주나라를 핍박하고 천하를 취하려는 뜻을 보인 것이다."

杜預曰 示欲偪周取天下

신주 본문은 정鼎이라고 말했는데, 구정九鼎을 뜻한다. 구정은 하우夏禹 때 9주九州에서 바친 공금貢金을 가지고 제조한 정鼎(세 발 달린 솥)이다. 하夏, 상商, 주周 3대에서 서로 전하던 국가의 보물로 국가 정권을 상징

했다. 〈효무본기孝武本紀〉에 따르면 주나라 덕이 쇠하면서 팽성彭城 아래 사수泗水에 빠졌다고 한다.

⑥ 折鉤之喙절조지훼

　정의　喙의 발음은 '휘[許衛反]'이다. 모든 극戟(창)에는 갈고리가 있다. 훼는 갈고리의 입이 뾰족한 것이다. 초나라 창의 갈고리 입은 뾰족한데 자를 수 있으니 정을 만들기에 충분하다는 말이다. 정을 쉽게 얻을 수 있다는 말이다.

喙 許衛反 凡戟有鉤 喙 鉤口之尖也 言楚國戟之鉤口尖有折者 足以爲鼎 言鼎之易得也

　신주　찌르는 창을 모矛, 찍는 창을 과戈라고 하는데 둘을 합친 게 극戟이다. 극의 날개 부분은 베고 당기고 찍는 기능을 복합적으로 하는 경우가 많은데, 이 날개를 부러뜨려 정을 만든다는 것이다.

왕손 만이 말했다.

"오호라! 군왕께서는 그것을 잊었습니까? 옛날 우虞(순임금의 나라)와 하夏(우임금의 나라)가 왕성할 때에는 먼 지방까지 모두 이르니, 9주의 목백牧伯에게 쇠붙이를 바치게 했습니다.① 정鼎을 주조하는 데 공물貢物②과 온갖 사물을 본떠 새기고 갖추어서 백성으로 하여금 신령함과 간사함을 알게 했습니다.③

걸왕桀王이 덕을 어지럽히자, 정은 은나라로 옮겨져 600년간 제사를 지냈습니다.④ 은나라 주왕紂王이 포악해지자 정은 주나라로 옮겨졌습니다. 덕이 크고 밝으면 (정은) 비록 작더라도 반드시 무겁습니다.⑤ 간사하고 혼미하면 (정은) 비록 크더라도 반드시 가볍습니다.⑥

옛날 주나라 성왕은 정을 겹욕郟鄏⑦에 안치하고 점을 쳤습니다. 그 점괘에서 30대代를 잇고 700년을 누린다고 것이 천명이었습니다. 주나라 덕이 비록 쇠퇴했으나 천명은 아직 바뀌지 않았습니다. 정의 무게는 아직 물을 것이 아닙니다."

초왕은 이에 돌아왔다.

王孫滿曰 嗚呼 君王其忘之乎 昔虞夏之盛 遠方皆至 貢金九牧① 鑄鼎象物② 百物而爲之備 使民知神姦③ 桀有亂德 鼎遷於殷 載祀六百④ 殷紂暴虐 鼎遷於周 德之休明 雖小必重⑤其姦回昏亂 雖大必輕⑥ 昔成王定鼎于郟鄏⑦ 卜世三十 卜年七百 天所命也 周德雖衰 天命未改 鼎之輕重 未可問也 楚王乃歸

① 貢金九牧헌금구목

집해 복건이 말했다. "9주의 목牧들에게 쇠붙이를 바치게 했다."

服虔曰 使九州之牧貢金

② 鑄鼎象物주정상물

집해 가규가 말했다. "상象은 사물을 그려 정鼎에 나타낸 것이다."

賈逵曰 象所圖物著之於鼎

③ 百物而爲之備 使民知神姦백물이위지비 사민지신간

집해 두예가 말했다. "귀신이나 온갖 사물의 형상을 그려 백성이 거역할 것에 대비하게 한 것이다."

杜預曰 圖鬼神百物之形 使民逆備之也

④ 載祀六百재사육백

집해 가규가 말했다. "재載는 이야기이다. 사祀는 연年이다. 상나라에서는 사祀라고 한다." 왕숙이 말했다. "재사는 연이란 말과 같다."

賈逵曰 載 辭也 祀 年也 商曰祀 王肅曰 載祀者 猶言年也

⑤ 雖小必重수소필중

집해 두예가 말했다. "옮기지 못한다는 것이다."

杜預曰 不可遷

⑥ 其姦回昏亂 雖大必輕기간회혼란 수대필경

집해 두예가 말했다. "옮길 수 있다는 말이다."

杜預曰 言可移

⑦ 郟鄏겹욕

집해 두예가 말했다. "겹욕은 지금의 하남이다. 하남현 서쪽에 겹욕맥郟鄏陌이 있다. 무왕이 옮겼고 성왕이 안치시켰다."

杜預曰 郟鄏今河南也 河南縣西有郟鄏陌 武王遷之 成王定之

색은 《주서》를 살펴보니 겹郟은 낙雒의 북쪽 산 이름이고 '갑甲'으로 발음한다. 욕鄏은 밭이 두터운 것을 욕이라 하는데 이로써 이름이 되었다.

按周書 郟 雒北山名 音甲 鄏謂田厚鄏 故以名焉

9년, 약오씨若敖氏가 재상이 되었다.[①] 사람들 중 혹자가 장왕에게 그를 헐뜯자, 죽임을 당할까 두려워서 도리어 왕을 공격했다. 장왕이 공격해 약오씨 일족을 멸족시켰다.

13년, 서舒나라[②]를 멸망시켰다.

16년, 진陳나라를 침벌하고 하징서夏徵舒를 살해했다. 하징서가 그의 군주를 시해했기 때문에 죽인 것이다.[③] 이윽고 진나라를 부수고 현으로 삼았다. 군신들이 모두 하례했는데, 신숙시申叔時는 제나라에 사신으로 갔다 와서도 하례하지 않았다. 왕이 묻자 신숙시가 대답했다.

"속담에 '소를 끌고 남의 밭을 지나는데 밭주인이 그의 소를 빼앗았다.'고 했습니다. 지나간 것은 정직하지 못한 것이지만 소를 빼앗은 것 또한 심하지 않습니까? 또 왕께서 진나라의 난으로 제후들을 인솔해 정벌하셨는데 의로써 정벌하고도 탐하여 현縣으로 삼았으니, 또한 무엇으로 다시 천하에 명령하겠습니까?"

장왕은 곧 진의 후손에게 나라를 돌려주었다.

九年 相若敖氏[①] 人或讒之王 恐誅 反攻王 王擊滅若敖氏之族 十三年 滅舒[②] 十六年 伐陳 殺夏徵舒 徵舒弑其君 故誅之也[③] 已破陳 即縣之 群臣皆賀 申叔時使齊來 不賀 王問 對曰 鄙語曰 牽牛徑人田 田主取其牛 徑者則不直矣 取之牛不亦甚乎 且王以陳之亂而率諸侯伐之 以義伐之而貪其縣 亦何以復令於天下 莊王乃復國陳後

① 相若敖氏상약오씨

집해 《좌전》에서는 자월초子越椒라고 했다.

左傳曰子越椒

② 舒서

[집해] 두예가 말했다. "여강군 육현 동쪽에 서성이 있다."

杜預曰 廬江六縣東有舒城也

[신주] 목왕 4년(서기전 622)에 멸망시킨 육현六縣이 이웃이다. 그해 〈십이제후연표〉에는 요蓼도 멸망시켰다고 한다. 〈십이제후연표〉에서 초장왕 13년 진陳나라를 치고 서舒와 요蓼를 멸망시켰다고 한다.

③ 徵舒弑其君 故誅之也징서시기군 고주지야

[신주] 하징서가 진영공陳靈公을 시해한 것은 장왕 15년이다.

17년 봄, 초장왕은 정나라를 포위해 석 달 만에 이겼다. 황문皇門①부터 쳐들어가자 정나라의 백작은 육단肉袒하고 양을 이끌고 맞이해② 말했다.

"제가 하늘의 뜻을 받지 않아 군주를 제대로 섬기지 못했습니다. 군주께 노여움을 품고 폐읍敝邑에 이른 것은 저의 죄입니다. 감히 명하신 대로 따르지 않았습니다. 나그네로 남해로 보내시거나 제후들의 신첩(노예)으로 하사하신다 해도 또한 명령을 따르겠습니다. 만약 군주께서 여왕厲王과 선왕宣王과 환공桓公과 무공武公③을 잊지 않으신다면, 그 사직을 끊지 마시고 마음을 고쳐서 군왕을 섬기게 해 주시는 것이 제가 원하는 바이지만, 감히 바라는 바는 아니옵니다. 감히 속마음을 말씀드립니다."

十七年春 楚莊王圍鄭 三月克之 入自皇門^① 鄭伯肉袒牽羊以逆^② 曰 孤
不天 不能事君 君用懷怒 以及敝邑 孤之罪也 敢不惟命是聽 賓之南海
若以臣妾賜諸侯 亦惟命是聽 若君不忘厲宣桓武^③ 不絶其社稷 使改事
君 孤之願也 非所敢望也 敢布腹心

① 皇門황문

집해 가규가 말했다. "정나라 성문이다." 하휴가 말했다. "곽문郭門이다."

賈逵曰 鄭城門 何休曰 郭門也

② 肉袒牽羊以逆육단견양이역

집해 가규가 말했다. "웃통을 벗고 양을 끄는 것은 복종하여 신하나
노예가 되겠다는 표시이다."

賈逵曰 肉袒牽羊 示服爲臣隸也

신주 역逆에는 영접하다는 뜻도 있다.

③ 厲宣桓武여선환무

집해 두예가 말했다. "주나라 여왕과 선왕은 정나라가 나온 곳이다.
정나라 환공과 무공은 (정나라에) 처음 봉해진 어진 군주이다."

杜預曰 周厲王宣王 鄭之所自出也 鄭桓公武公 始封之賢君也

초나라 군신들이 말했다.

"왕께서는 허락하지 마십시오."

장왕이 말했다.

"군주가 남의 아래에 있을 수 있다면 반드시 그 백성들의 신용을 얻었을 것이니 함부로 단절시킬 수 있겠는가?"

장왕은 스스로 손에 깃발을 들고 좌우의 군사들을 지휘하며 군사를 이끌고 30리를 떠나 머물렀으며,[1] 마침내 화평을 허락했다. 반왕潘尫이 들어가 맹약하고 자량子良은 나와서 인질이 되었다.[2] 여름 6월, 진晉나라가 정나라를 구원하여 초나라와 싸웠다. 그러나 진나라 군사는 하수 주변에서 크게 무너졌다.[3] 마침내 크게 승리하고 형옹衡雍에 이르렀다가 되돌아왔다.

楚群臣曰 王勿許 莊王曰 其君能下人 必能信用其民 庸可絶乎 莊王自手旗 左右麾軍 引兵去三十里而舍[1] 遂許之平 潘尫入盟 子良出質[2] 夏六月 晉救鄭 與楚戰 大敗晉師河上[3] 遂至衡雍而歸

① 三十里而舍삼십리이사

[집해] 두예가 말했다. "일사一舍(30리)를 물러나 정나라에 예를 취한 것이다.

杜預曰 退一舍而禮鄭

② 潘尫入盟 子良出質반왕입맹 자량출질

[집해] 반왕은 초나라 대부이다. 자량은 정나라 백작의 아우이다.

潘尫 楚大夫 子良 鄭伯弟

③ 大敗晉師河上 대패진사하상

신주 구원군은 이끌던 진晉나라 장군들의 의견이 맞지 않아 머뭇거리다가 황하를 건넜지만 대패했다. 초나라는 이 승리로 인해 춘추시대 중기에 마침내 최강국으로 등장한다.

20년, 송나라를 포위했다. 초나라 사신을 죽였기 때문이다.[①] 송나라를 5월까지 포위했다.[②] 성안에는 식량이 다하자 자식을 바꾸어 잡아먹고 뼈를 쪼개서 밥을 지었다.

송나라 화원華元[③]이 나가서 사정을 알렸다. 장왕이 말했다.

"군자로구나!"

마침내 군사를 철수하고 떠나왔다.

二十年 圍宋 以殺楚使也[①] 圍宋五月[②] 城中食盡 易子而食 析骨而炊 宋華元[③]出告以情 莊王曰 君子哉 遂罷兵去

---

① 圍宋 以殺楚使也 위송 이살초사야

색은 《좌전》에서 말한다. "선공 14년 초나라 자작은 신주申舟를 제나라에 사신으로 보내며 '송나라에 길을 빌린다는 인사를 하지 말라.'라고 했다. 송나라의 화원이 말하길, '우리나라를 지나가면서 길을 빌린다는 인사를 하지 않는 것은 우리를 깔보는 것이다. 우리를 깔본다는 것은 망한 것과 같다. 그 사자를 죽인다면 반드시 우리를 침략할 것인데 우리를 침략하면 또한 망할 것이다. 망하는 것은 마찬가지이다.'라며 죽였다. 초나라 자작이 듣고 옷소매를 걷어붙이고 일어났다. 9월에 송나라를 포위했다."

左傳宣十四年楚子使申舟聘于齊 曰 無假道于宋 華元曰 過我而不假道 鄙我也
鄙我 亡也 殺其使者必伐我 伐我亦亡也 亡一也乃殺之 楚子聞之 投袂而起 九
月 圍宋 是也

신주 축약한 인용이다. 더 자세한 내용은 《좌전》에 나온다. 제나라를
가기 위해서는 송나라를 거쳐야 하기 때문에 길을 빌려야 한다.

② 圍宋五月위송오월

신주 《좌전》에서 초장왕 19년 9월부터 20년 5월까지 9개월 동안 포위
했었다.

③ 華元화원

신주 춘추 시대 송나라 사람으로 화독華督의 증손이다. 송나라 문공文
公, 공공共公, 평공平公 세 군주를 섬겼다. 문공 4년 초나라가 정나라에게
송나라를 공격하라고 하자 화원은 우사右師로서 군사를 이끌고 맞아 싸
우다 포로로 잡혔는데 나중에 송나라로 돌아왔다. 문공 16년 9월 초나
라 군사가 송나라를 포위하여 문공 17년 5월까지 9개월 동안 갇혀 식량
이 떨어지자 밤중에 초나라 군진軍陣으로 들어가 화의를 이루어냈다. 공
공 10년 강한 진晉나라, 초나라와 맹약을 맺어 불가침 조약을 체결하게
했다. 이것이 역사상 유명한 제1차 이병지약弭兵之約(평화조약)이다.

23년, 장왕이 죽고 아들 공왕共王 심審이 계승했다.①

공왕 16년, 진晉나라가 정나라를 침략했다. 정나라에서 위급함을 알리자 공왕은 정나라를 구원했다. 진나라 군사와 언릉鄢陵에서 싸웠는데, 진나라에서 초나라를 무찔러 공왕은 눈에 화살을 맞았다. 공왕은 장군 자반을 불렀다. 자반은 술을 좋아해 시종 수양곡豎陽穀이 올린 술을 마시고 취해 있었다. 왕이 노하여 자반을 쏘아 죽이고 마침내 군사를 파하고 돌아갔다.

31년, 공왕이 죽고 아들 강왕康王 초招가 계승했다.

강왕이 즉위한 지 15년 만에 죽고 아들 운員②이 계승했는데, 이이가 겹오郟敖이다.

二十三年 莊王卒 子共王審立① 共王十六年 晉伐鄭 鄭告急 共王救鄭 與晉兵戰鄢陵 晉敗楚 射中共王目 共王召將軍子反 子反嗜酒 從者豎陽穀進酒醉 王怒 射殺子反 遂罷兵歸 三十一年 共王卒 子康王招立 康王立十五年卒 子員②立 是爲郟敖

① 子共王審立자공왕심립

신주 공왕 재위 31년과 다음 강왕 재위 15년 동안 초나라는 진晉과 지속적으로 패권다툼을 벌이며 무수한 전쟁을 치른다. 그로 인해 그 사이에 낀 정鄭, 송宋, 진陳, 채蔡 역시 무수한 고통을 당한다. 그 과정은 〈십이제후연표〉를 비롯하여 〈관채세가〉, 〈진기세가〉, 〈송미자세가〉, 〈진세가〉, 〈정세가〉에 나온다. 그리고 공왕 중기부터 동쪽 오吳나라와 전쟁도 계속 벌어진다. 그 일은 〈오태백세가〉에 기록되어 있다.

② 員원

색은 員은 '운雲'으로 발음한다. 《좌전》에서는 '균麇'으로 되어 있다.
音雲 左傳作麇

강왕에게는 총애하는 아우 공자公子 위圍,① 자비子比, 자석子晳,
기질棄疾이 있었다.

겹오 3년, 그의 계부季父인 강왕의 아우 공자 위를 영윤令尹으로
삼아② 군사의 일을 주관하게 했다.

4년, 공자 위는 정나라에 사신으로 가는 도중 왕이 병이 들었다
는 소식을 듣고 돌아왔다.

12월 기유일, 위는 왕의 병을 문안하러 들어가서는 목을 졸라 시
해하고③ 마침내 그 아들 막莫과 평하平夏를 살해했다. 사신을 시
켜서 정나라에 부고를 알리게 했다. 오거가 물었다.

"누구를 후사로 삼겠다고 하시겠습니까?④"

대답해서 말했다.

"대부 위圍를 삼겠다고 하겠습니다."

오거가 고쳐 말하게 했다.

"공왕의 아들 위가 맏이라고 하십시오.⑤"

자비는 진晉나라로 달아났고 위가 즉위하니 이이가 영왕靈王
이다.

康王寵弟公子圍①子比子晳棄疾 郟敖三年 以其季父康王弟公子圍爲
令尹② 主兵事 四年 圍使鄭 道聞王疾而還 十二月己酉 圍入問王疾 絞

> 而弑之③ 遂殺其子莫及平夏 使使赴於鄭 伍擧問曰 誰爲後④ 對曰 寡大
> 夫圍 伍擧更曰 共王之子圍爲長⑤ 子比奔晉 而圍立 是爲靈王

① 圍위

집해 서광이 말했다. "역사 기록에는 대부분 '회回'로 되어 있다."

徐廣曰 史記多作回

② 圍爲令尹위위영윤

신주 〈십이제후연표〉의 기록도 동일하다. 하지만 《사기지의》에 따르면
《좌전》에서는 위가 영윤이 된 것은 겹오 원년이다.

③ 絞而弑之교이시지

집해 순경이 말했다. "갓끈으로 목을 졸랐다." 《좌전》에서 말한다. "왕
을 겹郟에 장사지내서 그를 겹오郟敖라고 한다."

荀卿曰 以冠纓絞之 左傳曰 葬王于郟 謂之郟敖

④ 誰爲後수위후

집해 복건이 말했다. "와서 부고하는 자에게 물은 것이다."

服虔曰 問來赴者

신주 부고하러 가기 전에 물은 것이다.

⑤ 共王之子圍爲長공왕지자위위장

집해 두예가 말했다. "오거는 부고의 말을 고쳐서 예를 따라 죽음을

알리고 후사를 일컬어서 왕을 시해하고 왕위를 빼앗은 것을 제후들에게
알리지 않도록 시킨 것이다."

杜預曰 伍擧更赴辭 使從禮告終稱嗣 不以簒弑赴諸侯

영왕의 권력 무상

영왕 3년 6월, 초나라에서 사신을 보내 진晉나라에 알리고 제후들을 회합하고자 했다. 제후들은 모두 신申 땅에서 초나라와 회동했다.[①] 오거가 말했다.

"옛날 하나라 계啓는 균대鈞臺의 잔치[②]가 있었고, 상나라 탕湯은 경박景亳의 명령이 있었으며, 주나라 무왕은 맹진盟津의 맹약이 있었습니다. 성왕은 기양岐陽에서 사냥했고,[③] 강왕康王은 풍궁豊宮에서 조회[④]를 받았으며, 목왕穆王은 도산塗山에서 회합했습니다. 제나라 환공桓公은 소릉召陵에서 군사의 모임이 있었고, 진晉나라 문공은 천토踐土에서 맹약이 있었는데, 군주께서는 어떤 것을 채용하시겠습니까?"

靈王三年六月 楚使使告晉 欲會諸侯 諸侯皆會楚于申[①] 伍擧曰 昔夏啓有鈞臺之饗[②] 商湯有景亳之命 周武王有盟津之誓 成王有岐陽之蒐[③] 康王有豊宮之朝[④] 穆王有塗山之會 齊桓有召陵之師 晉文有踐土之盟 君其何用

① 諸侯皆會楚于申제후개회초우신

신주 〈십이제후연표〉에서는 송나라 땅에서 모였다고 한다.

② 鈞臺之饗균대지향

집해 두예가 말했다. "하남군 양적현 남쪽에 균대파鈞臺坡가 있다."

杜預曰 河南陽翟縣南有鈞臺坡

③ 岐陽之蒐기양지수

집해 가규가 말했다. "기산의 남쪽이다."

賈逵曰 岐山之陽

④ 豊宮之朝풍궁지조

집해 복건이 말했다. "풍궁은 성왕묘成王廟가 있는 곳이다." 두예가 말했다. "풍豐은 시평군 호현 동쪽에 있고 영대靈臺가 있는데, 강왕이 이곳에서 제후를 조회했다."

服虔曰 豊宮 成王廟所在也 杜預曰 豊在始平鄠縣東 有靈臺 康王於是朝諸侯

영왕이 말했다.

"제나라 환공의 방법을 쓸 것이오.①"

이때 정나라에는 자산子産이 있었다. 이때 진晉, 송宋, 노魯, 위衛 나라는 가지 않았다.② 영왕은 맹약을 마치고 얼굴에 교만한 기색이 있었다. 오거가 말했다.

"걸桀은 유잉有仍에서 회합했지만 유민有緡이 배반했고,③ 주紂는 여산黎山에서 회합했지만 동이東夷가 배반했고,[④] 유왕幽王은 태실太室에서 맹약했지만 융戎과 적翟이 배반했습니다.[⑤] 군주께서는 그 끝을 마칠 때까지 신중하십시오."

靈王曰 用桓公[①] 時鄭子産在焉 於是晉宋魯衛不往[②] 靈王已盟 有驕色 伍舉曰 桀爲有仍之會 有緡叛之[③] 紂爲黎山之會 東夷叛之[④] 幽王爲太室之盟 戎翟叛之[⑤] 君其愼終

① 用桓公용환공

집해 두예가 말했다. "소릉에서 회합할 때의 예를 사용한 것이다."

杜預曰 用會召陵之禮也

② 晉宋魯衛不往진송노위불왕

신주 《사기지의》에서 말한다. "《좌전》 소공 4년에 신申의 회맹에 가지 않은 나라는 노魯, 위衛, 조曹, 주邾 4국이다. 《사기》〈십이제후연표〉에서 3국이라 하고, 〈초세가〉에는 고쳐서 조, 주를 진晉, 송宋이라 했으니 망령되었을 뿐이다."

③ 桀爲有仍之會 有緡叛之걸위유잉지회 유민반지

집해 가규가 말했다. "잉仍과 민緡은 나라 이름이다."

賈逵曰 仍 緡 國名也

④ 紂爲黎山之會 東夷叛之주위여산지회 동이반지

집해 복건이 말했다. "여黎는 동이의 나라 이름이며 자성子姓이다."

服虔曰 黎 東夷國名也 子姓

여국黎國이 동이국가이며 자성이라는 말은 동이족 상商나라의 후예국가라는 뜻이다.

⑤ 幽王爲太室之盟 戎翟叛之유왕위태실지맹 융·적반지

집해 두예가 말했다. "태실은 중악中嶽이다."

杜預曰 太室 中嶽也

7월, 초나라는 제후들의 군사로 오나라를 공격하여 주방朱方을 포위했다.

8월, (오나라에) 승리하여 경봉慶封(오나라에 망명한 제나라 대신)을 가두고 그의 일족을 멸족시켰다. 그리고 경봉을 조리돌리며 말했다.

"제나라 경봉은 그의 군주를 시해하고 어린 군주의 권한을 약하게 하고 나서 대부들과 맹약한 것은 본받을 것이 없다.①"

경봉은 반발하여 말했다.

"초나라 공왕의 서자 위圍가 군주인 형의 아들 운員을 시해하고 대신 왕이 된 것과 같지 않소.②"

그러자 초나라 영왕이 기질에게 시켜 죽이게 했다.

七月 楚以諸侯兵伐吳 圍朱方 八月 克之 囚慶封 滅其族 以封徇 曰 無效齊慶封弒其君而弱其孤 以盟諸大夫① 封反曰 莫如楚共王庶子圍弒其君兄之子員而代之立② 於是靈王使(棄)疾殺之

---

① 無效齊慶封~以盟諸大夫무효제경봉~이맹제대부

집해 두예가 말했다. "제나라 최저崔杼가 그의 군주를 시해했는데, 경봉이 그의 무리였다. 그러므로 군주를 시해한 죄를 꾸짖은 것이다."

杜預曰 齊崔杼弑其君 慶封其黨 故以弑君之罪責之也

② 莫如楚共王~員而代之立막여초공왕~운이대지위

집해 《춘추곡량전》에서 군인들이 히죽거리며 모두 웃었다고 한다.

穀梁傳曰 軍人粲然皆笑

7년,① 장화대章華臺②를 세우려고 도망 온 사람들에게 공사를 실행하도록 명했다.

8년, 공자 기질을 시켜 군사를 이끌고 진陳나라를 정벌하게 했다.③

10년, 채蔡나라 후작을 불러 술에 취하게 하고 살해했다. 기질을 보내서 채나라를 안정시키게 했다. 이로 인해서 진채공陳蔡公으로 삼았다.④

七年① 就章華臺② 下令內亡人實之 八年 使公子棄疾將兵滅陳③ 十年 召蔡侯 醉而殺之 使棄疾定蔡 因爲陳蔡公④

---

① 七年칠년

신주 〈십이제후연표〉에서 "영왕 5년 오나라를 치고 건계乾谿에 주둔했다."라고 한다. 〈오태백세가〉에 따르면 초나라 군사가 주둔했다가 패하여 물러났다고 한다. 그 주석에 건계는 조위曹魏 때 초국譙國 성보현城父縣

남쪽에 있으며, 초나라의 동쪽 경계라고 비정比定했다. 이로 보아 진陳나라 동쪽이며 오나라의 국경에 가까울 것이다.

② 章華臺장화대

[집해] 두예가 말했다. "남군 화용현에 있는 대臺인데 성안에 있다."

杜預曰 南郡華容縣有臺 在城內

③ 棄疾將兵滅陳기질장병멸진

[신주] 이때 진陳나라를 멸망시킨다.

④ 使棄疾定蔡 因爲陳蔡公사기질정채 인위진채공

[신주] 진陳 땅과 채蔡 땅을 함께 거느리게 하여 진채공이라 했다. 이때 진후 천봉술穿封戌이 죽었기 때문에 기질에게 진나라의 일까지 관장하게 한 것이다.

11년, 서徐나라를 공격해 오나라를 두렵게 했다.[①] 영왕은 건계乾谿에서 주둔하고 기다렸다. 영왕이 말했다.

"제齊, 진晉, 노魯, 위衛는 그들이 봉해질 때 모두 보기寶器들을 받았는데 우리만 유독 있지 않았다. 이제 나는 사신을 주나라에 보내 정鼎을 나누어 달라고 청할 것인데 나에게 주겠는가?[②]"

十一年 伐徐以恐吳[①] 靈王次於乾谿以待之 王曰 齊晉魯衛 其封皆受寶器 我獨不 今吾使使周求鼎以爲分 其予我乎[②]

① 伐徐以恐吳벌서이공오

집해 《좌전》에서 말한다. "탕후蕩侯 등을 시켜 서나라를 포위하게 했다."

左傳曰使蕩侯等圍徐

신주 서나라는 회수淮水 북쪽과 사수泗水 하류 일대이다. 당시 북쪽으로 제나라, 동남쪽으로 오나라, 서북쪽으로 송나라, 서남쪽으로 초나라가 맞닿아 있는 지점이다.

② 今吾使~其予我乎금오사~기여아호

집해 복건이 말했다. "공덕이 있으면 기물을 나누어 받는다."

服虔曰 有功德 受分器

석보析父가 대답해 말했다.

"그것을 군왕에게 줄 것입니다.① 옛날 나의 선왕 웅역熊繹께서는 치우친 형산荊山에 계실 때 검소한 수레에 남루한 옷②으로 초야에 거처하시며, 수풀을 넘고 물을 건너③ 천자를 섬겼습니다. 오직 복숭아나무로 만든 활과 가시나무로 만든 화살만을 왕실에 바치며 섬겼습니다.④ 제나라는 왕의 외삼촌이고⑤ 진晉나라와 노나라와 위나라는 왕과 어머니가 같은 동생들이었습니다. 초나라는 이 때문에 나누어 받은 것이 없고 저들이 모두 가지게 되었습니다. 주나라는 지금 네 나라가 함께 군왕으로 섬기고 복종하며 오직 명령하는 대로 나아가 따르는데 어찌 정鼎을 아끼겠습니까?"

① 析父對曰 其予君王哉석보대왈 기여군왕재

[집해] 가규가 말했다. "석보는 초나라 대부이다."

賈逵曰 析父 楚大夫

[색은] 《좌전》에 의거하면 이것은 우윤 자혁子革의 말인데 《사기》에서 잘못쓴 듯하다.

據左氏此是右尹子革之詞 史蓋誤也

② 蓽露藍蔞필로남루

[집해] 서광이 말했다. "필蓽은 다른 판본에는 '포暴'로 되어 있다." 살펴보니 복건이 말했다. "필로蓽露는 나무로 만든 수레인데 다듬지 않은 나무로 앞을 가로 댄 것이다. 남루藍蔞는 옷이 헤져 시들시들한 쑥과 같다는 말이다."

徐廣曰 蓽 一作暴 駰案 服虔曰蓽露 柴車素木輅也 藍蔞 言衣敝壞 其蔞藍藍然也

③ 跋涉山林발섭신림

[집해] 복건이 말했다. "수풀을 헤쳐 가는 것을 발跋이라 하고, 물을 건너가는 것을 섭涉이라 한다."

服虔曰 草行曰跋 水行曰涉

④ 桃弧棘矢以共王事도호극시이공왕사

집해 복건이 말했다. "복숭아나무 활과 가시나무 화살은 재앙을 막는 것인데, 초나라 땅의 산림에서는 나오는 곳이 없다는 말이다."

服虔曰 桃弧棘矢所以禦其災 言楚地山林無所出也

⑤ 齊 王舅也제 왕구야

집해 복건이 말했다. "제나라 여급呂伋은 성왕成王의 외삼촌이다."

服虔曰 齊呂伋 成王之舅

영왕이 말했다.

"옛날 우리의 황조백부皇祖伯父이신 곤오昆吾께서 옛 허許나라 땅에 거처하셨는데,[①] 지금 징나라 사람은 그 땅을 딤하고 나에게 주지 않았소. 지금 내가 요구하면 그 땅을 나에게 주겠는가?"

대답해 말했다.

"주나라에서 정鼎을 아끼지 않을 것인데 정나라에서 어찌 감히 땅을 아끼겠습니까?"

영왕이 말했다.

"옛날에는 제후들이 우리를 멀리하고 진晉나라를 두려워했지만 지금 우리는 진陳과 채蔡와 불갱不羹에 큰 성을 쌓았고[②] 세금이 모두 1,000대의 수레나 되니 제후들이 나를 두려워하겠는가?"

대답해 말했다.

"두려워할 것입니다."

영왕이 기뻐하며 말했다.

"석보는 옛일에 관해 이야기를 잘하는구나.③"

靈王曰 昔我皇祖伯父昆吾舊許是宅① 今鄭人貪其田 不我予 今我求之 其予我乎 對曰 周不愛鼎 鄭安敢愛田 靈王曰 昔諸侯遠我而畏晉 今吾 大城陳蔡不羹② 賦皆千乘 諸侯畏我乎 對曰 畏哉 靈王喜曰 析父善言 古事焉③

① 昔我皇祖伯父昆吾舊許是宅석아황조백부곤오구허시택

집해 복건이 말했다. "육종씨陸終氏의 여섯 아들 중에 장자는 곤오이 고 막내는 계련季連이다. 계련은 초나라 조상이다. 그러므로 곤오가 백부 가 된다고 일렀다. 곤오는 일찍이 허許 땅에 거처했다. 그러므로 '구허시 택舊許是宅'이라고 했다.

服虔曰 陸終氏六子 長曰昆吾 少曰季連 季連 楚之祖 故謂昆吾爲伯父也 昆吾 曾居許地 故曰舊許是宅

② 今吾大城陳蔡不羹금오대성진채불갱

집해 위소가 말했다. "두 나라는 초나라의 별도別都이다. 영천군 정릉 定陵에 동불갱東不羹이 있고, 양성襄城에는 서불갱西不羹이 있다."

韋昭曰 二國 楚別都也 潁川定陵有東不羹 襄城有西不羹

정의 《괄지지》에서 말한다. "불갱 고성은 허주 양성현 동쪽 30리에 있 다. 〈지리지〉에서는 '이곳은 서불갱이다.'라고 했다."

括地志云 不羹故城在許州襄城縣東三十里 地理志云此乃西不羹者也

③ 析父善言古事焉석보선언고사언

《좌전》 소공 12년에 석보가 자혁子革에게 말하기를 "그대는 초나라 사람들이 우러러보는데 지금 왕과 더불어 말하시면서 왕의 말씀에 맞장구만 치고 있으니 이래서야 나라 꼴이 어찌 되겠습니까?"라고 했다. 두예가 말했다. "그가 왕의 마음을 따르는데 마치 메아리처럼 반응하는 소리를 낸다고 비난했다." 살펴보니 여기서 왕의 말에 대답한 것은 자혁의 말인데, 태사공이 석보라고 한 것은 잘못이다. 석보는 당시 왕의 마부였고 자혁이 대답하는 것을 본 까닭에 탄식한 것이다.

左傳昭十二年 析父謂子革曰 吾子楚國之望也 今與王言如響 國其若之何 杜預曰 譏其順王心如響應聲也 按 此對王言是子革之辭 太史公云析父 誤也 析父時爲王僕 見子革對 故歎也

12년 봄, 초나라 영왕은 건계乾谿에서 즐기며 떠나지 않았다. 나라 사람들은 사역에 괴로워했다.

애초에 영왕은 신申 땅에서 군사를 집합시켰을 때, 월越나라 대부 상수과常壽過를 모욕하고① 채나라 대부 관기觀起②를 죽였다. 관기의 아들 종從③이 도망해 오나라에 있었다. 이에 오왕에게 초나라를 침략할 것을 권하고 월나라 대부 상수과에게 이간질하여 난을 일으키게 해 오나라를 위해 사이가 벌어지게 했다. 공자 기질의 조서를 위조하여 공자 자비를 진晉나라에서 불러 채蔡에 이르도록 하고, 오나라와 월나라 군사와 함께 채나라를 습격하고자 했다.

十二年春 楚靈王樂乾谿 不能去也 國人苦役 初 靈王會兵於申 僇越大
夫①常壽過 殺蔡大夫觀起② 起子從亡在吳③ 乃勸吳王伐楚 爲間越大夫
常壽過而作亂 爲吳間 使矯公子棄疾命召公子比於晉 至蔡 與吳越兵
欲襲蔡

① 僇越大夫육월대부
색은 육僇은 모욕하는 것이다.
僇 辱也

② 觀起관기
색은 觀은 '관官'으로 발음한다. 관觀은 성이고 기起는 이름이다.
觀音官 觀 姓 起 名

③ 從亡在吳종망재오
색은 從의 발음은 '종[才松反]'이다.
從音才松反

공자 자비를 시켜 기질을 만나 등鄧에서 함께 맹약하게 했다.①
마침내 들어가 영왕의 태자 녹祿을 살해하고 자비를 세워 왕으
로 삼았다. 공자 자석子晳을 영윤令尹으로 삼고 기질을 사마司馬
로 삼았다. 먼저 왕궁을 청소하고 관종에게 군사를 따라 건계에

가게 해서 초나라 군사들에게 명령해 말했다.

"나라 도읍에는 왕이 계신다. 먼저 돌아가면 작위와 읍邑과 땅과 가옥을 회복할 것이다. 뒤처져 오는 자는 유배를 보낼 것이다."

초나라 군사들은 뿔뿔이 흩어져 영왕을 떠나 도읍으로 돌아갔다.

令公子比見棄疾 與盟於鄧① 遂入殺靈王太子祿 立子比爲王 公子子晳 爲令尹 棄疾爲司馬 先除王宮 觀從從師于乾谿 令楚衆曰 國有王矣 先 歸 復爵邑田室 後者遷之 楚衆皆潰 去靈王而歸

① 與盟於鄧어맹어등

[집해] 두예가 말했다. "영천군 소릉현 서쪽에 등성이 있다."

杜預曰 潁川邵陵縣西有鄧城

[정의] 《괄지지》에서 말한다. "옛 등성은 예주 언성현 동쪽 30리에 있다." 살펴보니 옛 소릉현 서쪽 10리에 있다.

括地志云 故鄧城在豫州郾城縣東三十五里 按 在古召陵縣西十里也

영왕은 태자 녹이 죽었다는 소식을 듣고, 스스로 수레 아래로 몸을 던지면서 말했다.

"다른 이도 자식을 아끼는 것이 이와 같겠는가?"

모시는 자가 말했다.

"이보다 심할 것입니다."

왕이 말했다.

"내가 남의 자식들을 죽인 게 많으니 이 지경에 이르지 않을 수 있겠는가?"

우윤右尹[1]이 말했다.

"청컨대 교외에서 기다리며 나라 사람들 말을 들어야 합니다.[2]"

왕이 말했다.

"대중의 분노는 거스를 수 없다."

우윤이 말했다.

"다시 큰 현縣으로 들어가서 제후들에게 군사를 청하십시오."

왕이 말했다.

"모두 돌아섰다."

또 말했다.

"또 제후국으로 달아나 큰 나라의 생각을 들어보십시오."

왕이 말했다.

"큰 복은 거듭하지 않는 것이니 자못 치욕만 부를 뿐이다."

이에 왕이 배를 타고 장차 언鄢[3]으로 들어가고자 했다. 우윤은 왕이 자신의 계책을 쓰지 않을 것을 헤아리고 함께 죽는 것이 두려워 또한 왕을 버리고 도망쳤다.

靈王聞太子祿之死也 自投車下 而曰 人之愛子亦如是乎 侍者曰 甚是 王曰 余殺人之子多矣 能無及此乎 右尹[1]曰 請待於郊以聽國人[2] 王曰 衆怒不可犯 曰 且入大縣而乞師於諸侯 王曰 皆叛矣 又曰 且奔諸侯以聽大國之慮 王曰 大福不再 祗取辱耳 於是王乘舟將欲入鄢[3] 右尹度王 不用其計 懼俱死 亦去王亡

① 右尹우윤

집해 《좌전》에서 말한다. "우윤은 자혁子革이다."

左傳曰右尹子革

② 請待於郊以聽國人청대어교이청국인

집해 복건이 말했다. "나라 사람들이 누구를 위하는지 들어보라는 것이다."

服虔曰 聽國人欲爲誰

③ 鄢언

집해 복건이 말했다. "언은 초나라 별도別都이다." 두예가 말했다. "양양군 의성현이다."

服虔曰 鄢 楚別都也 杜預曰 襄陽宜城縣

정의 鄢은 '언偃'으로 발음한다. 《괄지지》에서 말한다. "옛 언성은 양주 안양현 북쪽 3리에 있고 양주 북쪽 5리에 있는데, 남쪽 형주와 거리는 250리이다." 살펴보니 왕은 하구夏口로부터 한수를 따라 올라가 언으로 들어간 것이다. 《좌전》에서 "왕이 하수夏水를 따라 언으로 들어가고자 했다."라고 한 것이 이것이다. 《괄지지》에서 말한다. "언수鄢水는 근원이 양주 의청현 서쪽 영역 탁장산託仗山에서 나온다. 《수경》에서 '만수蠻水가 곧 언수이다.'라고 한 것이 이것이다."

音偃 括地志云 故鄢城在襄州安養縣北三里 在襄州北五里 南去荊州二百五十里 按 王自夏口從漢水上入鄢也 左傳云王沿夏將欲入鄢 是也 括地志云 鄢水源出襄州義淸縣西界託仗山 水經云蠻水即鄢水是也

신주 양양襄陽은 삼국시대에 삼국이 맞닿은 곳으로 《삼국지》에서 자주 언급된다. 제갈량이 은거한 융중隆中이 양양 서쪽에 있다. 의성현은 양양 바로 남쪽이며 역시 한수漢水를 끼고 있다. 초나라 수도 영郢에서 북쪽으로 가는 길목이다.

영왕은 이에 홀로 산속에서 방황했는데, 야인野人도 감히 왕을 집으로 들이지 않았다. 왕은 길을 가다 옛날 궁의 청소부①를 만나서 말했다.

"나를 위해 먹을 것을 구해 달라. 나는 3일 동안 먹지 못했다."

청소부가 말했다.

"새 왕이 법을 내려서 감히 왕에게 식량을 주거나 왕을 따르는 자가 있다면 죄가 삼족에 미칠 것이라고 했습니다. 또 식량을 얻을 곳도 없습니다."

왕은 그로 인해 청소부의 허벅지를 베고 누웠다. 청소부는 다시 흙덩이로 자신의 다리를 대신하고 도망쳐 떠났다. 왕은 잠에서 깨어났지만 청소부는 보이지 않았고 끝내 허기져 일어나지 못했다.

우윤芋尹 신무우申無宇의 아들 신해申亥가 말했다.

"내 아버지는 두 번씩 왕명을 범했는데도② 왕께서 죽이지 않으셨으니 이보다 큰 은혜가 있겠는가!"

이에 왕을 찾았는데, 이택釐澤에서 굶주려 있는 왕을 만나 모시고 돌아왔다.

여름 5월 계축일 왕이 신해의 집에서 죽자③ 신해는 두 딸을 순장하여 함께 장례를 치렀다.

靈王於是獨傍偟山中 野人莫敢入王 王行遇其故鋗人^① 謂曰 爲我求食
我已不食三日矣 鋗人曰 新王下法 有敢饟王從王者 罪及三族 且又無
所得食 王因枕其股而臥 鋗人又以土自代 逃去 王覺而弗見 遂飢弗能
起 芋尹申無宇之子申亥曰 吾父再犯王命^② 王弗誅 恩孰大焉 乃求王
遇王 飢於釐澤 奉之以歸 夏五月癸丑 王死申亥家^③ 申亥以二女從死
幷葬之

① 鋗人견인

집해 위소가 말했다. "지금의 중연中涓이다."

韋昭曰 今之中涓也

신주 견인은 궁 안의 청소를 담당하는 관리이다.

② 吾父再犯王命오부재범왕명

집해 복건이 말했다. "왕의 깃발을 끊어서 장화궁에서 체포된 사람이다."

服虔曰 斷王旌 執人於章華之宮

신주 〈십이제후연표〉 초영왕 6년에 신무우는 도망친 사람을 잡으려다
장화대로 들어왔다고 한다.

③ 夏五月癸丑 王死申亥家하오월계축 왕사신해가

정의 《좌전》에서 "여름 5월 계해일에 왕이 우윤 신해의 집에서 목매어
죽었다."라고 한 것이 이것이다.

左傳云夏五月癸亥 王縊于芋尹申亥 是也

이때 초나라는 비록 이미 자비를 세워 왕으로 삼았지만, 영왕이 다시 올까 두려워했고, 또 영왕이 죽었다는 소문도 듣지 못했다. 그러므로 관종은 초왕初王 비比에게 말했다.

"기질을 죽이지 않는다면 비록 국가를 얻더라도 오히려 재앙을 당할 것입니다."

왕이 말했다.

"나는 차마 할 수 없소."

관종이 말했다.

"사람들이 장차 왕을 해칠 것입니다."

왕이 듣지 않자 관종은 이에 떠나갔다. 기질이 돌아오자 나라 사람들이 매일 밤 놀라서 '영왕이 들어왔구나.'라고 말했다.

을묘일 밤 기질은 뱃사람을 시켜 강수江水 가로 달려가 '영왕이 이르렀다.'라고 외치게 했다. 나라 사람들이 더욱 놀랐다.

또 만성연曼成然을 시켜서 초왕 비와 영윤 자석子晳에게 고하게 했다.

"왕이 이르렀습니다. 나라 사람들이 군주를 죽이려 할 것이고 사마司馬도 장차 이를 것입니다.[①] 군주께서는 일찍이 스스로 도모하시어 치욕을 당하지 마십시오. 백성의 노여움은 물이나 불과 같아서 구제할 수 없을 것입니다."

초왕과 자석은 마침내 자살했다.

병진일, 기질이 즉위하고 왕이 되어 이름을 고쳐 웅거熊居라고 했는데, 이이가 평왕平王이다.

是時楚國雖已立比爲王 畏靈王復來 又不聞靈王死 故觀從謂初王比曰

不殺棄疾 雖得國猶受禍 王曰 余不忍 從曰 人將忍王 王不聽 乃去 棄疾

歸 國人每夜驚曰 靈王入矣 乙卯夜 棄疾使船人從江上走呼曰 靈王至

矣 國人愈驚 又使曼成然告初王比及令尹子晳曰 王至矣 國人將殺君

司馬將至矣^① 君蚤自圖 無取辱焉 衆怒如水火 不可救也 初王及子晳遂

自殺 丙辰 棄疾即位爲王 改名熊居 是爲平王

① 司馬將至矣사마장지의

집해 두예가 말했다. "사마는 기질을 이른다."

杜預曰 司馬謂棄疾

평왕이 부른 비극

평왕은 속여서 두 왕을 시해하고 스스로 즉위했으므로, 나라 사람들과 제후들이 반역할까 두려워서 곧 백성에게 은혜를 베풀었다. 또 진陳나라와 채蔡나라의 땅을 회복시켜 그들의 후사를 세워서 옛날과 같게 하고[1] 정나라의 침략한 땅을 되돌려주었다. 나라 안을 불쌍히 여겨 구휼하며 정치와 교화를 닦았다. 오나라는 초나라가 어지러워진 것을 계기로 오율五率[2]을 사로잡아 돌아갔다. 평왕이 관종에게 일러 "네가 바라는 바를 맡기겠다."라고 하자, 복윤卜尹[3]이 되고 싶다고 하여 왕이 허락했다.

平王以詐弑兩王而自立 恐國人及諸侯叛之 乃施惠百姓 復陳蔡之地而立其後如故[1] 歸鄭之侵地 存恤國中 修政教 吳以楚亂故 獲五率[2]以歸 平王謂觀從 恣爾所欲 欲爲卜尹[3] 王許之

① 陳蔡之地而立其後如故진채지지이립기후이고

신주 기질棄疾이 평왕(원년, 서기전 528)으로 즉위한 뒤, 진애공의 손자 공손 오를 군주로 세우고 진陳나라를 돌려주었으니 그가 혜공이다. 채蔡나라도 채경후의 아들이자 채영후의 아우인 공손 려를 세우고 돌려주었으니 그가 바로 평후이다.

② 五率오율

집해 복건이 말했다. "오율은 탕후, 반자, 사마독, 효윤오, 능윤희이다."

服虔曰 五率 蕩侯 潘子 司馬督 嚻尹午 陵尹喜

③ 卜尹복윤

집해 가규가 말했다. "복윤은 복사卜師이고 대부의 벼슬이다."

賈逵曰 卜尹 卜師 大夫官

당초에 공왕共王에게는 총애하는 아들 5명이 있었으나 세울 자가 마땅하지 않았다. 그래서 여러 신神에게 망제望祭를 지내고 신께서 결정해 줄 것을 청해 사직을 주관시키고자 했다. 이에 몰래 파희巴姬①와 함께 벽옥을 실내室內에 묻고② 다섯 공자를 불러 목욕재계하고 들어가게 했다.

강왕(웅소)은 이마가 벽옥의 상단을 지나쳐 갔고,③ 영왕은 팔꿈치를 올리면 벽옥에 닿았고, 자비와 자석은 모두 벽옥과 멀리 떨어져 있었다. 평왕은 어려서 안고 들어와 두 번 절을 시켰는데 이마가 벽옥 상단에 맨 끈에 닿았다. 그래서 강왕은 자라서 즉위했지만 그의 아들에 이르러 나라를 잃었다. 위圍는 영왕이 되었는데 시해당했다. 자비는 10여 일간 왕이 되었고, 자석은 왕이 되지 못하고 초왕初王과 같이 죽었다. 네 아들은 모두 단절되어 후사가

없었다. 유독 기질만 후사가 있어 그가 평왕이 되었다. 마침내 초
나라 사직을 이었으니, 신의 뜻이 부합한 것과 같았다.

初 共王有寵子五人 無適立 乃望祭群神 請神決之 使主社稷 而陰與巴
姬^①埋璧於室內^② 召五公子斋而入 康王跨之^③ 靈王肘加之 子比子晢皆
遠之 平王幼 抱其上而拜 壓紐 故康王以長立 至其子失之 圍爲靈王 及
身而弑 子比爲王十餘日 子晢不得立 又俱誅 四子皆絶無後 唯獨棄疾
後立 爲平王 竟續楚祀 如其神符

① 巴姬_{파희}

집해 가규가 말했다. "공왕의 첩이다."

賈逵曰 共王妾

② 埋璧於室內_{매벽어실내}

정의 《좌전》에서 말한다. "벽옥을 태실 마당에 묻었다." 두예가 말했
다. "태실은 조묘祖廟이다."

左傳云 埋璧於太室之庭 杜預曰 太室 祖廟也

③ 跨之_{과지}

집해 복건이 말했다. "양쪽 발이 각각 벽옥의 한쪽 변을 넘는 것이다."
두예가 말했다. "그 위를 지나간 것이다."

服虔曰 兩足各跨璧一邊 杜預曰 過其上

신주 《좌전》 소공昭公 13년(서기전 529) 조에서 말한다. "(공왕이) 벽옥을
다섯 아들에게 두루 보이면서 '절할 때 몸이 이 옥벽玉璧에 닿는 자가 신

이 태자로 세우는 자이다.'라면서 절을 하게 시켰다. 그런데 강왕은 이마가 옥벽의 상단을 지나쳤고, 영왕은 팔꿈치가 옥벽에 닿았고, 자간(자비)과 자석은 모두 옥벽과 거리가 멀었으며, 어린 평왕은 그 이마가 옥벽 상단을 묶은 끈에 닿았다고 한다. 초나라 대부 투위귀鬪韋龜는 기질이 왕이 될 것을 알고 아들 성연成然을 평왕平王(기질)에게 부탁하며 '예를 버리고 천명을 어겼으니 초나라는 아마 위태로워질 것입니다.'라고 말했다." 《춘추》의 내용이 훨씬 구체적이어서 본문은 이에 따라 번역했다.

당초에 자비가 진晉나라에서 돌아오는데 한선자韓宣子(한기韓起)가 숙향叔向에게 물었다.

"자비가 성취하겠습니까?"

숙향이 대답했다.

"성취하지 못할 것입니다."

한선자가 말했다.

"(영왕을) 함께 미워하고 뜻을 같이하는 자를 서로 구하는 것이 시장의 장사치와 같은데[①] 어찌 성취하지 못하겠습니까?"

숙향이 대답했다.

"(자비는) 좋아하는 일을 함께하는 자가 없는데 누가 그와 함께 미워하겠습니까?[②] 나라를 취하는 데에 다섯 가지 어려운 것이 있습니다. 총애가 있어도 따르는 사람이 없는 것이 첫째입니다.[③] 따르는 사람은 있는데 주관할 사람이 없는 것이 둘째입니다.[④] 주관할 사람은 있는데 계책이 없는 것이 셋째입니다.[⑤] 계책은 있는데

백성이 없는 것이 넷째입니다.[6] 백성은 있는데 덕이 없는 것이 다섯째입니다.[7]

初 子比自晉歸 韓宣子問叔向曰 子比其濟乎 對曰 不就 宣子曰 同惡相求 如市賈焉[1] 何爲不就 對曰 無與同好 誰與同惡[2] 取國有五難 有寵無人[3] 一也 有人無主[4] 二也 有主無謀[5] 三也 有謀而無民[6] 四也 有民而無德[7] 五也

① 同惡相求 如市賈焉동오상구 여시매언

집해 복건이 말했다. "나라 사람들이 함께 영왕靈王을 미워하는 것이 마치 시장 사람들이 이익을 구하는 것과 같음을 이른다."

服虔曰 謂國人共惡靈王者 如市賈之人求利也

② 無與同好 誰與同惡무여동호 수여동오

집해 복건이 말했다. "안에 무리가 없는데, 마땅히 누구와 더불어 좋아하고 미워하겠느냐는 말이다."

服虔曰 言無黨於內 當與誰共同好惡

③ 有寵無人유총무인

집해 두예가 말했다. "어진 사람을 기다려 총애하는 것이 군건해야 한다."

杜預曰 寵須賢人而固

④ 有人無主유인무주

집해 두예가 말했다. "비록 현인이 있더라도, 모름지기 안에서 주관하여 호응해야 마땅한 것이다."

杜預曰 雖有賢人 當須內主爲應

⑤ 有主無謀유주무모

집해 두예가 말했다. "모謀는 책모이다."

杜預曰 謀 策謀也

⑥ 有謀而無民유모이무민

집해 두예가 말했다. "민民은 무리이다."

杜預曰 民 衆也

⑦ 有民而無德유민이무덕

집해 두예가 말했다. "네 가지가 갖추어지고 나서 마땅히 덕으로 성취해야 한다."

杜預曰 四者旣備 當以德成之

자비가 진晉나라에 머문 지 13년 동안 진나라와 초나라에서 따르는 자 가운데 통달한 자가 있다는 말을 듣지 못했으니 사람이 없다고 할 수 있습니다.① 가족이 모두 죽고 친척이 배신했으니 주관할 자가 없다고 할 수 있습니다.② 동맹이 없는데 움직이려고 하니 계책이 없다고 할 수 있습니다.③ 평생을 나그네로 살았으니 백성이 없다고 할 수 있습니다.④ 망명했는데 아껴 부르는 자가

없으니 덕이 없다고 할 수 있습니다.⑤

子比在晉十三年矣 晉楚之從不聞通者 可謂無人矣① 族盡親叛 可謂無
主矣② 無釁而動 可謂無謀矣③ 爲羈終世 可謂無民矣④ 亡無愛徵 可謂
無德矣⑤

① 晉楚之從不聞通者 可謂無人矣 진초지종불문통자 가위무인의
집해 두예가 말했다. "진나라와 초나라 사인들로 자비를 따라 유랑하
는 자들 모두가 달인이 아니라는 것이다."
杜預曰 晉楚之士從子比游 皆非達人

② 族盡親叛 可謂無主矣 족진친반 가위무주의
집해 두예가 말했다. "친족이 초나라에 있는 자가 없다."
杜預曰 無親族在楚

③ 無釁而動 可謂無謀矣 무흔이동 가위무모의
집해 복건이 말했다. "영왕이 아직 존재하는데도 망령되게 움직여 국
가를 취하고자 하는 것이므로 계책이 없음을 이른 말이다."
服虔曰 言靈王尙在 而妄動取國 故謂無謀

④ 爲羈終世 可謂無民矣 위기종세 가위무민의
집해 두예가 말했다. "종신토록 나그네가 되어 진晉나라에 있었으니
이는 백성이 없다는 것이다."
杜預曰 終身羈客在於晉 是無民

⑤ 亡無愛徵 可謂無德矣망무애미 가위무덕의

두예가 말했다. "초나라 사람으로 아끼고 염려하는 자가 없는것
이다."

杜預曰 楚人無愛念者

왕이 포악하니 (군주를 시해를 하는 것을) 꺼리지는 않지만① 자비가 다
섯 가지 어려움을 넘어서 군주를 시해하려는데 누가 그를 돕겠습
니까? 초나라를 가질 자는 아마 기질棄疾일 것입니다. 진陳과 채
蔡를 다스리며 방성② 밖에도 소속되어 있습니다. 까다롭고 나쁜
일을 만들지 않았고 도적들은 엎드려 숨었으며 사욕으로 어긋나
지 않아③ 백성이 원망하는 마음이 없습니다.

선조의 신령이 명하고 나라의 백성이 믿습니다. 미성羋姓은 어지
러움이 있을 때마다 반드시 막내를 진실로 세웠으니 이것이 초
나라 상도였습니다. 자비의 관직은 우윤右尹입니다. 그 존귀와
은총을 헤아리면 서자庶子입니다. 신령이 명한 바는 또 (옥벽에서)
멀어졌습니다. 백성이 그를 생각하지 않는데 장차 어떻게 서겠습
니까?"

王虐而不忌① 子比涉五難以弑君 誰能濟之 有楚國者 其棄疾乎 君陳蔡
方城②外屬焉 苟慝不作 盜賊伏隱 私欲不違③ 民無怨心 先神命之 國民
信之 羋姓有亂 必季實立 楚之常也 子比之官 則右尹也 數其貴寵 則庶
子也 以神所命 則又遠之 民無懷焉 將何以立

① 王虐而不忌왕학이불기

집해 두예가 말했다. "영왕이 포학하여 꺼리어 두려워하는 바가 없으니 장차 스스로 망한다는 것이다."

杜預曰 靈王暴虐 無所畏忌 將自亡

② 方城방성

정의 방성산은 허주 섭현 서쪽 18리에 있다.

方城山在許州葉縣西十八里也

③ 私欲不違사욕불위

집해 복건이 말했다. "사욕으로 민심을 어기지 않는다."

服虔曰 不以私欲違民心

한선자가 말했다.

"제나라 환공과 진晉나라 문공도 이와 같지 않았습니까?①"

숙향이 대답했다.

"제나라 환공은 위희衛姬의 아들인데 희공釐公에게 총애를 받았습니다. 포숙아와 빈수무와 습붕이 보좌가 되고, 거莒나라와 위衛나라가 밖에서 주관했고,② 고高씨와 국國씨③가 안에서 주관하였습니다. 선善을 따르는 것이 물 흐르듯 하고④ 은혜를 베푸는데 게으르지 않았으니, 나라를 가지는 것이 또한 마땅하지 않겠습니까?

宣子曰 齊桓晉文不亦是乎① 對曰 齊桓 衛姬之子也 有寵於釐公 有鮑

> 叔牙賓須無隰朋以爲輔 有莒衛以爲外主^② 有高國^③以爲内主 從善如
> 流^④ 施惠不倦 有國 不亦宜乎

① 齊桓晉文不亦是乎제환진문불역시호

집해 복건이 말했다. "모두 서자인데 탈출해 도망쳤다."

服虔曰 皆庶子而出奔

② 有莒衛以爲外主유거위이위외주

집해 가규가 말했다. "제환공은 거莒나라로 달아났는데 거나라에서
먼저 들어오려 할 때 위衛나라 사람이 도와주었다."

賈逵曰 齊桓出奔莒 自莒先入 衛人助之

③ 有高國유고국

집해 복건이 말했다. "국자國子와 고자高子는 모두 제나라의 정경이다."

服虔曰 國子 高子 皆齊之正卿

④ 從善如流종선여류

집해 복건이 말했다. "빠르다는 말이다."

服虔曰 言其疾

옛날 우리 문공께서는 호계희狐季姬의 아들로 헌공에게 총애를 받았습니다. 학문을 좋아하고 게으르지 않았습니다.

17살 때 사인 5명을 두었습니다. 선대부 자여子餘[1]와 자범子犯을 심복으로 삼고, 위주魏犨와 가타賈佗를 팔다리로 삼았습니다. 제나라와 송나라와 진秦나라와 초나라가 있어 밖에서 원조해 주었고,[2] 난지와 극곡과 호돌과 선진先軫[3]이 안에서 보좌하였습니다. 망명한 지 19년, 지키고자 하는 뜻이 더욱 돈독했습니다. 혜공과 회공이 백성을 버리자[4] 백성이 따라와 그와 함께 했습니다.[5] 그러니 문공께서 나라를 소유했던 것이 또한 마땅하지 않습니까? 자비는 백성에게 베푼 일이 없고 밖에서 원조를 받은 것이 없으며, 진晉나라를 떠나는 데도 진나라에서는 전송하지 않았습니다. 초나라로 돌아갔지만, 초나라도 환영하지 않았습니다. 무엇으로 나라를 차지할 수 있겠습니까?"

자비는 과연 끝이 좋지 않아 마침내 즉위한 자가 기질이었으니,[6] 숙향의 말과 같았다.

昔我文公 狐季姬之子也 有寵於獻公 好學不倦 生十七年 有士五人 有先大夫子餘[1]子犯以爲腹心 有魏犨賈佗以爲股肱 有齊宋秦楚以爲外主[2] 有欒郤狐先[3]以爲內主 亡十九年 守志彌篤 惠懷棄民[4] 民從而與之[5] 故文公有國 不亦宜乎 子比無施於民 無援於外 去晉 晉不送 歸楚 楚不迎 何以有國 子比果不終焉 卒立者棄疾[6] 如叔向言也

① 子餘자여

집해 가규가 말했다. "자여는 조사趙衰이다."

賈逵曰 子餘 趙衰

② 有齊宋秦楚以爲外主유제송진초이외주

집해 가규가 말했다. "제나라의 딸을 아내로 취했다. 송나라는 말을 주었다. 초나라는 구헌九獻을 누리게 했다. 진秦나라는 진晉나라로 (문공을) 돌려보냈다."

賈逵曰 齊以女妻之 宋贈之馬 楚享以九獻 秦送内之

신주 주主는 '지지支持하다'라는 뜻이다.

③ 有欒郤狐先유난극호선

집해 가규가 말했다. "네 성씨는 진晉나라 대부이다."

賈逵曰 四姓 晉大夫

정의 두예가 말했다. "난지, 극곡, 호돌, 선진이다."

杜預云 謂欒枝郤穀狐突先軫也

④ 惠懷棄民혜회기민

집해 복건이 말했다. "모두 백성을 버리고 구휼하지 않았다."

服虔曰 皆棄民不恤

⑤ 民從而與之민종이여지

정의 진晉나라 혜공과 회공은 백성을 버렸다. 그러므로 백성이 서로 따라 문공에게 마음을 돌린 것이다.

以惠懷棄民 故民相從而歸心於文公

⑥ 子比果不終焉 卒立者棄疾자비과불종언 졸입자기질

정의 《좌전》에서 말한다. "신의 도움을 받는 것이 첫째요, 백성을 지니는 것이 둘째요, 좋은 덕을 지니는 것이 셋째요, 총애와 귀함이 있는 것이 넷째요, 초나라 상도에 맞는 것이 다섯째입니다. 다섯 가지 이로운 점으로 다섯 가지 어려움을 제거하는데, 누가 방해할 수 있겠습니까?" 두예가 말했다. "획신獲神은 벽옥을 마주하고 절하는 것이다. 유민有民은 백성들이 믿는 것이다. 영덕令德은 까다롭고 나쁜 것이 없는 것이다. 총귀寵貴는 비妃의 아들이다. 거상居常은 기질棄疾이 막내라는 것이다."

左傳云 獲神 一也 有民 二也 令德 三也 寵貴 四也 居常 五也 有五利以去五難 誰能害之 杜預云 獲神 當璧拜也 有民 民信也 令德 無苛慝也 寵貴 妃子也 居常 棄疾季也

평왕平王 2년, 비무기費無忌[①]에게 진秦나라에 가서 태자 건建을 위해 태자비를 취하게 했다.[②] 태자비는 미모가 뛰어났는데 도착하기도 전에 비무기가 먼저 돌아와 평왕에게 설득해 말했다.

"진秦나라 여인의 미모가 뛰어나니 왕께서 취하시고 태자는 다시 구해주십시오."

평왕이 허락하고 마침내 자신이 진秦나라 여인에게 장가들어 웅진熊珍을 낳았다. 다시 태자를 장가들게 했다. 이때 오사伍奢가 태자의 태부太傅였고, 비무기가 태자의 소부少傅였다. 비무기는 태자의 총애를 받지 못해 항상 태자 건을 헐뜯었다. 태자 건은 당시 나이가 15세였고, 그의 어머니는 채蔡나라 여인으로 왕의 총애가 없었다. 이에 왕은 점점 더 건을 멀리하고 눈밖에 두었다.

平王二年 使費無忌^①如秦爲太子建取婦^② 婦好 來 未至 無忌先歸 說平

王曰 秦女好 可自娶 爲太子更求 平王聽之 卒自娶秦女 生熊珍 更爲太

子娶 是時伍奢爲太子太傅 無忌爲少傅 無忌無寵於太子 常讒惡太子

建 建時年十五矣 其母蔡女也 無寵於王 王稍益疏外建也

① 費無忌비무기

집해 복건이 말했다. "초나라 대부이다."

服虔曰 楚大夫

색은 《좌전》에서는 '무극無極'으로 되어 있는데, '극極'과 '기忌'는 발음
이 서로 비슷하다.

左傳作無極 極忌聲相近

신주 극極의 중국어 발음은 '지ji'이고 기忌의 발음 또한 '지ji'여서 성조
聲調는 다르지만 비슷하다.

② 如秦爲太子建取婦여진위태자건취부

정의 《좌전》에서 말한다. "초나라 자작이 채나라에 있을 때 격양鄏陽
사람의 딸이 달아나서 태자 건建을 낳았다." 두예가 말했다. "격鄏은 채
나라 읍이다." 鄏의 발음은 '격[古覓反]'이다.

左傳云 楚子之在蔡也 鄏陽之女奔之 生太子建 杜預云 鄏 蔡邑也 鄏 古覓反

6년, 태자 건에게 성보城父^①에서 자리 잡고 변방을 지키게 했다. 비무기는 또 밤낮으로 왕에게 태자 건을 헐뜯었다.

"제가 진秦나라 여인을 들여온 후 태자가 원망하는데 또한 왕께도 원망하는 것이 없지 않을 것이니, 왕께서는 삼가^② 스스로 준비하십시오. 또 태자는 성보에 자리 잡고 병권을 마음대로 행사하면서 밖으로는 제후들을 사귀며 쳐들어오려고 하고 있습니다."

평왕은 그 스승 오사를 불러서 문책했다. 오사는 비무기가 헐뜯은 것을 알고 이에 말했다.

"왕께서는 어찌해서 하찮은 신하의 말 때문에 골육과 멀어지려 하십니까?"

비무기가 말했다.

"지금 제재하지 않으면 후회하실 것입니다."

이에 왕은 마침내 오사를 가두었다. 이에 사마司馬 분양奮揚에게 태자 건을 불러서 죽이고자 하였으나, 태자는 이 소식을 듣고 송나라로 달아났다.^③

六年 使太子建居城父^① 守邊 無忌又日夜讒太子建於王曰 自無忌入秦女 太子怨 亦不能無望於王 王少^②自備焉 且太子居城父 擅兵 外交諸侯 且欲入矣 平王召其傅伍奢責之 伍奢知無忌讒 乃曰 王奈何以小臣疏骨肉 無忌曰 今不制 後悔也 於是王遂囚伍奢 (而召其二子而告以免父死) 乃令司馬奮揚召太子建 欲誅之 太子聞之 亡奔宋^③

① 城父성보

집해 복건이 말했다. "성보는 초나라 북쪽 경계의 읍이다." 두예가 말했다. "양성 성보현이다."

服虔曰 城父 楚北境邑 杜預曰 襄城城父縣

[정의] 父는 '보甫'로 발음한다. 《괄지지》에서 말한다. "성보 고성은 허주 섭현 동북쪽 45리에 있으니, 곧 두예가 말한 양성 성보현이다. 또 허주 양성현 동쪽 40리에도 성보城父 고성 한 곳이 있다. 복건이 '성보는 초나라 북쪽 경계이다.'라고 말한 것은 곧 성보라는 이름이지만, 태자 건이 지킨 곳이 아니다. 두예가 성보라고 말한 것도 잘못된 것이다. 《좌전》 및 역원酈元(역도원)의 《수경주》에서 '초나라는 성보에 큰 성을 짓고 태자 건에게 거주하게 했다.'라고 한 것에 대해 곧 《십삼주지》에서 태자 건이 자리한 성보라고 했다. 지금 박주 성보현을 이르는 것이다."

살펴보니 지금의 박주에도 성보현이 있는 것이 보이는데 이곳이 태자 건이 지킨 곳이다. 〈지리지〉에서는 영천군에 성보현이 있고 패군에도 성보현이 있다고 하니, 두 지명을 분별해야 할 따름이다.

父音甫 括地志云 城父故城在許州葉縣東北四十五里 即杜預云襄城城父縣也 又許州襄城縣東四十里亦有父城故城一所 服虔云 城父 楚北境 乃是父城之名 非建所守 杜預云{言}成父 又誤也 傳及酈元水經注云楚大城城父 使太子建居之 即十三州志云太子建所居城父 謂今亳州城父縣也 按 今亳州見有城父縣 是建所守者也 地理志云潁川有父城縣 沛郡有城父縣 此二名別耳

[신주] 즉 태자 건이 지키던 곳은 앞서 말한 건계乾谿 부근의 성보를 가리킨다. 나중에 공자孔子와 초소왕의 이야기가 서린 곳이며, 송나라 남쪽과 진陳나라 동쪽에 닿아 있고 동쪽으로 오나라를 방비하는 거점이다. 한漢나라 때는 패군 소속인데 조위曹魏 때 패군을 나누어 초군을 설치하고 그곳에 소속시켰다. 부父는 어버지나 어른의 뜻일 때는 '부'로 읽고, 사람이나 사물의 이름일 때는 '보'로 읽는다.

② 少소

신주 '소少'는 명령문일 때나 부사로 쓰였을 때는 '삼가'라는 의미이다.

③ 太子聞之 亡奔宋태자문지 망분송

신주 태자가 바로 국경을 넘어 송나라로 달아난 것이다. 〈십이제후연표〉와 〈송미자세가〉에 따르면 태자 건이 도망친 것은 평왕 7년이다. 여기서는 기년이 빠져 있다. 참고로 앞 문장 '이소기이자이고이면부사而召其二子而告以免父死'를 왜 첨가가 되었는지 알 수 없다.

비무기가 말했다.

"오사에게는 두 아들이 있는데 죽이지 않으면 초나라의 우환이 될 것입니다. 아마도 아버지를 풀어준다고 부르면 반드시 따르지 않겠습니까."

이에 왕이 사신을 시켜 오사에게 일러 말했다.

"두 아들을 오게 하면 살려 줄 것이고 오게 하지 못하면 장차 죽일 것이다."

오사가 말했다.

"상尙은 따를지라도 서胥(자서)는 따르지 않을 것입니다."

왕이 말했다.

"어째서인가?"

오사가 말했다.

"상尙은 사람됨이 청렴하고 절개에 죽으며 자효慈孝하고 어지므로 부름을 들으면 아버지를 살리고자 반드시 올 것이고 죽음을 돌아보지 않을 것입니다. 서서(오자서)는 사람됨이 지혜롭고 계책을 좋아하며 용맹하고 공을 자랑하는데, 오면 죽는다는 것을 알기에 반드시 오지 않을 것입니다. 그래서 초나라에 걱정을 끼칠 자는 반드시 이 아들일 것입니다."

이에 왕은 사람을 시켜서 부르게 하며 말했다.

"오면 나는 너의 아버지를 석방할 것이다."

오상伍尚이 오서伍胥에게 일러 말했다.

"아버지가 풀려난다는 말을 듣고도 달려가지 않으면 불효이고, 아버지가 죽임을 당했는데 복수하지 않는 것은 계책이 없는 것이며, 능력을 헤아려 일을 맡는 것은 지혜이다. 너는 떠나거라. 나는 가서 죽을 것이다."

오상은 마침내 따랐다. 오서伍胥는 활을 당겨 화살을 끼우고, 나가서 사신을 만나 말했다.

"아버지가 죄가 있는데 왜 그 자식들을 부르는 것인가?"

이윽고 활을 쏘려 하자 사신은 되돌아 달아났다. 오자서는 탈출해서 마침내 오吳나라로 달려갔다. 오사가 듣고 말했다.

"서胥가 도망쳤으니 초나라는 위태롭게 될 것이다."

초나라 사람이 마침내 오사와 오상을 죽였다.

無忌曰 伍奢有二子 不殺者爲楚國患 盍以免其父召之 必至 於是王使 使謂奢 能致二子則生 不能將死 奢曰 尙至 胥不至 王曰 何也 奢曰 尙 之爲人 廉 死節 慈孝而仁 聞召而免父 必至 不顧其死 胥之爲人 智而好 謀 勇而矜功 知來必死 必不來 然爲楚國憂者必此子 於是王使人召之

日 來 吾免爾父 伍尙謂伍胥曰 聞父免而莫奔 不孝也 父戮莫報 無謀也
度能任事 知也 子其行矣 我其歸死 伍尙遂歸 伍胥彎弓屬矢 出見使者
曰 父有罪·何以召其子爲 將射 使者還走 遂出奔吳 伍奢聞之 曰 胥亡
楚國危哉 楚人遂殺伍奢及尙

10년, 초나라 태자 건의 어머니가 거소居巢[①]에 있어서 오나라에
길을 터 주었다.

오나라는 공자 광光을 보내 초나라를 공격해서 마침내 진陳과 채
蔡를 무찌르고 태자 건의 어머니를 데리고 떠나갔다. 초나라에서
두려워하며 영郢에 성을 쌓았다.[②]

당초 오나라 변방 읍인 비량卑梁[③]과 초나라 변방 읍인 종리鍾離에
사는 어린아이가 뽕나무를 가지고 서로 다투었다. 양쪽 집안들이
번갈아 노하여 서로 공격했는데, 비량 사람들이 많이 죽었다. 비량
의 대부가 화가 나서 읍의 군사를 일으켜 종리를 공격했다. 초왕이
듣고 노하여 나라의 군사를 일으켜 비량을 멸망시켰다. 오왕이 듣고
크게 노하여 또한 군사를 일으켰다. 공자 광을 시켜 태자 건의 어머
니 집이 초나라에 있다는 이유로 공격하게 했다. 마침내 종리와 거
소를 멸망시켰다. 초나라는 이에 두려워하고 영 땅에 성을 쌓았다.[④]

十年 楚太子建母在居巢[①] 開吳 吳使公子光伐楚 遂敗陳蔡 取太子建母
而去 楚恐 城郢[②] 初 吳之邊邑卑梁[③]與楚邊邑鍾離小童爭桑 兩家交怒相
攻 滅卑梁人 卑梁大夫怒 發邑兵攻鍾離 楚王聞之怒 發國兵滅卑梁 吳王
聞之大怒 亦發兵 使公子光因建母家攻楚 遂滅鍾離居巢 楚乃恐而城郢[④]

① 居巢거소

정의 여주 소현이 이곳이다.

廬州巢縣是也

신주 장강과 회수를 연결하는 거대한 호수 소호巢湖 일대이며, 오늘날 합비시合肥市 근처이다. 앞서 초나라가 멸한 서舒의 북쪽이다. 《좌전》에서 어머니는 격郹에 있었다고 한다. 오나라가 주래州來를 공격하자, 초나라는 진과 채 등 회수 유역의 소국들을 동원하여 오나라와 싸웠지만 패했다. 앞서 〈오태백세가〉와 〈진기세가〉 주석에 자세하게 기록하고 있다.

② 城郢성영

정의 강릉현 동북쪽 6리에 있는데 이미 앞에서 해설했다. 살펴보니 《좌전》에서는 영에 성을 쌓은 것은 소공 23년인데, 아래에 거듭 영郢에 성을 쌓았다고 말했다. 두예가 말했다. "초나라에서 자낭子囊을 등용해 보내서 영에 성을 쌓으라고 말했다. 지금 오나라를 두려워하고 다시 수리해서 스스로 굳건하게 했다."

在江陵縣東北六里 已解於前 按 傳城郢在昭公二十三年 下重言城郢 杜預云楚用子囊遺言以築郢城矣 今畏吳 復修以自固也

③ 卑梁비량

정의 비량읍은 종리에서 가깝다.

卑梁邑近鍾離也

④ 城郢성영

색은 지난해 이미 영郢에 성을 쌓았는데 또 거듭 말했다. 《좌전》에 의

거해 보면 소공 23년에 영에 성을 쌓았고 24년에 거듭 영에 성을 쌓았다는 문장이 없다. 이는《사기》에서 잘못한 것이다.

去年已城郢 今又重言 據左氏昭二十三年城郢 二十四年無重城郢之文 是史記誤也

신주 사마천이 〈초세가〉 본문에서 기년을 빼 앞의 문장을 거듭 설명한 것에서 발생한 현상이다. 〈십이제후연표〉에 종리를 멸망시킨 것은 초평왕 11년으로 앞의 10년 기사와 분리해야 한다.

13년, 평왕이 죽었다. 장군 자상子常이 말했다.

"태자 진珍이 어리고 또 그의 어머니는 지난날 태자 건이 마땅히 아내로 맞이했어야 할 사람입니다."

이에 영윤 자서子西를 군주로 세우고자 했다. 자서는 평왕의 서제庶弟로① 의리가 있었다. 자서가 말했다.

"나라에는 변할 수 없는 상법常法이 있는데 바꾸어 세우면 변란이 일어나니, 그런 말을 하는 자는 죽여야 합니다."

이에 태자 진을 군주로 세웠는데, 이이가 소왕昭王이다.

十三年 平王卒 將軍子常曰 太子珍少 且其母乃前太子建所當娶也 欲立令尹子西 子西 平王之庶弟也① 有義 子西曰 國有常法 更立則亂 言之則致誅 乃立太子珍 是爲昭王

① 平王之庶弟也평왕지서제야

신주《사기지의》에 따르면《좌전》의 주석에서는 평왕의 서자라고 하는데, 그 주장이 타당성이 있다.

소왕 원년, 초나라 백성은 비무기를 달가워하지 않았다. 그가 참
소해 태자 건을 망명하게 했고 오사 부자와 극완郤宛을 살해하게
했기 때문이다.
극완의 종성宗姓인 백씨伯氏의 아들 비嚭와 자서子胥가 모두 오나
라로 달아났다. 오나라 군사가 자주 초나라를 공격하자 초나라
사람이 비무기를 심하게 원망했다. 초나라 영윤 자상[1]이 비무기
를 죽여 백성들을 달래자, 백성들은 이에 기뻐했다.
昭王元年 楚衆不說費無忌 以其讒亡太子建 殺伍奢子父與郤宛 宛之
宗姓伯氏子嚭及子胥皆奔吳 吳兵數侵楚 楚人怨無忌甚 楚令尹子常[1]
誅無忌以說衆 衆乃喜

[1] 子常자상
정의 이름은 와瓦이다. 《좌전》에서 낭와囊瓦는 오나라를 정벌했다고
한다.
名瓦 左傳云囊瓦伐吳

4년, 오나라 세 공자[1]는 초나라로 달아났다. 초나라는 이들에게 봉토를 주어 오나라를 방어하게 했다.

5년, 오나라는 초나라 육六과 잠潛[2]을 공격해 빼앗았다.

7년, 초나라는 자상을 시켜 오나라를 공격하게 했는데, 오나라는 초나라 군대를 예장豫章[3]에서 크게 무찔렀다.

四年 吳三公子[1]奔楚 楚封之以扞吳 五年 吳伐取楚之六潛[2] 七年 楚使子常伐吳 吳大敗楚於豫章[3]

① 吳三公子오삼공자

색은 소공 30년에 두 공자가 초나라로 달아났다고 했는데, 공자 엄여掩餘는 서徐로 달아났고, 공자 촉용燭庸은 종리鍾離로 달아났다. 여기서 3명의 공자라고 한 것은 잘못이다.

昭三十年 二公公奔楚 公子掩餘奔徐 公子燭庸奔鍾離 此言三公子 非也

② 六潛육잠

정의 옛 육성六城은 수주壽州 안풍현 남쪽 132리에 있는데 언성偃姓이며 고요의 후예를 봉한 곳이다. 잠성은 초나라 잠읍이고 곽산현霍山縣 동쪽 200보에 있다.

故六城在壽州安豐縣南百三十二里 偃姓 皐陶之後所封也 潛城 楚之潛邑 在霍山縣東二百步

신주 잠은 육 땅의 남쪽에 있고, 장강과 회수를 구분하는 대별산맥大別山脈의 북쪽에 있다.

③ 豫章예장

정의 지금의 홍주이다.

今洪州也

신주 예장은 장강 남쪽 오늘날 강서성江西省 북부이며, 당시 초나라의 가장 동남단이다. 동쪽으로 오나라 및 월나라와 맞닿은 지점이다. 《좌전》에서는 정공 2년이니, 오왕 합려 7년이고 초소왕 8년에 해당한다.

10년 겨울, 오왕 합려闔閭, 오자서伍子胥, 백비는 당唐나라, 채蔡나라와 함께 초나라를 공격했는데, 초나라가 대패했다. 이에 오나라 군사는 마침내 영郢으로 쳐들어가 평왕의 무덤을 욕보였는데 오자서 때문이다.

오나라 군사가 쳐들어오자 초나라는 자상에게 군사를 주어 맞이하게 하고 한수漢水를 끼고 진을 쳤다. 오나라가 자상을 쳐서 무찌르자, 자상은 정나라로 도망쳤다. 초나라 군사들이 달아나자, 오나라는 승기를 타고 쫓아서 다섯 번을 싸운 끝에 영에 이르렀다.

기묘일, 소왕이 달아났다. 경진일, 오나라 사람들이 영으로 쳐들어갔다.①

十年冬 吳王闔閭伍子胥伯嚭與唐蔡俱伐楚 楚大敗 吳兵遂入郢 辱平王之墓 以伍子胥故也 吳兵之來 楚使子常以兵迎之 夾漢水陣 吳伐敗子常 子常亡奔鄭 楚兵走 吳乘勝逐之 五戰及郢 己卯 昭王出奔 庚辰 吳人入郢①

① 庚辰 吳人入郢경진 오인입영

집해 《춘추》에서 말한다. "11월 경진일이다."

春秋云十一月庚辰

소왕은 도망쳐 운몽雲夢에 이르렀다. 운몽 사람들이 그 왕을 알아보지 못하고 활로 왕을 쏘아 상처를 입혔다. 왕은 운鄖 땅으로 달아났다.① 운공鄖公의 아우 회懷가 말했다.

"평왕이 나의 아버지를 살해했는데,② 지금 내가 그의 아들을 죽이는 것이 또한 마땅하지 아니한가?"

운공이 막고 저지시켰다. 그러나 회가 소왕을 시해할 것을 두려워하고 이에 (운공은) 소왕과 함께 수隨나라로 달아났다.③

昭王亡也至雲夢 雲夢不知其王也 射傷王 王走鄖① 鄖公之弟懷曰 平王殺吾父② 今我殺其子 不亦可乎 鄖公止之 然恐其弑昭王 乃與王出奔隨③

① 王走鄖왕주운

정의 走는 '주奏'로 발음하고, 鄖은 '운云'으로 발음한다. 《괄지지》에서 말한다. "안주 안육현성은 본래 춘추시대의 운국성이다."

走音奏 鄖音云 括地志云 安州安陸縣城 本春秋時鄖國城也

신주 오나라는 초나라를 치면서 채나라와 함께했으니, 북쪽을 통해 영으로 쳐들어왔을 것이다. 소왕은 동쪽으로 피해 달아난 것으로 보인다. 운 땅은 강하군으로 현재 무한시武漢市 외곽이다.

② 平王殺吾父평왕살오부

집해 복건이 말했다. "아버지는 만성연曼成然이다."

服虔曰 父曼成然

정의 만성연은 평왕을 세우고 나서 탐욕을 구하는데 염치가 없자 평왕이 살해했다.

成然立平王 貪求無厭 平王殺之

신주 만성연은 평왕 즉위 후에 최고위직인 영윤을 지냈다.

③ 奔隨분수

정의 《괄지지》에서 말한다. "수주성 밖은 옛날 수국성이다. 수隨는 희성姬姓이다. 또 이르기를 초소왕의 성은 수주현 북쪽 7리에 있다. 《좌전》에서 오나라 군사가 영郢으로 쳐들어가고 왕이 수나라로 달아나자 수나라 사람은 공궁公宮의 북쪽에 거처하게 했는데, 곧 이 성이 맞다고 한다."

括地志云 隨州城外古隨國城 隨 姬姓也 又云 楚昭王城在隨州縣北七里 左傳云吳師入郢 王奔隨 隨人處之公宮之北 即此城是也

오왕은 소왕이 떠났다는 소식을 듣고 곧 수隨나라로 진격했는데 수나라 사람에게 일러 말했다.

"주周나라 자손들을 강수와 한수의 사이에 봉했는데 초나라가 모두 멸망시켰다."

이에 소왕을 죽이고자 했다. 소왕을 따르는 신하 자기子綦가 왕을 깊이 숨겼다. 그리고 자신이 왕이라고 사칭하고 수나라 사람들에게 일러 말했다.

"나를 오吳나라에 바쳐라."

수나라 사람들은 오나라에 바칠 것인가 점을 쳤는데 불길하다고 했다. 이에 오왕에게 사죄해 말했다.

"소왕은 도망치고 수나라에 있지 않습니다."

오나라 사람들은 자신들이 들어와 수색한다고 했으나 수나라가 듣지 않자 오나라 또한 군사를 물리고 떠나갔다.

소왕은 도읍 영郢을 탈출하고 신포서申鮑胥[1]에게 진秦나라에 구원을 요청하게 했다. 진나라가 수레 500대로 초나라를 구원하자, 초나라도 남거나 흩어진 군사들을 거두어 진나라와 더불어 오나라를 공격했다.

11년 6월, 오나라를 직稷[2]에서 무찔렀다. 때마침 오왕의 아우 부개夫槩가 오왕의 군사가 다치고 패배한 것을 보고, 이에 도망쳐 돌아가서 스스로 즉위해 왕이 되었다.

합려는 소문을 듣고 군사를 이끌고 초나라를 떠나 부개를 공격했다. 부개가 패하여 초나라로 달아나자 초나라는 그를 당계 땅[3]에 봉하고 호를 당계씨堂谿氏라고 했다.

吳王聞昭王往 即進擊隨 謂隨人曰 周之子孫封於江漢之間者 楚盡滅之 欲殺昭王 王從臣子綦乃深匿王 自以爲王 謂隨人曰 以我予吳 隨人卜予吳 不吉 乃謝吳王曰 昭王亡 不在隨 吳請入自索之 隨不聽 吳亦罷去 昭王之出郢也 使申鮑胥[1]請救於秦 秦以車五百乘救楚 楚亦收餘散兵 與秦擊吳 十一年六月 敗吳於稷[2] 會吳王弟夫槩見吳王兵傷敗 乃亡

> 歸 自立爲王 闔閭聞之 引兵去楚 歸擊夫概 夫概敗 奔楚 楚封之堂谿③
> 號爲堂谿氏

① 申鮑胥신포서

집해 복건이 말했다. "초나라 대부 왕손포서王孫包胥이다."

服虔曰 楚大夫王孫包胥

② 稷직

집해 가규가 말했다. "초나라 땅이다."

賈達曰 楚地也

③ 堂谿당계

정의 《괄지지》에서 말한다. "당계 고성은 예주 언성현 서쪽 85리에 있다."

(地理)[括地]志云 堂谿故城在豫州郾城縣西八十有五里也

> 초나라 소왕이 당唐나라①를 멸망시켰다.
> 9월 귀국하여 영으로 들어갔다.
> 12년, 오나라가 다시 초나라를 정벌하고 반番 땅②을 빼앗았다. 초
> 나라는 두려워 영을 버리고 북쪽으로 옮겨 약鄀 땅③에 도읍했다.
> 楚昭王滅唐① 九月 歸入郢 十二年 吳復伐楚 取番② 楚恐 去郢 北徙都鄀③

① 唐당

집해 두예가 말했다. "의양군 안창현 동남쪽 상당향上唐鄕이다."

杜預曰 義陽安昌縣東南上唐鄕

정의 《괄지지》에서 말한다. "상당향 고성은 수주 조양현 동남쪽 150리이며, 옛날 당국唐國이다. 《세본》에서 '당은 희성姬姓의 나라'라고 했다."

括地志云 上唐鄕故城在隨州棗陽縣東南百五十里 古之唐國也 世本云唐 姬姓之國

신주 의양군은 한漢나라 남양군 남부를 나누어 서진西晉에서 설치한 군으로 부근에 수나라가 있다. 오나라와 함께 초나라를 친 일로 멸망시켰다.

② 番반

정의 番은 '판[片寒反]'으로 발음하고 또 '파婆'로도 발음한다. 《괄지지》에서 말한다. "요주 파양현은 춘추시대 초나라 동쪽 국경인데 진秦나라에서 파현番縣으로 삼아 구강군에 소속시켰으며 한漢나라 때 파양현이 되었다."

片寒反 又音婆 括地志云 饒州鄱陽縣 春秋時爲楚東境 秦爲番縣 屬九江郡 漢爲鄱陽縣也

신주 강서성의 거대한 호수 파양호 일대이다. 番 자는 차례라는 뜻일 때는 '번'이라고 읽고, 날래다는 뜻일 때는 '파'로 읽고, 땅의 이름일 때는 '반'으로 읽는다.

③ 郤악

정의 郤은 '약若'으로 발음한다. 《괄지지》에서 말한다. "초소왕의 고성은 양주 낙향현 동북쪽 32리에 있는데, 옛 도성은 동쪽 5리에 있으니 곧 초나라 옛 소왕이 도읍을 옮긴 약성郡城이다.

音若 括地志云 楚昭王故城在襄州樂鄉縣東北三十二里 在故都城東五里 即楚國故昭王徙都郡城也

16년, 공자孔子가 노魯나라를 도왔다.

20년, 초나라는 돈頓①과 호胡나라②를 멸망시켰다.

21년, 오왕 합려가 월越나라를 공격했다. 월왕 구천句踐이 활로 오왕을 쏘아 상처를 입혀 마침내 죽게 했다. 오나라는 이로 말미암아 월나라를 원수로 여기고 서쪽의 초나라를 공격하지 않았다.③

十六年 孔子相魯 二十年 楚滅頓① 滅胡② 二十一年 吳王闔閭伐越 越王句踐射傷吳王 遂死 吳由此怨越而不西伐楚③

---

① 頓돈

집해 〈지리지〉에서는 "여남군 남돈현은 옛 돈자국頓子國이다."라고 한다.

地理志曰 汝南南頓縣 故頓子國

정의 《괄지지》에서 말한다. "진주 남돈현은 옛 돈자국이다. 응소는 옛 돈자국은 희성姬姓이며 진陳나라에 핍박 받아 이후 남쪽으로 옮겼으므로 남돈南頓이라 했다고 한다."

括地志云 陳州南頓縣 故頓子國 應劭云古頓子國 姬姓也 逼於陳 後南徙 故曰南頓也

신주 〈십이제후연표〉와 《춘추》에서는 이 일이 소왕 21년으로 나온다.

또 오왕 합려가 죽은 것은 소왕 20년이다. 〈초세가〉에서는 기년이 서로 바뀌었다. 남돈은 진陳과 채蔡 사이에 낀 조그만 나라이다.

② 胡호

 집해 두예가 말했다. "여남현 서북의 호성胡城이다."

杜預曰 汝南縣西北胡城

 정의 《괄지지》에서 말한다. "옛 호성은 예주 언성현 영역에 있다."

括地志云 故胡城在予州郾城縣界

③ 不西伐楚불서벌초

 신주 〈십이제후연표〉와 〈관채세가〉에 따르면 소왕 23년에 채나라는 초나라를 두려워하여 오나라에 부탁해 나라를 주래州來로 옮기는데, 그곳은 회남의 거대한 방죽 작피芍陂 북쪽으로, 역사에서 하채下蔡라고 한다. 이는 또 공자의 행적을 따지는 데 매우 중요하다. 공자는 노애공 4년에 채나라로 가는데, 그때는 초소왕 25년이고 채소후蔡昭侯 28년으로, 이미 채나라가 하채로 옮겨간 뒤이다. 자세한 것은 〈공자세가〉에 나온다.

전성기를 누리다

27년 봄, 오나라가 진陳나라를 공격하자 초나라 소왕이 (진나라를) 구원하고자 성보城父에 주둔했다.

10월[①] 소왕은 군중軍中에서 병이 들었는데, 새 모양의 붉은 구름이 해를 끼고 날았다.[②] 소왕이 주周나라 태사에게 물으니 태사가 대답했다.

"이는 초나라 왕에게 해로운 징조입니다. 그러나 장군이나 재상에게 옮겨가게 할 수도 있습니다."

장군과 재상이 이 말을 듣고 스스로 자신의 몸으로 대신하게 해달라고 신에게 기도하겠다고 청했다. 소왕이 말했다.

"장군이나 재상은 나의 팔과 다리인데, 지금 재앙을 옮긴다고 그저 이 몸에서 떠나겠는가?"

이에 듣지 않았다.

二十七年春 吳伐陳 楚昭王救之 軍城父 十月[①] 昭王病於軍中 有赤雲如鳥 夾日而蜚[②] 昭王問周太史 太史曰 是害於楚王 然可移於將相 將相聞是言 乃請自以身禱於神 昭王曰 將相 孤之股肱也 今移禍 庸去是身乎 弗聽

① 十月십월

신주 《춘추》및 《좌전》에서는 7월이라 한다. '칠七'과 '십十'은 혼동하기 쉬워 뒤바뀌는 경우가 있다.

② 有赤雲如鳥 夾日而蜚유적운여조 협일이비

집해 두예가 말했다. "구름이 초나라 위에 있어서 오직 초나라에서만 보였다."

杜預曰 雲在楚上 惟楚見之

점을 치니 하수河水가 빌미가 되었다고 하자, 대부가 하수에 기도하기를 청했다. 소왕이 말했다.

"나의 선왕이 봉함을 받고부터 망제望祭를 지내고 강수와 한수를 넘지 않았으니① 하수에 죄를 얻은 게 아니오."

그만두게 하고 허락하지 않았다. 공자孔子는 진陳나라에 있다가②이 말을 듣고 말했다.

"초소왕은 대도大道를 통했다. 그가 나라를 잃지 않았던 것이 마땅하구나."

卜而河爲祟 大夫請禱河 昭王曰 自吾先王受封 望不過江漢① 而河非所獲罪也 止不許 孔子在陳② 聞是言 曰 楚昭王通大道矣 其不失國 宜哉

---

① 望不過江漢망불과강한

집해 복건이 말했다. "왕명을 받아 그 나라 안의 산천에 제사하는 것을 망제望祭라고 이른다."

服虔曰 謂所受王命 祀其國中山川爲望

정의 살펴보니 강수는 형주 남쪽 큰 강이다. 한수와 강수의 두 물줄기는 초나라 경내에 있다. 하河는 황하이고 초나라 강역이 아니다.

按 江 荊州南大江也 漢 江也 二水楚境內也 河 黃河 非楚境也

② 孔子在陳공자재진

신주 〈공자세가〉를 보면 공자는 자공子貢을 시켜 소왕을 만나게 했다고 한다. 공자의 여행경로나 당시 상황으로 봐서 공자는 초소왕을 만나지 않았으며 자공을 통해 말을 들었을 것이다.

소왕은 병이 심해지자, 이에 여러 공자와 대부들을 불러 말했다. "나는 재주가 없어서 거듭 초나라 군사들을 치욕스럽게 했는데도 지금 하늘의 수명대로 끝마칠 수 있는 것은 나의 행운이다." 그의 아우 공자 신申에게 왕위를 양위해 왕으로 삼으려 했으나 안 된다고 했다. 또 다음 아우 공자 결結에게 양위하려 했으나 또한 안 된다고 했다. 이에 또 다음 아우 공자 여閭에게 양위했는데,① 다섯 번을 사양한 뒤에 허락해 왕이 되었다. 장차 싸우려고 할 즈음 경인일에 소왕은 군중에서 죽었다.

昭王病甚 乃召諸公子大夫曰 孤不佞 再辱楚國之師 今乃得以天壽終 孤之幸也 讓其弟公子申爲王 不可 又讓次弟公子結 亦不可 乃又讓次 弟公子閭① 五讓 乃後許爲王 將戰 庚寅 昭王卒於軍中

① 其弟公子申爲王~讓次弟公子闇기제공자신위왕~양차제공자여

신주 《사기지의》에 따르면《좌전》의 주석에는 3명 모두 소왕의 형이라
고 하는데, 며느릿감을 빼앗아 늦게 낳은 자식이 소왕이므로 그 주장에
타당성이 있다.

자여가 말했다.

"왕께서 병이 심하셔서 아들을 버리고 군신에게 양위하셨는데,
신臣이 왕의 뜻을 승낙한 까닭은 왕의 뜻을 넓히기 위한 것이었습
니다. 지금은 군왕께서 돌아가셨는데 신이 어찌 감히 군왕의 뜻
을 잊겠습니까?"

이에 자서와 자기子綦와 도모하여 군사를 숨기고 길을 막고서①
월나라 여인의 아들 장章을 맞이해 군주로 세우니② 이이가 혜왕
惠王이다. 그러한 후에 군사를 철수하고 돌아와서 소왕의 장례를
치렀다.

子閭曰 王病甚 舍其子讓群臣 臣所以許王 以廣王意也 今君王卒 臣豈
敢忘君王之意乎 乃與子西子綦謀 伏師閉①塗 迎越女之子章立之② 是
爲惠王 然後罷兵歸 葬昭王

---

① 伏師閉복사폐

집해 서광이 말했다. "다른 판본에는 '벽壁'으로 되어 있다."

徐廣曰 一作壁

② 閉塗 迎越女之子章立之페도 영월여지자장입지

집해 복건이 말했다. "폐도閉塗는 밖의 사신이 통하지 않는 것이다. 월
녀는 소왕의 첩이다."

服虔曰 閉塗 不通外使也 越女 昭王之妾

색은 폐도는 곧 찬도攢塗(한 곳으로 길을 모은 것)이다. 그러므로 아래 문장
에서 혜왕이 뒤에 군사를 철수하여 돌아와서 장례했다고 했다. 복건의
설명은 잘못되었다.

閉塗即攢塗也 故下云惠王後即罷兵歸葬 服虔說非

정의 《좌전》에는 '모잠사폐도謀潛師閉塗'라고 했다. 살펴보니 잠사潛師
는 몰래 출동해서 가서 맞이하는 것이다. 폐도는 밖의 도적을 방어하고 단
절시키는 것이다. 소왕이 군대에서 죽고 후사가 결정되지 않았으니 아마
이웃나라나 여러 공자의 변화가 있을까 봐 군사를 숨기고 길을 차단하여
월나라 여자의 아들 장을 맞이해 혜왕으로 세운 것이다.

左傳云謀潛師閉塗 按 潛師 密發往迎也 閉塗 防斷外寇也 爲昭王薨於軍 嗣子
未定 恐有鄰國及諸公子之變 故伏師閉塗 迎越女之子章立爲惠王也

혜왕 2년, 자서子西는 옛날 평왕의 태자 건建의 아들 승勝을 오吳
나라에서 불러 소巢 땅의 대부로 삼고 백공白公이라고 불렀다.[①] 백
공은 군사를 좋아하고 사인들에게 몸을 낮추며 아버지의 원수를
갚고자 했다.

6년, 백공은 영윤 자서에게 군사를 요청해 정鄭나라를 공격하려
고했다. 당초에 백공의 아버지 건이 도망쳐 정나라에 있었는데,

정나라에서 건을 죽였다.② 이에 백공은 오나라로 도망쳤는데, 자서가 다시 초나라로 불러들였다. 이런 까닭으로 정나라를 원망하고 공격하고자 했다. 자서는 허락했지만 아직 출병하지는 않았다.

惠王二年 子西召故平王太子建之子勝於吳 以爲巢大夫 號曰白公① 白公好兵而下士 欲報仇 六年 白公請兵令尹子西伐鄭 初 白公父建亡在鄭 鄭殺之② 白公亡走吳 子西復召之 故以此怨鄭 欲伐之 子西許而未爲發兵

① 巢大夫 號曰白公소대부 호왈백공

집해 서광이 말했다. "〈오자서전〉에서 '승勝을 시켜 초나라 변방의 읍인 언鄢을 수비하게 했다.'라고 한다." 살펴보니 복건이 말했다. "백白은 읍의 명칭이다. 초나라 읍邑의 대부를 모두 공公이라고 칭했다." 두예가 말했다. "여음군 포신현 서남쪽에 백정白亭이 있다."

徐廣曰 伍子胥傳曰使勝守楚之邊邑鄢 駰案 服虔曰白 邑名 楚邑大夫皆稱公 杜預曰汝陰褒信縣西南有白亭

정의 소巢는 지금의 여주 거소현이다. 《괄지지》에서 말한다. "백정은 예주 포신현 동남쪽 32리에 있다. 포신褒信은 본래 한漢나라 언현인데, 후한 때 언鄢을 나누어 포신현을 설치했다. 지금 포신현 동쪽 77리에 있다."

巢 今廬州居巢縣也 括地志云 白亭在豫州褒信東南三十二里 褒信本漢鄢縣之地 後漢分鄢置褒信縣 在今褒信縣東七十七里

② 鄭殺之정살지

신주 26년 전인 초나라 평왕 10년, 건建은 정나라에서 살해당했다.

8년, 진晉나라가 정나라를 공격하자, 정나라는 급히 초나라에 알렸다.[①] (10년) 초나라는 자서를 보내 정나라를 구원하도록 했지만, 뇌물만 받고 돌아왔다. 백공 승이 분노하여 마침내 용감하고 힘세며 죽음을 각오한 사인 석걸石乞 등과 함께 영윤 자서와 자기子綦를 조정에서 습격해 살해하고, 이를 기회로 혜왕을 겁박해서 고부高府[②]에 유치하고 시해하려 했다. 혜왕의 시종 굴고屈固가 왕을 업고 소왕의 부인궁夫人宮[③]으로 달아났고, 백공 승이 스스로 즉위하여 왕이 되었다.

한 달 남짓 지나 때마침 섭공葉公[④]이 초나라를 구원하러 왔는데, 초나라 혜왕의 무리와 함께 백공을 공격해 살해했다.[⑤] 혜왕은 복위했다.

이해[⑥] 진陳나라를 멸망시켜 현縣으로 만들었다.

八年 晉伐鄭 鄭告急楚[①] 楚使子西救鄭 受賂而去 白公勝怒 乃遂與勇力死士石乞等襲殺令尹子西子綦於朝 因劫惠王 置之高府[②] 欲弒之 惠王從者屈固負王亡走昭王夫人宮[③] 白公自立爲王 月餘 會葉公[④]來救楚 楚惠王之徒與共攻白公 殺之[⑤] 惠王乃復位 是歲也[⑥] 滅陳而縣之

① 晉伐鄭 鄭告急楚진벌정 정고급초

신주 〈십이제후연표〉, 〈진세가〉, 〈정세가〉에는 나오지 않는다. 오직 《춘추》 애공 15년 겨울에 기록이 있다. 애공 15년은 초혜왕 9년에 해당한다. 그렇다면 초나라가 구원한 것은 초혜왕 10년 초일 것이다.

② 高府고부

가규가 말했다. "고부는 창고 이름이다." 두예가 말했다. "초나라의 다른 창고이다."

賈逵曰 高府 府名也 杜預曰 楚別府

③ 昭王夫人宮소왕부인궁

집해 복건이 말했다. "소왕부인은 혜왕의 어머니이고 월나라 여인이다."

服虔曰 昭王夫人 惠王母 越女也

④ 葉公섭공

신주 〈공자세가〉의 공안국 주석에서 섭공의 이름은 제량諸梁이고 초나라 대부라고 한다.

⑤ 攻白公 殺之공백공 살지

신주 〈십이제후연표〉에는 이 기록이 초혜왕 10년에 있다. 앞서 설명한 대로 혜왕 10년에 초나라가 정나라를 구원했다. 또 《좌전》에서 백공은 산으로 달아나 목매 자살했다고 한다.

⑥ 是歲也시세야

집해 서광이 말했다. "혜왕 10년이다."

徐廣曰 惠王之十年

신주 《사기》에서 진陳나라가 망한 기록의 일부는 공자가 죽은 해와 같고 일부는 그 이듬해로 되어 있다. 《춘추》와 《좌전》에서는 진나라가 망한 것이 노애공 17년(서기전 478), 초혜왕 11년으로 되어 있다.

13년, 오왕 부차가 강성해져 제나라와 진晉나라를 능멸하고 와서 초나라를 공격했다.

16년, 월나라가 오나라를 멸망시켰다.[①]

42년, 초나라가 채나라를 멸망시켰다.[②]

44년, 초나라가 기杞나라를 멸망시켰다.[③] 진秦나라와 화평을 맺었다. 이때 월나라는 이미 오나라를 멸망시켰으나 강수江水와 회수淮水 북쪽을 바로잡지는 못했다.[④] 초나라는 동쪽을 침략해 땅을 넓혀서 사수泗水 위까지 이르렀다.

十三年 吳王夫差彊 陵齊晉 來伐楚 十六年 越滅吳[①] 四十二年 楚滅蔡[②]
四十四年 楚滅杞[③] 與秦平 是時越已滅吳而不能正江淮北[④] 楚東侵 廣
地至泗上

① 越滅吳월멸오

정의 〈육국연표〉에서 말한다. "월越이 오吳를 멸한 것은 원왕元王 4년이다."

表云越滅吳在元王四年

② 楚滅蔡초멸채

정의 주나라 정왕定王 22년이다.

周定王二十二年

③ 楚滅杞초멸기

정의 주나라 정왕 24년이다.

周定王二十四年

④ 不能正江淮北불능정강회북

정의 정正은 늘리는 것이다. 강江과 회淮의 북쪽은 광릉현을 이르는데 서徐와 사泗 등의 주가 이곳이다.

正 長也 江淮北謂廣陵縣 徐泗等州是也

신주 초혜왕 시대에 초나라가 회수 북쪽의 땅을 거의 차지하게 되면서 초나라는 혜왕 시대에 전성기를 구가한다.

57년, 혜왕이 죽고 아들 간왕簡王 중中이 계승했다.①

간왕 원년, 북쪽을 공격해 거莒나라를 멸망시켰다.②

8년, 위문후와 한무자와 조환자가 처음으로 제후의 반열에 올랐다.③

五十七年 惠王卒 子簡王中立① 簡王元年 北伐滅莒② 八年 魏文侯韓武子趙桓子始列爲諸侯③

---

① 簡王中立간왕중립

정의 中은 '중仲'으로 발음한다.

中音仲

② 北伐滅莒북벌멸거

정의 《괄지지》에서 말한다. "밀주 거현은 옛 나라이다. 북벌이란 말은 거莒국이 서徐와 사泗의 북쪽에 있기 때문이다."

括地志云 密州莒縣 故國也 言北伐者 莒在徐泗之北

③ **魏文侯韓武子趙桓子始列爲諸侯**위문후한무자조환자시열위제후

신주 이때는 서기전 424년이다. 세 나라 군주가 주 왕실 제후로 반열한 것은 이로부터 21년 뒤(서기전 403)인 초나라 성왕聲王 5년이다. 〈육국연표〉에서도 이들 세 군주의 원년으로 나오는데 잘못 쓴 것으로 보인다.

24년, 간왕이 죽고 아들 성왕聲王[①] 당當이 계승했다.

성왕 6년, 도둑이 성왕을 살해하자 아들 도왕悼王 웅의熊疑가 계승했다.[②]

도왕 2년, 삼진三晉(위, 한, 조)이 와서 초나라를 공격하고 승구乘丘에 이르렀다가 돌아갔다.[③]

二十四年 簡王卒 子聲王[①]當立 聲王六年 盜殺聲王 子悼王熊疑立[②] 悼王二年 三晉來伐楚 至乘丘而還[③]

① **聲王**성왕

정의 《시법》에서 그의 국가에서 태어나지 않는 것을 성聲이라고 한다.
謚法云不生其國曰聲也

② **悼王熊疑立**도왕웅의립

신주 〈육국연표〉에서는 도왕의 성명을 웅류熊類라고 한다.

③ 三晉來伐楚 至乘丘而還삼진래벌초 지승구이환

집해 서광이 말했다. "〈육국연표〉 3년에는 유관楡關을 정나라로 돌려 보냈다고 한다."

徐廣曰 年表三年歸楡關于鄭

정의 〈육국연표〉에서 삼진의 공자가 초나라를 공격해 승구에 이르렀다고 한 것은 잘못이다. 이미 해설이 〈육국연표〉 안에 있다. 《괄지지》에서 "승구 고성은 연주 하구현 서북쪽 35리에 있다."고 한 것이 이것이다.

年表云 三晉公子伐我 至乘丘 誤也 已解在年表中 (地理志)[括地志]云乘丘故城在兗州瑕丘縣西北三十五里是也

신주 승구는 노나라 땅이므로 장수절이 잘못된 것이라고 주석했다. 삼진의 세가 기록에도 없는 내용이다. 〈육국연표〉에서 초나라 기록은 노나라 기록을 포함하고 있는데, 아마 노나라와 관련된 기록이 잘못 기재된 것으로 보인다.

4년, 초나라가 주나라를 공격했다.① 정나라가 자양子陽을 살해했다.

9년, 한韓나라를 공격해 부서負黍를 빼앗았다.②

11년,③ 삼진三晉이 초나라를 공격하고, 대량大梁과 유관楡關④에서 초나라를 무찔렀다. 초나라는 진秦나라에 후하게 뇌물을 주고 화평을 맺었다.

21년, 도왕이 죽고 아들 숙왕肅王 장臧이 계승했다.

四年 楚伐周① 鄭殺子陽 九年 伐韓 取負黍② 十一年③ 三晉伐楚 敗我大梁楡關④ 楚厚賂秦 與之平 二十一年 悼王卒 子肅王臧立

① 楚伐周초벌주

신주 〈육국연표〉에서는 주나라가 아니라 정나라를 공격해 패퇴시키고 포위한 것으로 나온다. 《사기지의》도 《대사기》를 인용하여 정나라라고 주장한다. 하지만 〈정세가〉에는 그런 기록이 없다.

② 伐韓 取負黍벌한 취부서

신주 부서는 하남성 등봉登封 아래에 있고 당시 한나라와 정나라가 다투던 곳이다. 〈정세가〉에서는 이전 해에 정나라에서 반란하여 한나라로 들어갔다고 한다. 〈한세가〉에는 기록이 없으나 〈육국연표〉에는 기록되어 있다.

③ 十一年십일년

신주 〈진본기〉와 〈육국연표〉를 비롯하여 삼진의 세가에는 이 내용이 없다. 오직 〈한세가〉 열후 9년에서 진秦나라가 한나라 의양宜陽을 공격하고 6개 읍을 빼앗았다고 한다. 열후 9년은 초도왕 11년에 해당한다. 즉 이때는 한나라가 진秦나라에 땅을 빼앗기고 화평을 맺은 것이다. 이때 대량과 유관은 정나라 땅이었다. 그렇다면 이는 한나라와 위魏나라가 합심하여 정나라를 치고 땅을 빼앗았는데, 유관 일대는 한나라가 차지했고, 대량 일대는 위나라가 차지했다는 뜻이다. 이는 〈한세가〉에 들어가야 할 내용이 잘못하여 〈초세가〉에 삽입된 것으로 보인다.

④ 楡關유관

색은 이 유관은 당연히 대량 서쪽에 있다.

此楡關當在大梁之西也

숙왕 4년, 촉蜀나라가 초나라를 공격하고 자방兹方[①]을 빼앗았다. 이에 초나라에서 한관扞關을 지어 막았다.[②]

10년, 위魏나라가 초나라 노양魯陽[③]을 빼앗았다.

11년, 숙왕이 죽고 자식이 없어서 그의 아우 웅량부熊良夫를 군주로 세웠는데, 이이가 선왕宣王이다.

肅王四年 蜀伐楚 取兹方[①] 於是楚爲扞關以距之[②] 十年 魏取我魯陽[③]

十一年 肅王卒 無子 立其弟熊良夫 是爲宣王

① 兹方자방

[색은] 지명인데 지금 기록에서 빠뜨렸다.

地名 今闕

[정의] 《고금지명》에서 말한다. "형주 송자현은 옛날 구자鳩兹 땅인데, 곧 초나라 자방兹方이 이곳이다."

古今地名云 荊州松滋縣古鳩兹地 卽楚兹方是也

② 扞關以距之한관이거지

[집해] 이웅李熊이 공손술公孫述을 설득해서 "동쪽에서 파군巴郡을 지키고 한관扞關의 입구를 막는 것이다."라고 했다.

李熊說公孫述曰 東守巴郡 距扞關之口

[색은] 살펴보니 《후한서》〈군국지〉에서 파군 어복현에 한관이 있다고 한다.

按郡國志巴郡魚復縣有扞關

[신주] 장강삼협 일대이다.

③ 魯陽노양

집해 〈지리지〉에서는 남양군에 노양현이 있다고 한다.

地理志云南陽有魯陽縣

정의 《괄지지》에서 말한다. "여주 노산은 본래 한漢나라 노양현이다. 옛 노현은 옛날 노산을 이름으로 삼았다."

括地志云 汝州魯山本漢魯陽縣也 古魯縣以古魯山爲名也

선왕 6년, 주나라 천자가 진秦나라 헌공獻公에게 하례했다. 진秦나라가 비로소 다시 강해졌다. 삼진三晉도 더욱 커졌으며 위魏나라 혜왕惠王과 제나라 위왕威王①도 더욱 강해졌다.

30년, 진秦나라에서 위앙衛鞅을 상商에 봉하고 남쪽 초나라를 침략했다.② 이해, 선왕이 죽고 아들 위왕威王 웅상熊商이 계승했다.

위왕 6년, 주나라 현왕顯王이 문왕과 무왕에게 제사 지낸 고기를 진秦나라 혜왕에게 보내주었다.

宣王六年 周天子賀秦獻公 秦始復彊 而三晉益大 魏惠王齊威王①尤彊

三十年 秦封衛鞅於商 南侵楚② 是年 宣王卒 子威王熊商立 威王六年

周顯王致文武胙於秦惠王

---

① 齊威王제위왕

신주 선왕 6년에 해당하는 제나라 군주는 환공桓公이다. 《죽서기년》 기준으로 제위왕 원년은 초선왕 14년이다. 자세한 것은 〈전경중완세가〉에 나온다.

② 秦封衛鞅於商 南侵楚 진봉위앙어상 남침초

회왕 16년에 초나라는 진나라에 상商과 어於 땅을 빼앗긴 적이 있다고 한다. 이 두 지역은 무관武關 북쪽에서 장안長安으로 가는 길목인데, 언제 빼앗겼는지는 정확한 기록이 없다. 아마 진秦나라가 강력했던 시기인 초선왕 무렵일 것으로 추정된다. 〈상군열전〉에서 이때 진秦나라는 위앙을 '상어商於'에 봉한다고 했기 때문이다. '상어'는 상商과 어於 땅을 가리킨다.

7년, 제나라 맹상군孟嘗君의 아버지인 전영田嬰이 초나라를 기만하자 초나라 위왕威王이 제나라를 공격해 서주徐州에서 무찌르고,① 제나라에 반드시 전영을 쫓아내라고 했다. 전영이 두려워하자 장축張丑이 거짓으로 초왕에게 일러 말했다.

"왕께서 서주에서 싸워 승리한 것은 (제나라가) 전반자田盼子②를 등용하지 않았기 때문입니다. 전반자는 나라에 공로가 있어, 백성들은 그를 위해 일하려고 합니다. 영자嬰子는 그와 친하지 못하여 신기申紀를 등용했습니다. 신기는 대신들이 그를 따르지 않고 백성은 그를 위해 일하려고 하지 않았습니다. 이 때문에 왕께서 승리하신 것입니다. 지금 왕께서 영자를 쫓아낸다면, 영자는 쫓겨나고 전반자가 반드시 등용될 것입니다. 그가 다시 사졸들을 정돈해서③ 왕과 맞선다면, 반드시 왕에게 불리하게 될 것입니다."

초왕은 이로 인해 (전영을) 쫓아내지 않았다.

七年 齊孟嘗君父田嬰欺楚 楚威王伐齊 敗之於徐州①而令齊必逐田嬰

田嬰恐 張丑僞謂楚王曰 王所以戰勝於徐州者 田盼子^②不用也 盼子者
有功於國 而百姓爲之用 嬰子弗善而用申紀 申紀者 大臣不附 百姓不
爲用 故王勝之也 今王逐嬰子 嬰子逐 盼子必用矣 復搏其士卒^③以與王
遇 必不便於王矣 楚王因弗逐也

① 田嬰欺楚 ~ 敗之於徐州전영기초~패지어서주

집해 서광이 말했다. "이때 초나라가 이미 월나라를 멸망시키고 제나
라를 공격한 것은 제나라에서 월나라를 설득해 초나라를 공격하라고 했
기 때문이다. 이 때문에 제나라가 초나라를 기만했다고 이른 것이다."

徐廣曰 時楚已滅越而伐齊也 齊說越 令攻楚 故云齊欺楚

신주 서주는 곧 회수와 사수가 만나는 하비下邳 일대를 가리킨다.

② 田盼子전반자

색은 전반자는 전영田嬰의 일족이다.

盼子 嬰之同族

신주 반盼은 '반肦'이 되어야 한다. 《전국책》과 《죽서기년》에서도 그렇
게 되어 있다.

③ 復搏其士卒부박기사졸

색은 搏은 '박膊'으로 발음하는데 또한 '부附'로 된 판본도 있다. 《전국
책》에서는 '정整'으로 되어 있다.

搏音膊 亦有作附 讀 戰國策作整

11년, 위왕이 죽고 아들 회왕懷王 웅괴熊槐가 계승했다. 위魏나라
는 초나라에 초상이 났다는 소식을 듣고 초나라를 쳐서 형산陘
山①을 빼앗았다.

회왕 원년, 장의張儀가 처음으로 진秦나라 혜왕의 재상이 되었다.

4년, 진秦나라 혜왕이 처음으로 왕王이라고 일컬었다.②

十一年 威王卒 子懷王熊槐立 魏聞楚喪 伐楚 取我陘山① 懷王元年 張
儀始相秦惠王 四年 秦惠王初稱王②

① 陘山형산

정의 《괄지지》에서 말한다. "형산은 정주 신정현 서남쪽 30리에 있다."

括地志云 陘山在鄭州新鄭縣西南三十里

신주 옛 허許나라 부근이다.

② 秦惠王初稱王진혜왕초칭왕

신주 다음 해(서기전 324)부터 혜문왕으로 칭하고 후원년으로 삼았는데
이전(서기전 325)까지는 혜문군惠文君이었다.

6년, 초나라에서 주국柱國 소양昭陽에게 군사를 이솔하고 위魏나
라를 공격하게 해서 양릉襄陵①에서 무찌르고 8개 읍②을 탈취했
다. 또 군사를 이동해 제나라를 공격하자③ 제나라 왕이 걱정했다.

진진陳軫이 마침 진秦나라를 위해 제나라에 사신으로 가자 제나라

왕이 말했다.

"어찌하면 되겠습니까?"

진진이 말했다.

"왕께서는 걱정하지 마십시오. 물러가도록 청하겠습니다."

곧 가서 군중에서 소양을 만나보고 말했다.

"초나라 법을 듣기를 원합니다. 군대를 쳐부수고 장군을 살해한 사람은 무엇으로써 귀하게 합니까?"

소양이 말했다.

"그의 관직을 상주국上柱國으로 삼고 최고의 작위인 집규[④]에 봉하겠소."

六年 楚使柱國昭陽將兵而攻魏 破之於襄陵[①] 得八邑[②] 又移兵而攻齊[③] 齊王患之 陳軫適爲秦使齊 齊王曰 爲之奈何 陳軫曰 王勿憂 請令罷之 即往見昭陽軍中曰 願聞楚國之法 破軍殺將者何以貴之 昭陽曰 其官 爲上柱國 封上爵執珪[④]

① 襄陵양릉

[색은] 현 이름이다. 하동군에 있다.

縣名 在河東

[신주] 전국시대에는 양릉이 세 곳에 있었는데, 위 [색은]의 하동군 양릉, 위魏나라와 제齊나라 사이의 양릉, 위魏와 송宋과 초楚가 만나는 한漢나라 때 진류군 소속의 양읍襄邑이다. 여기서 말한 양릉은 양읍이다. 따라서 [색은]의 주석은 잘못된 것이다. 첫 번째는 〈한세가〉에 주석이 있고, 두 번째는 〈전경중완세가〉에 주석이 있다.

② 八邑팔읍

색은 옛 판본에는 '팔읍八邑'으로 되어 있는데, 지금은 또한 '팔성八城'
으로 되어 있다.

古本作八邑 今亦作八城

③ 又移兵而攻齊우이병이공제

집해 서광이 말했다. "회왕 6년, 소양은 군대를 이동시켜 제나라를 공
격했다. 군대를 화和라고도 한다."

徐廣曰 懷王六年 昭陽移和而攻齊 軍門曰和

신주 이 이야기는《전국책》〈제책〉에서도 나온다. 위 집해 에서 서광
이 말한 '이화이공제移和而攻齊'는 현재《전국책》에서 '이이공제移而攻齊'
라고 하여 '화和' 자가 없다. 또 〈위세가〉 양왕 12년에도 초나라가 양릉
을 친 기록이 있다. 〈전경중완세가〉에서는 민왕 원년에 해당하는데, 그런
기록이 없다.

④ 執圭집규

신주 춘추전국시대 때 초나라의 작위爵位이다. 지위는 봉국封國의 군
주에 해당하는 최고의 직책이다.

진진이 말했다.

"이것보다 더 귀한 것이 있습니까?"

소양이 대답했다.

"영윤令尹입니다."

진진이 말했다.

"지금 군君께서는 이미 영윤이 되었으니 이는 나라의 관직 중 최고입니다.[①] 신이 청컨대 비유하겠습니다. 어떤 사람이 사인舍人들에게 한 잔 술을 남겼는데 사인들이 서로 일러 말하기를 '여러 사람이 이 술을 마신다면 두루 마시기에는 부족하다. 청컨대 땅에 뱀을 그려 뱀을 먼저 완성한 자가 혼자 마시자.'라고 했습니다. 한 사람이 '내가 뱀을 먼저 그렸다.'라고 말하고 술을 들고 일어나, '나는 발까지 그릴 수 있다.'라고 했습니다. 그 사람이 발을 그리자 뒤에 있던 뱀을 그린 사람이 술을 빼앗아 마시면서 '뱀은 진실로 발이 없는데 지금 발을 그렸으니 뱀이 아니다.'라고 말했습니다. 지금 군君께서는 초나라 재상으로 위나라를 공격해 군대를 쳐부수고 장군까지 죽여 공로가 이보다 큰 것이 없으며 벼슬은 그 위에 더해질 수 없습니다. 지금 또 군사를 이동시켜 제나라를 공격하는데, 제나라를 공격하여 승리하더라도 관직과 작위는 여기에 더해지지 않습니다. 제나라를 공격하고 승리하지 못하면 자신은 죽고 작위는 잃으며, 초나라에서 큰 손실이 있을 것입니다. 이는 뱀을 그리는데 발까지 그렸다는 이야기가 됩니다. 군사들을 인솔하고 떠나서 제나라에 덕을 베푸는 것만 같지 못할 것입니다. 이것이 최고의 관직을 유지하는 방법입니다."

소양이 말했다.

"좋은 말씀이오."

군사를 인솔하고 떠나갔다.

陳軫曰 其有貴於此者乎 昭陽曰 令尹 陳軫曰 今君已爲令尹矣 此國冠
之上① 臣請得譬之 人有遺其舍人一巵酒者 舍人相謂曰 數人飮此 不足
以遍 請遂畫地爲蛇 蛇先成者獨飮之 一人曰 吾蛇先成 舉酒而起 曰 吾
能爲之足 及其爲之足 而後成人奪之酒而飮 曰 蛇固無足 今爲之足
是非蛇也 今君相楚而攻魏 破軍殺將 功莫大焉 冠之上不可以加矣 今
又移兵而攻齊 攻齊勝之 官爵不加於此 攻之不勝 身死爵奪 有毀於楚
此爲蛇爲足之說也 不若引兵而去以德齊 此持滿之術也 昭陽曰 善 引
兵而去

① 今君已爲令尹矣 此國冠之上 금군기위영윤의 이국관지상

색은 冠은 '관官'으로 발음한다. 영윤은 윤尹 중에 가장 존귀하다. 그
러므로 국가로 말하면 마치 경자관군卿子冠軍과 같다는 것이다.

冠音官 令尹乃尹中最尊 故以國爲言 猶如卿子冠軍然

연나라와 한나라 군주가 처음으로 왕王이라고 칭했다. 진秦나라
는 장의張儀에게 초나라, 제나라, 위魏나라의 재상이 함께 모여 설
상齧桑①에서 맹약하게 했다.

11년, 소진蘇秦이 약속한 합종책合從策으로② 산동 6국은 함께 진
秦나라를 공격했는데, 초나라 회왕을 합종책의 장으로 삼았다.
함곡관에 이르자, 진秦나라는 군사를 출동시켜 6국을 공격했다.
6국의 군사들은 모두 이끌고 돌아갔으나③ 제나라만 유독 늦게

철군했다.

12년, 제나라 민왕湣王이 조나라와 위나라 군대를 쳐서 무찔렀다.[④] 진秦나라도 한韓나라를 쳐서 무찌르고[⑤] 제나라와 패권을 다투었다.

燕韓君初稱王 秦使張儀與楚齊魏相會 盟齧桑[①] 十一年 蘇秦約從[②]山東六國共攻秦 楚懷王爲從長 至函谷關 秦出兵擊六國 六國兵皆引而歸[③] 齊獨後 十二年 齊湣王伐敗趙魏軍[④] 秦亦伐敗韓[⑤] 與齊爭長

① 齧桑설상

정의 서광이 말했다. "양梁과 팽성 사이에 있다."

徐廣曰 在梁與彭城之間也

② 蘇秦約從소진약종

신주 《사기지의》에서 말한다. "이때 소진은 죽은 지 이미 4년이고, 6국과 약속하여 진나라를 정벌한 자는 이태李兌이다. 《전국책》에 분명하게 기록되어 있고, 《고사고》와 《서계총어》에서도 이미 그것을 나무랐다."

③ 六國兵皆引而歸육국병개인이귀

신주 《사기지의》에서 말한다. "진나라와 싸운 것은 조나라와 한나라이며, 조나라와 한나라가 무너지자 4국은 싸우지 않고 돌아갔으니 여기기록은 사실이 아니다." 참고로 이 전투는 이듬해까지 이어져 한나라와 조나라는 크게 패한다. 〈한세가〉와 〈조세가〉에 자세히 기록되어 있다.

④ 齊湣王伐敗趙魏軍제민왕벌패조위군

신주 제나라가 두 나라를 관택觀澤에서 무찌른 사건이며,《죽서기년》
을 기준으로 하면 제나라 선왕宣王 3년이다.

⑤ 秦亦伐敗韓진역벌패한

신주 앞서 설명했듯이 6국의 합종이 무색하게 진나라는 이어진 전투
에서 한나라와 조나라를 크게 무찌른다.

몰락의 시작

16년, 진秦나라는 제나라를 정벌하고자 했다. 그런데 초나라와 제나라가 합종책으로 친해졌다. 진秦나라 혜왕이 걱정하고 이에 장의를 재상에서 면직시킨다고 선언하고 장의를 시켜 남쪽으로 가서 초왕을 만나게 했다. 장의가 초왕에게 말했다.

"폐읍敝邑(진秦)의 왕께서 가장 좋아하는 왕은 대왕보다 우선으로 하는 이가 없습니다. 만약 저도 가장 바라는 바가 왕을 위한 문지기가 되는 것이었다면 또한 대왕보다 우선하는 이가 없습니다. 폐읍의 왕께서 매우 증오하는 왕은 제나라 왕보다 우선하는 왕이 없고, 만약 저도 매우 증오하는 왕을 꼽으라면 또한 제나라 왕보다 우선하는 왕이 없습니다. 그러나 대왕께서 그들과 화친했습니다.① 이 때문에 폐읍의 왕께서는 왕을 모실 수 없고 저도 또한 문지기가 될 수 없습니다.

왕께서 저를 위해 관문을 닫아서 제나라와 끊고, 지금 사신을 저를 따라 서쪽으로 보내서 옛날 진나라와 나눴던 초나라의 상商과 어於의 사방 600리 땅②을 취하게 하십시오. 이렇게 하면 제나라는 약해질 것입니다. 이는 북쪽의 제나라가 약해지지만 서쪽의 진나라에는 덕을 베푸는 것이고 사적으로는 상과 어를 갖게 되어 부유해질 것이니, 이는 하나의 계책으로 세 가지 이익이 함께 따르는 것입니다."

十六年 秦欲伐齊 而楚與齊從親 秦惠王患之 乃宣言張儀免相 使張儀 南見楚王 謂楚王曰 敝邑之王所甚說者無先大王 雖儀之所甚願爲門 闌之廝者亦無先大王 敝邑之王所甚憎者無先齊王 雖儀之所甚憎者亦 無先齊王 而大王和之^① 是以敝邑之王不得事王 而令儀亦不得爲門闌 之廝也 王爲儀閉關而絶齊 今使使者從儀西取故秦所分楚商於之地方 六百里^② 如是則齊弱矣 是北弱齊 西德於秦 私商於以爲富 此一計而三 利俱至也

① 和之화지

│색은│ 화和는 초楚와 제齊가 서로 화친하는 것을 이른다.

和謂楚與齊相和親

② 商於之地方六百里상어지지방육백리

│집해│ 상과 어의 땅은 지금의 순양군 남향南鄕과 단수丹水 두 현에 있고 상성商城은 안에 있다. 그러므로 상과 어라고 일렀다.

商於之地在今順陽郡南鄕丹水二縣 有商城在於中 故謂之商於

│색은│ 상과 어는 지금의 신양愼陽에 있다. 살펴보니 〈시리지〉에서는 단수와 상商은 홍농군에 소속되었고, 지금 말한 순양順陽이란 곧 조위曹魏 와 서진西晉이 처음으로 나누어 순양군을 설치한 것인데, 상성과 단수가 함께 소속되었다.

商於在今愼陽 案 地理志丹水及商屬弘農 今言順陽者 是魏晉始分置順陽郡 商城丹水俱隷之

신주 〈월왕구천세가〉 본문과 주석에 '상어商於'는 상과 어의 두 지방을 말한다. 순양군順陽郡은 한漢나라 시대의 남양군인데 조위에서 그 서쪽을 나누어 설치한 남향군이다. 나중에 순양군으로 이름을 바꾼다. 순양군 북부에 단수와 남향과 순양현이 옹기종기 모여 있다.

단수에서 북서쪽으로 무관武關이 있고 거기서 다시 단수 물줄기를 따라 북서쪽으로 가면, 차례로 상남商南, 상商, 상락上洛이 나오고 장안長安에 다다른다. 상남과 상락도 옛날엔 상의 일부였는데 위앙衛鞅이 봉해진 곳이 이 일대라고 한다. 그렇다면 상과 어의 땅은 순양군 북서부부터 무관을 넘어 관중 일부까지 포함하고, 장왕莊王이 차지했던 하남 땅 육혼陸渾까지 포함한 곳일 것이다. 순양군의 중심에서 한수漢水와 단수가 갈라지는데 한수를 따라 서쪽으로 가면 순양군 서쪽인 위흥군魏興郡 동부에 다다른다. 고대 초나라 수도 단양丹陽 일대가 그곳이다. 위흥군은 한漢나라 때 한중군 소속이었다.

회왕이 크게 기뻐하고 이에 재상의 인장을 장의에게 두고 날마다 함께 주연을 베풀고 선언하며 말했다.

"우리는 우리의 상과 어 땅을 회복했노라."

군신들이 모두 하례했으나 진진만 유독 슬퍼했다.

회왕이 말했다.

"무슨 까닭인가?"

진진이 대답해 말했다.

"진秦나라가 왕을 중하게 여기는 것은 왕에게 제나라가 있기 때문입니다. 지금 땅을 얻지도 못했는데 제나라와 교제를 먼저 끊는다면, 곧 초나라는 고립됩니다. 무릇 진나라가 왜 고립된 나라를 중하게 여기겠습니까. 반드시 초나라를 얕볼 것입니다. 또 먼저 땅을 내놓게 한 뒤 제나라와 끊는다면 진나라 계책대로 되지는 않겠지만, 먼저 제나라와 끊고 뒤에 땅을 내놓으라고 보채면 반드시 장의에게 속을 것입니다. 장의에게 속으면 왕께서는 반드시 원망할 것입니다. 원망하게 되면, 곧 서쪽으로는 진나라가 군사를 일으킬까 걱정하고 북쪽으로는 제나라와 교제가 끊어집니다. 서쪽에서 진나라가 군사를 일으킬까 걱정하고 북쪽에서 제나라와 교제가 끊어지면, 두 나라^① 군사가 반드시 이를 것입니다. 신은 그래서 슬퍼하는 것입니다."

초왕은 듣지 않고 이로 인해 한 장군을 서쪽으로 보내 봉지를 받게 했다.

懷王大悅 乃置相璽於張儀 日與置酒 宣言 吾復得吾商於之地 群臣皆賀 而陳軫獨弔 懷王曰 何故 陳軫對曰 秦之所爲重王者 以王之有齊也 今地未可得而齊交先絶 是楚孤也 夫秦又何重孤國哉 必輕楚矣 且先出地而後絶齊 則秦計不爲 先絶齊而後責地 則必見欺於張儀 見欺於張儀 則王必怨之 怨之 是西起秦患 北絶齊交 西起秦患 北絶齊交 則兩國^①之兵必至 臣故弔 楚王弗聽 因使一將軍西受封地

① 兩國양국

장의는 진秦나라에 이르러 거짓으로 취한 척하고 수레에서 떨어져 병을 핑계 대고 석 달 동안 밖으로 나오지 않아 땅을 얻지 못했다. 초왕이 말했다.

"장의는 내가 제나라와 절교한 것이 아직 모자란다고 여기는가?"

이에 용사 송유宋遺에게 북쪽 제나라 왕을 모욕하게 했다. 제나라 왕이 크게 노하여 초나라의 부신符信을 자르고 진나라와 연합했다. 진秦나라와 제나라가 연합하자, 장의는 일어나 조정에 나와 초나라 장군에게 일러 말했다.

"그대는 왜 땅을 받지 않습니까? 어디부터 어디까지 너비와 길이가 6리입니다."

초나라 장군이 말했다.

"신이 명령을 받은 것은 600리이지 6리는 듣지 못했습니다."

곧 돌아와서 회왕에게 보고했다. 회왕이 크게 노하여 군사를 일으켜 장차 진秦나라를 정벌하려고 했다. 진진이 또 말했다.

"진秦나라를 정벌하는 것은 그릇된 계책입니다. 이 기회로 하나의 이름난 도시를 뇌물로 주고 그들과 더불어 제나라를 정벌하는 것만 못합니다. 이것은 우리가 진秦나라에 잃은 것만큼① 제나라에서 취하여 보상받는 것이며, 우리는 오히려 안전할 것입니다. 지금 왕께서 이미 제나라와 끊었으나 진나라에 속은 것을 꾸짖으면,

이것은 우리가 진秦나라와 제나라의 교제를 화합하게 하는 것이고, 천하의 군사를 쳐들어오게 하여 나라는 반드시 크게 다칠 것입니다."

초왕은 듣지 않고 마침내 진秦나라와 화친을 끊고 군사를 일으켜 서쪽으로 진秦나라를 공격했다. 진나라도 군사를 일으켜 공격했다.

張儀至秦 詳醉墜車 稱病不出三月 地不可得 楚王曰 儀以吾絕齊爲尙
薄邪 乃使勇士宋遺北辱齊王 齊王大怒 折楚符而合於秦 秦齊交合 張
儀乃起朝 謂楚將軍曰 子何不受地 從某至某 廣袤六里 楚將軍曰 臣之
所以見命者六百里 不聞六里 卽以歸報懷王 懷王大怒 興師將伐秦 陳
軫又曰 伐秦非計也 不如因賂之一名都 與之伐齊 是我亡於秦^① 取償於
齊也 吾國尙可全 今王已絕於齊而責欺於秦 是吾合秦齊之交而來天下
之兵也 國必大傷矣 楚王不聽 遂絕和於秦 發兵西攻秦 秦亦發兵擊之

① 是我亡於秦 시아망어진

색은 상과 어 땅을 잃은 것을 이른다.

謂失商於之地

17년 봄, 진秦나라와 단양丹陽^①에서 싸웠는데, 진나라가 초나라 군사를 크게 무찔렀다. 갑옷 입은 군사 8만 명이 참수되고 초나라 대장군 굴개屈匄와 비장군裨將軍 봉후축逢侯丑 등 70여 명이 포로로 잡혔으며 마침내 한중군漢中郡도 빼앗겼다.

초회왕은 크게 노하여 이에 나라의 군사를 다 동원해 다시 진나라를 습격하여 남전^②에서 싸웠으나 초나라 군사는 크게 무너졌다. 한나라와 위나라는 초나라가 곤경에 처했다는 소식을 듣고 바로 남쪽으로 초나라를 습격해 등鄧에 이르렀다. 초나라가 이 소식을 듣고 군사를 이끌고 돌아왔다.

十七年春 與秦戰丹陽^① 秦大敗我軍 斬甲士八萬 虜我大將軍屈匃裨將軍逢侯丑等七十餘人 遂取漢中之郡 楚懷王大怒 乃悉國兵復襲秦 戰於藍田^② 大敗楚軍 韓魏聞楚之困 乃南襲楚 至於鄧 楚聞 乃引兵歸

① 丹陽단양

색은　이 단양은 한중군에 있다.

此丹陽在漢中

신주　한나라 때 한중군 동부이고 삼국의 조위 때는 위흥군 일대이다. '한중'이란 이름은 한수의 중류라는 뜻이다. 이때 초나라는 초기 수도인 단양을 비롯하여 한수 중류의 사방 1,000리가 넘는 광대한 땅을 모두 잃게 된다. 〈한세가〉에서 나오는 옹지雍氏 포위사건이 이와 관련되어 있다.

② 藍田남전

정의　남전은 옹주 동남쪽 80리에 있는데, 남전관藍田關을 따라서 남전현으로 들어간다.

藍田在雍州東南八十里 從藍田關入藍田縣

18년, 진秦나라에서 사신을 보내 다시 초나라와 더불어 화친하자면서 한중의 절반을 나눈 것으로 초나라와 화평을 맺고자 했다.[①] 초왕이 말했다.

"장의를 얻기 원하고 땅을 얻기 원치 않는다."

장의가 듣고 초나라로 가기를 청했다. 진나라 왕이 말했다.

"초나라에서 그대에게 분풀이를 할 텐데, 어찌하겠소?"

장의가 대답했다.

"신은 초왕의 측근 근상靳尙과 친한데 근상은 또 초왕의 총애를 받는 여인 정수鄭袖를 섬겨 신임을 얻고 있습니다. 정수가 말하는 바를 들어주지 않는 것이 없습니다. 또 저는 지난날 사신으로서 초나라에 상과 어를 주기로 한 약속을 배신했고, 지금 진나라와 초나라는 크게 싸워서 사이가 나쁜데 신이 대면해 스스로 초나라에 사죄하지 않는다면 풀어지지 않을 것입니다. 또 대왕께서 계시는데, 초나라에서 감히 저를 받아들이기는 마땅하지 않을 것입니다. 진실로 제가 죽어서 나라가 편안할 수 있다면, 신이 원하는 것입니다."

장의는 마침내 초나라에 사신으로 갔다.

十八年 秦使使約復與楚親 分漢中之半以和楚[①] 楚王曰 願得張儀 不願得地 張儀聞之 請之楚 秦王曰 楚且甘心於子 柰何 張儀曰 臣善其左右靳尙 靳尙又能得事於楚王幸姬鄭袖 袖所言無不從者 且儀以前使負楚以商於之約 今秦楚大戰 有惡 臣非面自謝楚不解 且大王在 楚不宜敢取儀 誠殺儀以便國 臣之願也 儀遂使楚

① 分漢中之半以和楚분한중지반이화초

한나라 때 한중군은 한수 일대를 거의 아우르는 광대한 땅이다. 조위 때 한중군 동부를 나누어 위흥군을 설치했고, 위흥군 동남쪽에 상용군과 신성군新城郡을 또 설치했다. 초나라 한중군의 원래 영토는 위흥군 동부부터 상용군과 신성군을 합친 것이다. 회왕 25년에 상용을 초나라에 돌려주는 것으로 보아, 회왕 17년에 잃은 땅은 위흥군 동부의 단양 일대와 상용군 지역으로 보이며, 상용군 동부 신성군 일대는 그때까지 초나라 영역이었던 것으로 보인다.

장의가 초나라에 이르자 회왕은 만나주지 않고 이를 기회로 장의를 가두어 죽이려고 했다. 장의가 근상에게 사사로이 도움을 청하자 근상은 회왕에게 청해 말했다.

"장의를 구속하면 진나라 왕은 반드시 노할 것입니다. 천하에서 초나라가 진秦나라를 무시하는 것을 보면, 반드시 왕을 가볍게 여길 것입니다."

또 부인 정수에게 일러 말했다.

"진나라 왕은 장의를 매우 아끼는데, 왕께서 죽이려고 합니다. (진나라는) 지금 상용의 땅 여섯 현縣을 초나라에 뇌물로 주고, 초나라 왕에게 미인들을 보내어 궁중에서는 노래 잘하는 자를 잉첩으로 삼을 것입니다. 초왕께서는 땅을 중하게 여기시지만 진秦나라 여인도 반드시 귀하게 여길 것이니, 부인께서는 반드시 내쫓길 것입니다. 부인께서 (장의를) 내보내라고 말씀하는 것이 낫습니다."

정수는 마침내 왕에게 말해 장의를 내보내게 했다. 장의가 나오자 회왕은 장의를 잘 대우했는데 장의는 이 기회에 초나라 왕에게 합종의 약속을 배반하고 진나라와 연합해서 화친할 것을 설득했으며, (양국이) 혼인할 것을 약속했다. 장의가 이미 떠났는데, 굴원이 제나라에 사신으로 갔다가 와서 왕에게 간언해 말했다.

"어찌해 장의를 죽이지 않았습니까?"

회왕은 후회하고 사람을 시켜 장의를 추격했으나 따라잡지 못했다. 이해, 진나라 혜왕이 죽었다.

至 懷王不見 因而囚張儀 欲殺之 儀私於靳尙 靳尙爲請懷王曰 拘張儀 秦王必怒 天下見楚無秦 必輕王矣 又謂夫人鄭袖曰 秦王甚愛張儀 而王欲殺之 今將以上庸之地六縣賂楚 以美人聘楚王 以宮中善歌者爲之媵 楚王重地 秦女必貴 而夫人必斥矣 夫人不若言而出之 鄭袖卒言張儀於王而出之 儀出 懷王因善遇儀 儀因說楚王以叛從約而與秦合親約婚姻 張儀已去 屈原使從齊來 諫王曰 何不誅張儀 懷王悔 使人追儀弗及 是歲 秦惠王卒

20(6)년, 제나라 민왕湣王[①]은 합종의 우두머리가 될 것을 욕심내고[②] 초나라가 진나라와 연합한 것을 불쾌하게 여기면서, 이에 사신을 시켜 초왕에게 서신을 보내 말했다.

"과인寡人은 초나라가 존귀한 이름을 살피지 않는 것을 걱정합니다. 지금 진나라 혜왕이 죽고 무왕武王이 즉위하자 장의는 위魏나라로 달아났고, 저리질樗里疾[③]과 공손연公孫衍이 등용되었는데,

초나라는 진나라를 섬기고 있습니다. 저리질은 한나라와 친하게 지내고 공손연은 위나라와 친하게 지냅니다. 초나라에서 반드시 진나라를 섬긴다면 한나라와 위나라는 두려워할 것이고, 반드시 두 사람을 통해 진나라와 연합할 것을 구할 것인데, 이는 곧 연燕나라와 조趙나라도 진나라를 섬기는 것을 마땅하게 여기게 될 것입니다.

二十(六)年 齊湣王^①欲爲從長^② 惡楚之與秦合 乃使使遺楚王書曰 寡人患楚之不察於尊名也 今秦惠王死 武王立 張儀走魏 樗里疾公孫衍用 而楚事秦 夫樗里疾^③善乎韓 而公孫衍善乎魏 楚必事秦 韓魏恐 必因二人求合於秦 則燕趙亦宜事秦

① 齊湣王제민왕

신주 《죽서기년》을 기준으로 하면 초회왕 20년은 제나라 선왕宣王 11년에 해당한다. 《전국책》기록을 보아도 이때 제나라 군주는 선왕이 어야 한다.

② 二十(六)年 齊湣王欲爲從長이십(육)년 제민왕욕위종장

색은 살펴보니 아래 문장에 비로소 24년이라고 말했고, 또다시 26년이라고 했으니 이는 착오이다. 26년은 쓸데없이 덧붙여진 문장이다. 이(진나라가 무수를 빼앗은 해)는 마땅히 20년의 일이 옳다. 또 서광은 20년에 무수를 빼앗은 것으로 추론해 교정하고 23년에 무수를 돌려주었다고 했는데, 이 일이 꼭 20년이나 21년의 일이라고만 할 수 있겠는가?

按 下文始言二十四年 又更有二十六年 則此錯 云二十六年 衍字也 當是二十

年事 又徐廣推校二十年取武遂 二十三年歸武遂 則此必二十年二十一年事乎

③ 樗里疾저리질

신주 저리질은 저리자樗里子라고도 불리는데, 성은 영嬴이고 이름은 질疾이다. 진효공의 서자이고, 혜문왕의 이복동생으로 어머니는 한국인韓國人이었다. 지낭智囊(꾀주머니)으로 불릴 정도로 지모에 능해서 혜문왕을 보좌하면서 위, 조, 초나라의 여러 영토를 차지했고, 촉군蜀郡의 엄도현嚴道縣에 봉해져서 엄군嚴君으로도 불렸다. 진나라 소양왕 즉위 후 승상이 되어 국정을 장악했다.

4개의 나라가 진나라를 섬기겠다고 다툰다면 초나라는 (진나라의) 군이나 현縣이 될 것입니다. 왕께서는 왜 과인과 힘을 합쳐서 한, 위, 연, 조 네 나라를 거두어 함께 합종하면서 주나라 왕실을 높이고, 군사를 편안하게 하고 백성을 쉬게 하면서 천하를 호령하지 않으십니까? 감히 (왕의 말을) 듣기를 즐겁게 여기지 않는 자가 없을 것이니, 왕의 명성이 이루어질 것입니다. 왕께서 제후들을 인솔하고 합쳐 정벌하신다면 진나라는 반드시 쳐부술 수 있습니다.

왕께서 무관武關과 촉蜀과 한漢의 땅①을 차지하고 사적으로 오나라와 월나라의 부유함을 누리고 강수와 바다의 이익을 마음대로 할 수 있게 될 것입니다. 한나라와 위나라는 상당上黨을 할애 받고 서쪽에서 함곡관을 윽박지르면 초나라는 백만 배 강해질 것입니다. 또 왕께서 장의에게 속아 한중에서 땅을 잃고 군사는 남전에서 패하니, 천하에서 왕을 대신해 분노를 품지 않는 이가 없습니다. 그런데 지금 먼저 진나라를 섬기고자 하시다니! 원컨대 대왕께서는 깊이 헤아려 주시기 바랍니다."

四國爭事秦 則楚爲郡縣矣 王何不與寡人幷力收韓魏燕趙 與爲從而尊 周室 以案兵息民 令於天下 莫敢不樂聽 則王名成矣 王率諸侯竝伐 破 秦必矣 王取武關蜀漢之地^① 私吳越之富而擅江海之利 韓魏割上黨 西 薄函谷 則楚之彊百萬也 且王欺於張儀 亡地漢中 兵銼藍田 天下莫不 代王懷怒 今乃欲先事秦 願大王執計之

① 武關蜀漢之地무관촉한지지

[정의] 무관은 상주商州 동쪽 180리 상락현의 영역에 있다. 촉蜀은 파촉 이다. 한중은 군郡이다.

武關在商州東一百八十里商洛縣界 蜀 巴蜀 漢中 郡也

초왕은 이미 진秦나라와 화친하려고 꾀하다가 제왕의 서신을 보 고 주저하며 결정하지 못하고 군신에게 내려서 의논하게 했다. 군신 중에 누구는 진秦나라와 화친하자고 말하고 누구는 제나라 의 말을 들어야 한다고 했다. 소저昭雎^①가 말했다.

"왕께서 비록 동쪽 월나라의 땅을 빼앗더라도 치욕을 씻기엔 부족 합니다. 반드시 장차 진나라의 땅을 빼앗은 뒤라야 제후들에게 치 욕을 씻을 수 있습니다. 왕께서 저리질을 중하게 여기서서 제나라와 한나라와 아주 친하게 지내시는 것만 못합니다. 이렇게 하시면 왕께서는 한나라와 제나라의 위세를 얻어 땅을 찾으실 수 있습니다. 진나라가 한나라 의양宜陽[2]을 쳐부수었는데도 한나라가 오히려 다시 진나라를 섬기고 있는 것은 선왕의 묘지가 평양平陽[3]에 있으며, 진나라의 무수武遂[4]와 거리가 70리밖에 되지 않기 때문입니다. 그래서 더욱 진나라를 두려워하게 된 것입니다.

楚王業已欲和於秦 見齊王書 猶予不決 下其議群臣 群臣或言和秦 或曰聽齊 昭雎[1]曰 王雖東取地於越 不足以刷恥 必且取地於秦 而後足以刷恥於諸侯 王不如深善齊韓以重樗里疾 如是則王得韓齊之重以求地矣 秦破韓宜陽[2] 而韓猶復事秦者 以先王墓在平陽[3] 而秦之武遂[4]去之七十里 以故尤畏秦

① 昭雎소저

[색은] 雎의 발음은 '처[七余反]'이다.

七余反

② 宜陽의양

[색은] 홍농군 소속의 현이고 민지澠池 서남쪽에 있다.

弘農之縣 在澠池西南

③ 平陽평양

[색은] 요임금의 도읍지가 아니다.

非堯都也

중국 역사에서 평양이 여러 곳에 등장하는데, 이 평양도 그중 하나이다. 〈한세가〉에 나오는 것은 옛 진晉의 수도 강絳에서 분수汾水를 따라 올라가 북쪽에 있다. 진秦나라는 그 주변 무수에 성을 쌓아서 한나라를 압박했다. 또 이 평양 동쪽에는 양릉襄陵이 있는데 바로 전국시대 세 양릉 중 하나인 하동군 양릉이다. 양릉 동쪽이 바로 한나라 상당上黨과의 접경이다.

④ 武遂무수

또한 하간군 소속의 현이 아니다. 곧 한나라 평양과 진나라 무수는 나란히 의양의 좌우에 있는 것이 마땅하다.

亦非河閒之縣 則韓之平陽 秦之武遂 並當在宜陽左右

〈초세가〉에서 말하는 평양과 무수는 하동군에 있다. 의양은 하수 남쪽 홍농군에 있다.

> 그렇게 하지 않으면 진나라가 삼천三川[①]을 공격하고, 조나라가 상당을 공격하고, 초나라가 하외河外를 공격할 것이니 한나라는 반드시 망할 것입니다. 초나라가 한나라를 구원해도 한나라를 망하지 않게 할 수는 없을 겁니다. 그러나 한나라를 보존케 해야 할 나라는 초나라입니다. 한나라가 진나라에서 무수를 얻어서 하수와 산을 요새로 삼게 된다면[②] 그 덕을 두텁게 갚아야 할 것은 초나라만한 나라가 없을 것이기에 신은 그들이 반드시 급하게 왕을 섬길 것으로 생각합니다.

제나라가 한나라에게 믿음을 가지고 있는 것은 한나라 공자 매眛③가 제나라 재상이 되었기 때문입니다. 한나라가 이윽고 무수를 진나라에서 얻고 나면, 왕께서는 깊이 친선하여 제나라와 한나라에 저리질을 중히 여기라고 하십시오. 저리질이 제나라와 한나라의 존중을 받게 되면, 그의 군주는 감히 저리질을 버리지 못할 것입니다. 지금 또 초나라가 그를 더욱 중히 여긴다면, 저리자(저리질)는 반드시 진나라에 건의해 초나라의 침략한 땅을 다시 돌려주도록 할 것입니다."

이에 회왕은 허락하고, 마침내 진나라와 연합하지 않고 제나라와 연합해서 한나라에 친선을 도모했다.④

不然 秦攻三川① 趙攻上黨 楚攻河外 韓必亡 楚之救韓 不能使韓不亡 然存韓者楚也 韓已得武遂於秦 以河山爲塞② 所報德莫如楚厚 臣以爲 其事王必疾 齊之所信於韓者 以韓公子眛爲齊相也③ 韓已得武遂於秦 王甚善之 使之以齊韓重樗里疾 疾得齊韓之重 其主弗敢棄疾也 今又益之以楚之重 樗里子必言秦 復與楚之侵地矣 於是懷王許之 竟不合秦 而合齊以善韓④

① 三川삼천
정의 삼천은 낙주이다.
三川 洛州也

② 河山爲塞하산위새
정의 하河는 포주 서쪽 황하이다. 산山은 한나라 서쪽 국경이다.

河 蒲州西黃河也 山 韓西境也

③ 韓公子眛한공자매

정의 眛의 발음은 '말[莫葛反]'이다. 아래도 동일하다.

眛 莫葛反 後同

④ 合齊以善韓합제이선한

집해 서광이 말했다. "회왕 22년에 진나라에서 의양을 함락하고 무수를 빼앗았다가 23년에 진나라에서 다시 한나라 무수를 돌려주었다. 그렇다면 이미 20년의 일은 아닐 것이다."

徐廣曰 懷王之二十二年 秦拔宜陽 取武遂 二十三年 秦復歸韓武遂 然則已非二十年事矣

신주 서광의 말처럼 서신의 내용은 회왕 22년의 일이다. 그러므로 서신을 보낸 시점은 회왕 22년이나 23년이어야 한다.

24년, 제나라에 등을 돌리고 진나라와 연합했다. 진나라 소왕昭王이 처음 즉위하고 초나라에 후한 뇌물을 보냈다. 초나라는 가서 부인을 맞이했다.①

25년, 회왕은 진秦나라로 들어가 소왕과 함께 황극黃棘에서 맹약했다. 진나라는 다시 초나라의 상용上庸을 돌려주었다.

26년, 제, 한, 위나라는 초나라가 합종을 배신하고 진나라에 연합했으므로 세 나라가 함께 초나라를 정벌했다.② 초나라는 태자를

진나라에 인질로 보내고 구원을 청했다. 진나라가 객경客卿 통通
에게 군사를 거느리고 초나라를 구원하게 하자 세 나라는 군사를
이끌고 돌아갔다.

二十四年 倍齊而合秦 秦昭王初立 乃厚賂於楚 楚往迎婦^① 二十五年
懷王入與秦昭王盟 約於黃棘 秦復與楚上庸 二十六年 齊韓魏爲楚負
其從親而合於秦 三國共伐楚^② 楚使太子入質於秦而請救 秦乃遣客卿
通將兵救楚 三國引兵去

① 楚往迎婦초왕영부

신주 《사기지의》에서 말한다. "〈육국연표〉에서 '진나라에서 와서 부인
을 맞이했다.'라고 하고 〈굴원전〉에서 '진소왕은 초나라와 혼인했다.'라고
했으니, 이는 진나라가 초나라에서 부인을 맞은 것이지 초나라가 진나라
에서 부인을 맞은 것이 아니므로, 이 〈초세가〉의 내용은 잘못되었다."

② 三國共伐楚삼국공벌초

신주 〈육국연표〉를 비롯하여 3국의 '세가'에도 이 사건은 기록되지 않
았다. 〈진본기〉에도 없다. 제, 한, 위가 군사를 동원하고 진나라가 이에
맞서 구원군을 보냈다면 대사건인데 다른 세가에 나오지 않는다는 것은
의문이다. 사마천이 무슨 사료를 근거로 이 내용을 삽입했는지는 알 수
없다.

27년, 진나라 대부가 초나라 태자와 사적인 감정이 있어 다투었는데, 초나라 태자가 대부를 살해하고 (진에서) 도망쳐 돌아왔다.

28년, 진나라는 제, 한, 위나라와 함께 초나라를 공격해 초나라 장수 당매唐眜를 살해하고, 초나라 중구重丘를 빼앗고 돌아갔다.[①]

29년, 진나라는 다시 초나라를 공격해 초나라를 크게 쳐부수었다. 초나라 군대의 사망자는 2만 명이었으며 아군(초나라) 장수 경결景缺이 살해당했다.[②] 회왕은 두려워서 태자를 제나라에 인질로 보내서 화평을 청했다.

30년 진나라에서 다시 초나라를 정벌하고 8개 성을 빼앗았다.

二十七年 秦大夫有私與楚太子鬪 楚太子殺之而亡歸 二十八年 秦乃與齊韓魏共攻楚 殺楚將唐眜 取我重丘而去[①] 二十九年 秦復攻楚 大破楚 楚軍死者二萬 殺我將軍景缺[②] 懷王恐 乃使太子爲質於齊以求平 三十年 秦復伐楚 取八城

① 取我重丘而去취아중구이거

신주 진나라는 이미 한나라 서부인 홍농군弘農郡 전부와 하남군 서부를 차지했으므로 그쪽에서 초나라 북부 남양군 일대를 칠 수 있었다. 〈진본기〉에는 이 일이 소양왕 6년과 8년에 중복되어 있지만, 여러 기록을 종합하면 소양왕 6년의 사건일 것이다.

② 殺我將軍景欠살아장군경결

신주 〈육국연표〉에서 보면 양성襄城을 빼앗겼다고 한다. 남양군 동부인 영천군 북서부로 한나라로 가는 요충지이다. 초나라는 이제 서부를 잃고 북부에서조차 진나라의 압박을 받게 된다. 또 〈진본기〉에서는 소양왕 9년의 일로 초나라 장수 경쾌景快를 죽였다고 나온다. 이 무렵 〈진본기〉 기년이 2년씩 차이 나는 것을 감안하면 소양왕 7년이 맞고 또 '快쾌'자는 '缺결'을 잘못 쓴 것으로 보인다.

진나라 소왕이 초회왕에게 서신을 보내 말했다.

"처음에 과인은 왕과 형제가 되기로 약속해 황극에서 맹약하고 태자를 인질로 삼아 지극히 기뻤습니다. 그런데 (초국의) 태자가 과인의 중신重臣을 능멸해 죽이고는 사죄하지도 않고 도망쳐 떠났으니, 과인은 진실로 분노를 이기지 못해서 군사들에게 군왕의 변방을 침략하게 했습니다. 지금 들자니 군왕께서는 태자를 제나라의 인질로 보내 화평을 구한다고 했습니다.

과인은 초나라와 함께 국경을 접해서 땅을 경계로 삼고 있으므로, 혼인을 해서① 서로 따르고 친하게 된 지가 오래입니다. 그러나 지금 진나라와 초나라가 사이좋게 지내지 않으니 곧 제후들을 호령하지 못합니다. 과인은 원컨대 군왕과 무관武關에 모여 서로 맹약을 맺고 떠나고자 합니다. 이것이 과인의 소원입니다. 감히 집사執事에게 내려 알려드립니다."

초나라 회왕은 진왕의 서신을 보고 근심했다. 가자니 속을 것 같아 두려웠고 가지 않자니 진나라가 노할 것 같아 두려웠다. 소저 昭雎②가 말했다.

"왕께서는 가지 마시고 군사를 동원해 스스로를 지키실 따름입니다.

진나라는 호랑이와 승냥이이므로 믿을 수 없으며, 제후들을 병합하려는 마음이 있을 것입니다."

秦昭王遺楚王書曰 始寡人與王約爲弟兄 盟于黃棘 太子爲質 至驩也 太子陵殺寡人之重臣 不謝而亡去 寡人誠不勝怒 使兵侵君王之邊 今聞君王乃令太子質於齊以求平 寡人與楚接境壤界 故爲婚姻① 所從相親久矣 而今秦楚不驩 則無以令諸侯 寡人願與君王會武關 面相約 結盟而去 寡人之願也 敢以聞下執事 楚懷王見秦王書 患之 欲往 恐見欺 無往 恐秦怒 昭雎②曰 王毋行 而發兵自守耳 秦虎狼 不可信 有幷諸侯之心

① 故爲婚姻고위혼인

정의 서서(사위)의 아버지는 인姻이라 하고, 부부(며느리)의 아버지는 혼婚이라고 한다. 며느리 부모와 사위의 부모는 서로 일컬어 혼인婚姻했다고 하며, 두 사위는 서로 일컬어 아婭(동서)라고 한다.

婿之父爲姻 婦之父爲婚 婦之父母婿之父母相謂爲婚姻 兩婿相謂爲婭

② 昭雎소저

신주 소저는 초나라 왕성인 미성羋姓의 소씨昭氏로 초회왕 때 대신이었다. 제나라, 한나라와 친하게 지내고 진나라에게 빼앗긴 실지失地 회복을 주장했다. 초회왕이 소저의 권유를 물리치고 무관 회맹에 갔다가 억류되자 그 서자를 왕으로 세우자는 의견을 반대하고 제나라에 인질로 가 있던 태자를 영입해 즉위시켰는데, 이이가 초경양왕楚頃襄王이다. 이후에는 소저의 사적을 사료에서 찾을 수 없다.

회왕의 아들 자란子蘭은 왕에게 갈 것을 권하며 말했다.

"어찌하여 진나라의 환심을 거절하십니까?"

이에 가서 진나라 소왕과 회동하려 했다. 소왕은 거짓으로 한 장군에게 무관에 군사를 숨기도록 하고, 진나라 왕이라고 호칭하도록 했다. 초왕이 이르자 무관을 닫아걸었다. 마침내 함께 서쪽으로 함양咸陽[①]에 이르러 장대章臺에서 조회하는데 번신蕃臣처럼 대하고 대등한 예절로 대하지 않았다.

초나라 회왕은 크게 노하고 소저의 말을 따르지 않은 것을 후회했다. 진나라는 이로 인해 초나라 회왕을 억류시키고 무巫와 검중黔中군 땅을 떼 줄 것을 요구했다.[②] 초왕은 맹약하려고 했으나, 진나라는 이보다 먼저 땅을 차지하려 했다. 초왕이 노하며 말했다.

"진나라에서 나를 속이고 또 강제로 내 땅을 요구하는가?"

다시 진나라에 승낙하지 않았다. 진나라는 이를 이유로 억류시켰다.

懷王子子蘭勸王行 曰 柰何絕秦之驩心 於是往會秦昭王 昭王詐令一將軍伏兵武關 號爲秦王 楚王至 則閉武關 遂與西至咸陽[①] 朝章臺 如蕃臣 不與亢禮 楚懷王大怒 悔不用昭子言 秦因留楚王 要以割巫黔中之郡[②] 楚王欲盟 秦欲先得地 楚王怒曰 秦詐我而又彊要我以地 不復許秦 秦因留之

① 咸陽함양

색은 우부풍 위성현은 옛 함양성이다. 강의 북쪽, 산의 남쪽에 있다. 그러므로 함양이다. 함咸은 모두라는 뜻이다.

右扶風渭城縣 故咸陽城也 在水北山南 故曰咸陽 咸 皆也

강의 북쪽이나 산의 남쪽 땅을 지명으로 삼을 때 양陽 자를 쓴다. 조선의 수도가 한수漢水 북쪽이므로 한양漢陽이라고 한 것과 같다.

② 巫黔中之郡무검중지군

무와 검중은 장강삼협 일대로 초나라 도읍 영郢의 서쪽에 있다.

초나라 대신들이 걱정하고 이에 서로 함께 도모하여 말했다.
"우리 왕은 진나라에 있는데 돌려보내지 않으면서 땅을 떼어 달라고 요구하며, 태자는 제나라에 인질이 되어 있으니 제나라와 진나라가 함께 모의하면 초나라는 없어질 것이오."
이에 회왕의 아들로 나라 안에 있는 자를 군주로 세우고자 했다. 소저가 말했다.
"왕과 태자가 함께 제후에게 곤욕을 당하고 있는데, 지금 또 왕명을 배신하고 그의 서자庶子를 군주로 세우는 것은 마땅하지 않습니다."
이에 거짓으로 제나라에 부고를 알리자 제나라 민왕은 그의 재상에게 말했다.
"태자를 억류시켜서 초나라 회북淮北 땅을 요구하는 것만 못할 것이오."
재상이 말했다.
"안 됩니다. 영郢에서 왕을 세우면 우리는 빈 껍질의 인질을 끌어안고서 천하에 불의를 행하는 꼴이 됩니다."

어떤 이가 말했다.

"그렇지 않습니다. 영에서 왕을 세우면, 그로 인해 그들의 새 왕과 흥정해 '하류 동쪽 국토를 우리에게 주면 우리는 초나라 왕을 위해 태자를 죽여 줄 것이고, 그렇지 않으면 장차 세 나라와 함께 그를 세우겠다.'라고 하면, 동쪽 국토를 반드시 얻을 것입니다."

제왕은 마침내 재상의 계책을 따라 초나라 태자를 돌려보냈다. 태자 횡橫이 와서 즉위하고 왕이 되었다. 이이가 경양왕頃襄王이다. 이에 진秦나라에 고해 말했다.

"사직 신령의 도움으로 우리나라에 왕이 계시게 되었소."

경양왕 횡橫 원년, 진나라는 초회왕에게 요구하는 것으로는 땅을 얻을 수 없다고 여겼다. 초나라는 왕을 세워 진나라에 대응했다. 진나라 소왕이 노하고 군사를 일으켜 무관에서 나와서 초나라를 공격해서 초나라 군사를 크게 무찌르고 5만의 목을 베었으며 석析 등 15개 성을 빼앗고 돌아갔다.[①]

楚大臣患之 乃相與謀曰 吾王在秦不得還 要以割地 而太子爲質於齊 齊秦合謀 則楚無國矣 乃欲立懷王子在國者 昭雎曰 王與太子俱困於諸侯 而今又倍王命而立其庶子 不宜 乃詐赴於齊 齊湣王謂其相曰 不若留太子以求楚之淮北 相曰 不可 郢中立王 是吾抱空質而行不義於天下也 或曰 不然 郢中立王 因與其新王市曰 予我下東國 吾爲王殺太子 不然 將與三國共立之 然則東國必可得矣 齊王卒用其相計而歸楚太子 太子橫至 立爲王 是爲頃襄王 乃告于秦曰 賴社稷神靈 國有王矣 頃襄王橫元年 秦要懷王不可得地 楚立王以應秦 秦昭王怒 發兵出武關攻楚 大敗楚軍 斬首五萬 取析十五城而去[①]

① 取析十五城而去취석십오성이거

<u>집해</u> 서광이 말했다. "〈육국연표〉에서는 16개 성을 빼앗았다고 했다. 이미 석析을 빼앗고 또 아울러 좌우의 15개 성을 빼앗았다." 살펴보니 〈지리지〉에서는 홍농군에 석현이 있다.

徐廣曰 年表云取十六城 旣取析 又幷取左右十五城也 駰按 地理志弘農有析縣

<u>정의</u> 《괄지지》에서 말한다. "등주 내향현성은 본래 초나라 석읍析邑이다. 일명 추丑라고 한다. 한漢나라에서 석현을 설치하고 석수析水를 따라서 이름으로 삼았다.

括地志云 鄧州内鄕縣城本楚析邑 一名丑 漢置析縣 因析水爲名也

<u>신주</u> 이 전투로 초나라는 남양군 북부를 모두 잃게 되었다. 그 결과 진나라가 한수漢水와 유수淯水를 따라 남쪽으로 남하하면 초나라 도읍이 곧바로 위협받는 상황으로 몰렸다.

2년, 초나라 회왕이 도망쳐 돌아오는데, 진나라가 알아채고 초나라로 가는 길을 막았다. 회왕은 두려워서 샛길을 따라 조나라로 달아나 돌아가게 해줄 것을 요구하려 했다. 조나라 주부主父^①는 대代에 있었고 그의 아들 혜왕惠王이 처음 군주로 즉위하여 왕사 王事를 행하는데, (조나라는) 두려워서 감히 초왕을 들이지 않았다. 초왕은 위魏나라로 달아나려고 했지만, 진나라가 추격해 이르러서 마침내 진나라 사신과 함께 다시 진나라로 잡혀갔다. 회왕은 마침내 병이 들었다.

경양왕 3년, 회왕이 마침내 진나라에서 죽자, 진나라는 그의 상여를 초나라로 돌려보냈다. 초나라 사람들이 모두 애처롭게 여기고 슬퍼하기를 친척처럼 했다. 제후들은 이로 말미암아 진나라가 곧지 않다고 여겼다. 진나라와 초나라는 단절했다.

6년, 진나라는 백기白起에게 한나라 이궐伊闕[2]을 정벌하게 해서 크게 승리하고 24만 명의 목을 벴다. 진나라는 이에 초나라 왕에게 서신을 보내 말했다.

"초나라에서 진나라를 배신했기 때문에 진나라는 또 제후들에게 초나라를 정벌케 해서 하루아침이면 운명을 다툴 수 있소. 원컨대 왕은 사졸들을 준비하여 한 번 시원하게 싸워 봅시다."

초나라 경양왕은 걱정하고 이에 진나라와 화평할 것을 도모했다.

7년, 초나라는 진나라에서 부인을 맞이해서 진나라와 초나라는 다시 화평했다.

二年 楚懷王亡逃歸 秦覺之 遮楚道 懷王恐 乃從間道走趙以求歸 趙主父[1]在代 其子惠王初立 行王事 恐 不敢入楚王 楚王欲走魏 秦追至 遂與秦使復之秦 懷王遂發病 頃襄王三年 懷王卒于秦 秦歸其喪于楚 楚人皆憐之 如悲親戚 諸侯由是不直秦 秦楚絶 六年 秦使白起伐韓於伊闕[2] 大勝 斬首二十四萬 秦乃遺楚王書曰 楚倍秦 秦且率諸侯伐楚 爭一旦之命 願王之飭士卒 得一樂戰 楚頃襄王患之 乃謀復與秦平 七年 楚迎婦於秦 秦楚復平

① 趙主父조주부

색은 '주主'는 또한 다른 판본에는 '왕王'으로 되어 있다.

主字亦或作王

신주 상왕上王으로 물러앉은 조나라 무령왕이다.

② 伊闕이궐

정의 《괄지지》에서 말한다. "이궐산은 낙주 남쪽 19리에 있다."
括地志云 伊闕山在洛州南十九里也

11년, 제나라와 진나라는 각자 제帝라고 일컬었다. 몇 달 남짓 후에 다시 제帝에서 왕王으로 되돌렸다.

14년, 초나라 경양왕과 진나라 소왕은 우호를 위해 완宛에 모여 화친을 맺었다.①

15년, 초왕은 진秦나라, 삼진三晉(위, 한, 조), 연나라와 함께 제나라를 정벌해서 회북淮北을 빼앗았다.②

16년, 진나라 소왕과 언鄢 땅에서 모여 우호를 맺었다. 그해 가을, 다시 진나라 왕과 양穰에서 회합했다.

十一年 齊秦各自稱爲帝 月餘 復歸帝爲王 十四年 楚頃襄王與秦昭王好會于宛 結和親① 十五年 楚王與秦三晉燕共伐齊 取淮北② 十六年 與秦昭王好會於鄢 其秋 復與秦王會穰

---

① 會于宛 結和親회우완 결화친

신주 이 전해(서기전 286)에 제나라는 송나라를 멸한다. 제나라 확장에 위기를 느낀 진秦나라는 나머지 국가들을 회유하고, 이번 해 조나라와 초나라가 진나라와 연합하여 제나라를 공격하기 시작했다. 이듬해 진나라는 나머지 한, 위, 연마저 연합하여 제나라를 공격해 제나라가 몰락하는 계기가 되었다.

② 共伐齊 取淮北공벌제 취회북

신주 초나라는 제나라가 멸망시켰던 옛 송나라 땅을 거의 차지한다. 그래서 나중에 노魯나라를 멸망시킬 계기를 갖게 된다. 그렇다고 해도 진秦나라에 잃었던 서부 영토에 비하면 작은 것이었으며, 나머지 나라들도 동쪽에서 비록 조금씩 얻기는 했지만, 서쪽에서 진나라에게 빼앗긴 영토에 비할 바가 아니었다. 결과적으로 진나라에 대항할 수 있었던 제나라마저 몰락시키는 결과로 귀결되었다. 진나라의 전략戰略이 절묘하고 정밀했음을 알 수 있다.

동쪽으로 옮기고 망하다

18년, 초나라 사람으로 작은 활과 가는 주살을 가지고 (북쪽으로) 돌아가는 기러기를 쏘는 것을 좋아하는 자가 있었는데, 경양왕이 듣고 불러서 물었다. 그가 대답해 말했다.

"소신은 작은 기러기①와 작은 오리②를 쏘아 맞히는 것을 좋아해서 작은 화살을 씁니다. 대왕의 도에 어찌 족하겠습니까? 또 초나라의 거대함과 대왕의 현명함으로 일컫는다면 주살은 여기에 맞지 않을 것입니다.

十八年 楚人有好以弱弓微繳加歸鴈之上者 頃襄王聞 召而問之 對曰 小臣之好射鶀鴈① 羅鶩② 小矢之發也 何足爲大王道也 且稱楚之大 因大王之賢 所弋非直此也

① 射鶀鴈사기안

색은 鶀는 '기其'로 발음한다. 작은 기러기이다.

鶀音其 小鴈也

② 羅鶩나농

서광이 말했다. "여정은 농鸗을 들새라고 했다. 鸗은 '용龍'으로 발음한다."

徐廣曰 呂靜曰鸗 野鳥也 音龍

여정은 '롱聾'으로 발음 했고, 추탄생은 '농[盧動反]'으로 발음 했다. 유씨는 농鸗을 작은 새라고 했다.

呂靜音聾 鄒亦音盧動反 劉音龍 鸗 小鳥

옛날 삼왕三王께서는 도덕으로 주살을 삼았는데, 오패五霸는 나라와 전쟁하는 데 주살을 이용했습니다. 그러므로 진秦, 위魏, 연燕, 조趙는 작은 기러기입니다. 제齊, 노魯, 한韓, 위衛는 청둥오리입니다.[1] 추騶, 비費,[2] 담郯, 비邳는 작은 새입니다. 이외의 그 나머지는 쏘지 않아도 될 것들입니다. 여섯 쌍[3]의 새를 만나면 왕께서는 무엇으로 잡으시렵니까?

왕께서는 어찌 성인聖人으로 활을 삼고 용사로 주살을 삼아 제때 당겨 쏘지 않으십니까? 그러면 여기 여섯 쌍은 자루에 담아 수레에 실을 수 있습니다. 그 즐거움은 특별히 아침저녁의 즐거움[4]만은 아닐 것이고, 그것을 얻는 것은 특히 오리나 기러기를 채우는 것만은 아닐 것입니다.

昔者三王以弋道德 五霸以弋戰國 故秦魏燕趙者 騏鴈也 齊魯韓衛者 靑首也[1] 騶費[2]郯邳者 羅鸗也 外其餘則不足射者 見鳥六雙[3] 以王何取 王何不以聖人爲弓 以勇士爲繳 時張而射之 此六雙者 可得而囊載也 其樂非特朝昔之樂[4]也 其獲非特鳧鴈之實也

① 靑首청수

[색은] 또한 작은 오리이고 푸른 머리를 가졌다.

亦小鳧 有靑首者

[신주] 청둥오리를 말한다.

② 鷫費추비

[색은] ‘추鄒’와 ‘비祕’ 두 가지로 발음한다.

鄒祕二音

③ 見鳥六雙견조육쌍

[색은] 아래 문장의 진秦과 조趙 등 12개국을 비유한 것이다. 그러므로 ‘여섯 쌍’이라고 했다.

以喩下文秦趙等十二國 故云六雙

④ 朝昔之樂조석지락

[색은] 석昔은 ‘저녁’과 같다.

昔猶夕也

왕께서 아침에 활을 당겨 위나라 대량大梁 남쪽을 쏘면, 그 오른쪽 어깨가 (초나라에) 더해져 곧바로 한나라에 영향을 미치니 그러면 중원의 길이 끊어져서 상채군上蔡郡은 무너질 것입니다. 되돌아서① 어圉②의 동쪽을 쏘아③ 위나라의 왼쪽 팔을 떨구면④ 밖에서도 정도定陶를 칠 수 있으니, 곧 위나라는 동쪽 밖을 버릴 것이고 대송大宋과 방예方與 두 군은 손을 들 것입니다.⑤

또한 위나라의 두 어깨를 자르면 넘어질 것이니 뛰어넘을 수 있습니다. 가슴에 해당하는 담郯나라를 공격하면 대량을 손에 넣고 소유할 수 있을 것입니다. 왕께서는 난대蘭臺에서 주살을 거두고⑥ 서하西河에서 말에게 물을 먹이면서 위나라의 대량을 평정하게 될 것이니, 이것은 첫 번째로 쏘는 즐거움입니다.

王朝張弓而射魏之大梁之南 加其右臂而徑屬之於韓 則中國之路絶而上蔡之郡壞矣 還①射③圍②之東 解魏左肘④而外擊定陶 則魏之東外棄而大宋方與二郡者擧矣⑤ 且魏斷二臂 顚越矣 膺擊郯國 大梁可得而有也 王繳繳蘭臺⑥ 飮馬西河 定魏大梁 此一發之樂也

① 還환

[색은] 還은 '환患'으로 발음한다. 두른다는 뜻이다.

音患 謂繞也

② 圍어

[정의] 圍는 '어語'로 발음한다. (어)성은 변주 옹구현 동쪽에 있다.

圍音語 城在汴州雍丘縣東

③ 射석

[색은] 射은 '석石'으로 발음한다.

音石

신주 射은 쏘다는 뜻일 때는 '사'로 읽고, 벼슬이란 뜻일 때는 '야'로 읽는다. 쏘아 맞추다는 뜻일 때는 '석'으로 읽고, 싫어하다는 뜻이나 음률의 뜻일 때는 '역'으로 읽는다.

④ 解魏左肘해위좌주

색은 解의 발음은 '개[紀買反]'이다.

解音紀買反

⑤ 而外擊定陶～宋方與二郡者擧矣이외격정도～송방어이군자거의

정의 왕이 아침에 활을 당겨 위나라 대량과 변주 남쪽을 쏘는 것은 곧 대량의 오른쪽 팔을 (초나라에) 더할 수 있다는 말이다. 한韓과 담郯에 이어지면, 하수 북쪽 중국의 길이 동남쪽으로 향하는 것을 단절시키니, 한나라 상채上蔡의 군은 저절로 무너진다는 말이다. 다시 옹구雍丘의 어성圉城 동쪽을 둘러싸면 위魏나라 왼쪽 팔인 송주宋州를 풀어 떼어내는 것이고, 밖으로 조曹 땅인 정도定陶를 공격하는 것으로 위魏나라는 동쪽의 밖을 풀어서 버리는데 이를 것이니, 곧 송宋과 방예方與의 두 군은 나란히 바로잡힌다는 것이다.

言王朝張弓射魏大梁汴州之南 即加大梁之右臂 連韓郯 則河北中國之路向東南斷絶 則韓上蔡之郡自破壞矣 復遶雍丘圉城之東 便解散魏左肘宋州 而外擊曹定陶 及魏東之外解棄 則宋方與兩郡竝擧

⑥ 王繳蘭臺왕천격난대

집해 서광이 말했다. "천繳은 두르는 것인데 '쟁爭'으로 발음한다. 난蘭은 다른 판본에는 간簡으로 되어 있다."

徐廣曰 繳 繫也 音爭 蘭 一作簡

정현이 말했다. "천繳은 굽히는 것이다. 강수와 면수沔水의 사이에서 얽혀 있는 것을 노끈으로 거두고 밧줄로 꼬는 것이다." 살펴보니 격繳은 노끈으로 주살에 매어 새를 쏘는 것이다. 만약 가슴에 해당하는 담郯을 공격하고 대량을 이미 포위하면, 이에 주살을 난대에서 거두는 것이다. 난대는 환산桓山의 별명이다.

鄭玄云 繳 屈也 江沔之間謂之繫 收繩索繳也 按 繳 糸繩 繫弋射鳥也 若膺擊郯圍大梁已了 乃收弋繳於蘭臺 蘭臺 桓山之別名也

만약 왕께서 사냥에 대하여 진실로 좋아하고 싫증 내지 않으신다면, 보배로운 활을 꺼내서서 돌촉을 덧댄 새로운 주살[1]로 동해에서 부리새를 쏘시고 돌아와 개蓋와 장성長城에서 방어하십시오.[2] 그리고 아침에 동쪽에서 거莒[3]를 쏘시고 저녁에 패구淇丘[4]에서 쏘시고 밤에 즉묵卽墨을 더하여 돌아보시고 오도午道에 주둔하신다면,[5] 장성의 동쪽은 거둬지고 태산의 북쪽도 손을 들 것입니다.[6]

若王之於弋誠好而不厭 則出寶弓 碆新繳[1] 射噣鳥於東海 還蓋長城以爲防[2] 朝射東莒[3] 夕發淇丘[4] 夜加即墨 顧據午道[5] 則長城之東收而太山之北擧矣[6]

---

① 碆新繳파신격

서광이 말했다. "돌로 주살에 덧대는 것을 파碆(주살에 매는 돌)라고 한다. 碆의 발음은 '파波'이다."

徐廣曰 以石傅弋繳曰磻 磻音波

색은 磻는 파碆(돌살촉)로 쓰기도 하는데 '파播'로 발음한다. 傅는 '부附'
로 발음한다.

磻作碆 音播 傅音附

② 射嚄鳥於東海 還蓋長城以爲防사주조어동해 환개장성이위방

집해 서광이 말했다. "주嚄는 다른 판본에는 '독獨'으로 되어 있다. 還
은 '환宦'으로 발음한다. 개蓋는 다른 판본에는 '익益'으로 되어 있다. 익
현益縣은 낙안군에 있고, 개현蓋縣은 태산군에 있다. 제북군 노현盧縣에
장성長城이 있고 동쪽으로 바다에 이른다."

徐廣曰 嚄 一作獨 還音宦 蓋 一作益 益縣在樂安 蓋縣在泰山 濟北盧縣有長城
東至海也

색은 嚄(부리)는 '주晝'로 발음하는데 큰 새에 갈고리와 같은 부리가 있
는 것으로 제나라를 비교하여 이른 것이다. 還은 '환宦'으로 발음하는데
에워싸는 것을 이른다. 개蓋는 덮는 것이다. 활을 쏘는 자가 주위를 에워
싸서 날아서 달아나는 길을 없게 한다는 말인데 그로 인해 장성에서 방
어하는 것이다. 서광이 개를 익현이라고 한 것은 잘못이다. 장성은 마땅
히 제남군에 있다.

嚄音晝 謂大鳥之有鉤喙者 以比齊也 還音患 謂遶也 蓋者 覆也 言射者環遶蓋
覆 使無飛走之路 因以長城爲防也 徐以蓋爲益縣 非也 長城當在濟南

정의 《태산군기》에서 말한다. "태산의 서북쪽에 장성이 있는데 하수
河水를 둘러서 태산 1,000여 리를 지나 낭야대琅邪臺에 이르러 바다로 들
어간다."《제기》에서 말한다. "제나라 선왕宣王이 산줄기 위를 타고 장성
을 쌓아 동쪽으로 바다에 이르렀고 서쪽으로는 제주濟州 1,000여 리에

이르러 초나라를 방비했다."《괄지지》에서 말한다. "장성은 서북쪽 제주 평음현에서 시작해 하수河水를 둘러서 태산의 북쪽 언덕 위를 거쳐 제주 치천淄川을 지나다가, 곧 서남쪽으로 연주兗州 박성현 북쪽에서 동쪽으로 밀주密州 낭야대에 이르렀다가 바다로 들어간다.《계대기》에서 제나라에는 장성의 방어가 있어서 요새로 삼기에 충분하다고 한다."

太山郡記云 太山西北有長城 緣河徑太山千餘里 至琅邪臺入海 齊記云 齊宣王乘山嶺之上築長城 東至海 西至濟州千餘里 以備楚 括地志云 長城西北起濟州平陰縣 緣河歷太山北岡上 經濟州淄川 即西南兗州博城縣北 東至密州琅邪臺入海 薊代記云齊有長城巨防 足以爲塞也

신주 제나라 장성은 지금의 산동성 성도인 제남시 남쪽에 유허지가 있는데, 그곳에서 시작하여 동남쪽으로 이어져 산동반도와 대륙이 만나는 낭야군 앞바다에서 끝난다.

③ 莒거

정의 《괄지지》에서 말한다. "밀주 거현은 옛 거나라 자작의 나라이다."〈지리지〉에서 "주나라 무왕이 소호씨 후예인 영성嬴姓을 거莒에 봉하고 처음 계근計斤에 도읍했다가 춘추시대에 옮겨서 거에 자리했다."라고 했다.

括地志云 密州莒縣 故莒子國 地理志云周武王封少昊之後嬴姓於莒 始都計斤春秋時徙居莒也

④ 浿丘패구

집해 서광이 말했다. "청하군에 있다."

徐廣曰 在淸河

《괄지지》에서 말한다. "패구는 언덕 이름이다. 청주 임치현 서북쪽 25리에 있다."

括地志云 浿丘 丘名也 在青州臨淄縣西北二十五里也

신주 본문의 뜻으로 보건대 임치 주변의 패구를 뜻한다.

⑤ 顧據午道고거오도

색은 고顧는 되돌아 오는 것이다. 오도午道는 마땅히 제나라 서쪽 경계에 있다. 한 번은 종從으로 한 번은 횡橫으로 한 것을 오도午道라고 하는데 또한 그곳은 자세하지 않다.

顧 反也 午道當在齊西界 一從一橫爲午道 亦未詳其處

정의 유백장은 말했다. "제나라 서쪽 영역이다." 살펴보니 대개 박주博州의 서쪽 경계에 있다.

劉伯莊云齊西界 按 蓋在博州之西境也

⑥ 則長城之東收而太山之北擧矣즉장성지동수이태산지북거의

정의 제주 장성을 따라 동쪽으로 바다에 이르니, 태산 북쪽과 황하의 남쪽은 모두 초나라에서 바로잡아 거두어들인다는 말이다.

言從濟州長城東至海 太山之北 黃河之南 盡擧收於楚

그리하여 서쪽으로 조나라 국경과 연결하고[①] 북쪽으로 연나라에 도달하면[②] 세 나라가 날개를 편 것과 같아서[③] 합종은 약속을 기다리지 않아도 이루어질 수 있습니다. 북쪽 연나라 요동에서 유람하며 눈여겨보고 남쪽 월나라 회계에서 올라 바라보게 될 것이니, 이것은 두 번째로 쏘는 즐거움입니다.

무릇 사수泗水 주변의 12제후 같은 자들은 왼쪽에서 얽고 오른쪽에서 흔들면, 하루아침에 다 없앨 수 있습니다. 지금 진나라가 한나라를 쳐부수었으나 오랜 근심거리인 것은 여러 성을 차지했다고 하더라도 감히 지키지 못할 것이라 여겼기 때문입니다. 위나라를 침공했는데 공이 없고, 조나라를 공격했는데 도리어[④] 걱정거리가 되었으니 진나라와 위나라의 용감한 힘은 꺾인 것입니다. 이에 초나라 옛 땅인 한중漢中과 석석과 척酈을 얻을 수 있으니 다시 소유하게 될 것입니다.

西結境於趙[①]而北達於燕[②] 三國布䶂[③] 則從不待約而可成也 北遊目於燕之遼東而南登望於越之會稽 此再發之樂也 若夫泗上十二諸侯 左縈而右拂之 可一旦而盡也 今秦破韓以爲長憂 得列城而不敢守也 伐魏而無功 擊趙而顧病[④] 則秦魏之勇力屈矣 楚之故地漢中析酈可得而復有也

① 西結境於趙서결경어조

정의 제나라 땅을 얻고 조나라와 약조를 맺어 경계로 삼아서 합종의 약속을 정한다는 말이다.

言得齊地約結於趙 爲境界 定從約也

② 北達於燕북달어연

색은 북北은 다른 판본에는 '두杜'로 되어 있다. 두杜는 관대하다는 이름이다. 제齊나라와 진晉(조나라)이 이미 복종했으니, 연나라를 거두는 것은 어렵지 않다는 말이다.

北 一作杜 杜者 寬大之名 言齊晉旣伏 收燕不難也

정의 북달北達은 사방으로 통해서 막힘이 없다는 말이다. 연나라는 산하의 막힘이 없다는 말이다.

北達 言四通無所滯礙 言燕無山河之限也

③ 三國布狋삼국포시

집해 서광이 말했다. "狋(날개)는 '시翄'로 발음한다. 다른 판본에는 속屬으로 되어 있다."

徐廣曰 音翄 一作屬

색은 또한 '시翄'로 되어 있다. 발음은 '소[式豉反]'와 같다. 3국은 제, 조, 연이다.

亦作翄 同式豉反 三國 齊趙燕也

④ 顧病고병

색은 고顧는 되돌림이다.

顧猶反也

왕께서 보배로운 활을 꺼내셔서 돌촉을 덧댄 새로운 주살을 가지시고 맹鄳①의 요새를 건너 진나라의 피로함을 기다리시면, 산동과 하내河內②를 차지하여 하나로 만들 수 있습니다. 백성을 위로하시고 군사들을 휴식시키시면서도 남면하고 왕으로 칭할 것입니다.

그러나 진나라는 큰 새라고 할 수 있으니 해내海內를 등지고 거처하면서 동쪽을 마주하고 서 있고, 왼쪽 팔은 조나라 서남쪽에 걸쳐두고 오른쪽 팔은 초나라 언鄢과 영郢에 펼쳤고, 가슴에 해당하는 한나라와 위나라를 공격하면서,③ 중원을 향해 머리를 드리우고 있습니다.④

거처한 형세가 편리한데다 지세의 이로움이 있어 날개를 퍼덕이면 사방 3,000리가 흔들리니 진나라는 아직 홀로 얽어매어 하룻밤에 활로 쏘아 얻을 수 있는 나라가 아닙니다."

王出寶弓 碆新繳 涉鄳塞① 而待秦之倦也 山東河內② 可得而一也 勞民休衆 南面稱王矣 故曰秦爲大鳥 負海內而處 東面而立 左臂據趙之西南 右臂傅楚鄢郢 膺擊韓魏③ 垂頭中國④ 處旣形便 勢有地利 奮翼鼓猵 方三千里 則秦未可得獨招而夜射也

① 鄳맹

[집해] 서광이 말했다. "누군가는 '명冥'이라고 하는데, 명은 지금의 강하군이다. 다른 판본에는 '맹黽'으로 되어 있다."

徐廣曰 或以爲冥 今江夏 一作黽

[정의] 《괄지지》에서 말한다. "옛 명성鄳城은 섬주 하북현 동쪽 10리 우읍虞邑에 있다. 두예는 하동군 대양大陽에 있는 명성이 이곳이라고 했

다." 서광이 강하라고 말한 것은 또한 잘못이다.

括地志云 故郕城在陝州河北縣東十里 虞邑也 杜預云河東大陽有郕城是也 徐
言江夏 亦誤也

신주 본문으로 보건대 장수절의 주석이 옳다.

② 山東河內산동하내

정의 화산의 동쪽인데 회주 하내의 군을 이른 것이다.

謂華山之東 懷州河內之郡

③ 膺擊韓魏응격한위

색은 한과 위는 진나라 앞에 해당한다. 그러므로 '응격膺擊'이라고 일
렀다. 속본에는 '응鷹'으로 되어 있는데, 잘못된 것이다.

謂韓魏當秦之前 故云膺擊 俗本作鷹 非

신주 '응膺'은 가슴이라는 뜻이고, '응鷹'은 송골매라는 뜻이다.

④ 垂頭中國수두중국

색은 수두垂頭는 '목을 늘이는 것'과 같다. 산동을 삼키고자 한다는
말이다.

垂頭猶申頸也 言欲吞山東

경양왕을 격노케 하려고 이렇게 대답한 것이다. 경양왕이 이 때문에 불러서 이야기를 나누는데 그가 마침내 말했다.

"무릇 선왕께서 진나라에 속아서 밖에서 객사하셨으니 원한이 매우 큽니다. 지금 필부에게도 원한이 있으면 오히려 만승萬乘의 (군왕)에게도 갚아준 적이 있었으니 백공 승勝과 오자서伍子胥가 이러했습니다. 지금 초나라 땅은 사방이 5,000리이고 갑옷 입은 군사가 100만이니 오히려 중원의 들판에서 춤추며 뛸 수 있는데도 앉아서 곤욕을 당하고도 신하들은 마음속으로 대왕을 위해 (진나라를) 멸망시키려 하지 않습니다."

이에 경양왕은 사신을 제후들에게 보내 다시 합종을 하고 진나라를 정벌하고자 했다. 진나라에서 듣고 군사를 일으켜 쳐들어와서 초나라를 공격했다.

초나라는 제나라, 한나라와 연합하고 화친하여 함께 진나라를 공격하고 이를 계기로 주周나라를 도모하려고 했다. 주왕 난赧[1]은 무공武公을 시켜 초나라 재상 소자昭子(소저)에게 일러 말하도록 했다.

"세 나라가 군사로써 주나라 교외의 땅을 나누어 수송을 편하게 하고 기물을 남쪽으로 보내 초나라를 높인다는데, 신은 그래선 안 된다고 생각합니다. 무릇 함께 받들던 군주君主를 시해하고 세군世君을 신하로 삼으면[2] 큰 나라와 친할 수 없습니다. 많은 것으로 적은 것을 위협하면 작은 나라는 따르지 않을 것입니다. 큰 나라와 친하지 않고 작은 나라들이 붙지 않으면, 명분과 실리에 이를 수 없습니다. 명분과 실리를 얻지 못하면, 상심한 백성을 만족

시킬 수 없습니다. 무릇 주나라를 도모한다는 소리가 있으면 호
령할 수 없습니다."

소자가 말했다.

"주나라를 도모하는 일은 없을 것입니다. 비록 그러하나 왜 주나
라를 도모하면 안 됩니까?"

欲以激怒襄王 故對以此言 襄王因召與語 遂言曰 夫先王爲秦所欺而
客死於外 怨莫大焉 今以匹夫有怨 尙有報萬乘 白公子胥是也 今楚之
地方五千里 帶甲百萬 猶足以踊躍中野也 而坐受困 臣窃爲大王弗取
也 於是頃襄王遣使於諸侯 復爲從 欲以伐秦 秦聞之 發兵來伐楚 楚欲
與齊韓連和伐秦 因欲圖周 周王赧[1]使武公謂楚相昭子曰 三國以兵割
周郊地以便輸 而南器以尊楚 臣以爲不然 夫弑共主 臣世君[2] 大國不親
以衆脅寡 小國不附 大國不親 小國不附 不可以致名實 名實不得 不足
以傷民 夫有圖周之聲 非所以爲號也 昭子曰 乃圖周則無之 雖然 周何
故不可圖也

[1] 周王赧주왕난

집해 서광이 말했다. "정왕定王의 증손이고 서주 혜공惠公의 아들이다."
徐廣曰 定王之曾孫 而西周惠公之子

[2] 共主 臣世君공주 신세군

색은 공주共主나 세군世君은 모두 주나라에서 스스로를 이른 것이다.
공주는 주나라가 천하에서 함께 종주宗主로 삼는다는 말이다. 세군은
주나라 왕실이 대대로 천하에서 군주를 했다는 말이다.

共主 世君 俱是周自謂也 共主 言周爲天下共所宗主也 世君 言周室代代君於
天下

무공이 대답했다.

"병력이 5배가 아니면 공격하지 않고, 성은 10배가 아니면 포위하
지 않습니다. 무릇 하나의 주나라는 20개의 진晉나라에 해당한다
는 것①을 공께서 아실 것입니다. 한韓나라는 일찍이 20만의 군사
로 진晉나라 성 아래에서 굴욕을 당했습니다. 날랜 군사가 죽고
중사中士들이 다쳤어도 진나라는 함락되지 않았습니다. 공께서는
한나라가 100배가 되어도 주나라를 도모할 수 없다는 것을 알고
있을 겁니다. 이는 천하가 다 아는 사실입니다.

무릇 양쪽 주나라와 원한을 맺으면, 추나라와 노나라의 마음이
막히고② 제나라에 절교당해서,③ 천하에서 명성을 잃을 것이니
그 하는 일이 위험할 것입니다. 무릇 양쪽 주나라를 위태롭게 하
고 삼천三川④을 강하게 한다면, 방성方城 밖은 반드시 한나라 때
문에 약화될 것입니다.⑤ 어떻게 그러할 것을 알겠습니까?

對曰 軍不五不攻 城不十不圍 夫一周爲二十晉① 公之所知也 韓嘗以
二十萬之衆辱於晉之城下 銳士死 中士傷 而晉不拔 公之無百韓以圖周
此天下之所知也 夫怨結兩周以塞騶魯之心② 交絶於齊③ 聲失天下其爲
事危矣 夫危兩周以厚三川④ 方城之外必爲韓弱矣⑤ 何以知其然也

---

① 一周爲二十晉일주위이십진

주왕周王의 나라는 비록 땅이 작지만 제후들이 높인다. 그러므로 20개의 진晉나라에 필적한다는 말이다.

言周王之國 其地雖小 諸侯尊之 故敵二十晉也

② 怨結兩周以塞騶魯之心원결양주이색추로지심

추로騶魯는 예의가 있는 국가이다. 지금 초나라가 양쪽 주나라에 원한을 맺고 구정九鼎을 빼앗고자 하는데, 이는 추로의 마음을 막는 것이다.

騶魯有禮義之國 今楚欲結怨兩周而奪九鼎 是塞鄒魯之心

추로는 추로鄒魯라고도 하는데, 추국鄒國과 노국魯國을 뜻한다. 추鄒는 맹자의 고향이고 노魯는 공자의 고향이다. 추로鄒魯는 문화가 창성한 예의의 나라를 뜻한다. 《장자》〈천하〉에 "그 시경, 서경, 예와 악의 경전에 있는 것은 추노의 사士들과 띠를 두른 선생들 중에서 밝게 아는 이가 많다.[其在於詩書禮樂者 鄒魯之士 搢紳先生 多能明之]"라는 말이 있다.

③ 交絶於齊교절어제

초나라가 본래 제齊, 한韓과 함께 화평하고 진秦나라를 공격하고 이로써 주나라를 도모하고자 하였다. 제나라는 주나라를 도모하는데 함께하지 않을 것이다. 그러므로 제나라는 초나라와 절교한다고 한 것이다.

楚本與齊韓和伐秦 因欲圖周 齊不與圖周 故齊交絶於楚

④ 危兩周以厚三川위양주이후삼천

삼천은 양주兩周(동주와 서주)의 땅인데 한나라에서 많이 가져서 한나라를 두텁게 한다는 말이다.

三川 兩周之地 韓多有之 言厚韓也

⑤ 方城之外必爲韓弱矣방성지외필위한약의

정의 방성 밖은 허주 섭현 동북쪽이다. 초나라에서 양주兩周를 빼앗으면 한나라는 강해지니 반드시 초나라 방성의 밖은 허약해진다는 말이다.

方城之外 許州葉縣東北也 言楚取兩周 則韓彊 必弱楚方城之外也

서주西周 땅은 긴 땅을 자르고 짧은 땅은 더해도 100리에 지나지 않습니다. 명분으로 천하에서 함께 군주로 삼은 것인데, 그 땅을 가른다고 해도 국가를 살찌게 하기에는 부족하고 그 백성을 얻어도 군사를 굳세게 하기에는 부족합니다. 비록 공격하지 않더라도 군주를 시해했다는 이름을 듣습니다. 그러나 일을 좋아하는 군주나 침략을 즐기는 신하들은 호령을 내어 군사를 쓰는 데 일찍이 주나라를 종시終始(처음과 끝)로 삼아 이용하지 않은 적이 없었습니다. 이것은 무엇 때문이겠습니까?

제기祭器가 있는 것을 보고, 제기를 가져가고자 할뿐, 군주를 시해하는 난은 없었습니다. 지금 한나라가 제기를 초나라에 있게 하려고 한다면 신은 천하에서 제기 때문에 초나라를 원수로 여길까 두렵습니다. 신이 비유로 청하겠습니다. 대저 호랑이 고기는 누린내가 나고 발톱과 이빨은 날카로운 병기가 되어 자신의 몸을 방어하려 하지만① 사람들은 오히려 그를 공격합니다. 만약 늪지

안의 사슴에게 호랑이 가죽을 씌운다면 사람들은 반드시 호랑이보다 만 배나 더 공격할 것입니다.[2]

西周之地 絶長補短 不過百里 名爲天下共主 裂其地不足以肥國 得其衆不足以勁兵 雖無攻之 名爲弑君 然而好事之君 喜攻之臣 發號用兵 未嘗不以周爲終始 是何也 見祭器在焉 欲器之至而忘弑君之亂 今韓以器之在楚 臣恐天下以器讎楚也 臣請譬之 夫虎肉臊 其兵利身[1] 人猶攻之也 若使澤中之麋蒙虎之皮 人之攻之必萬於虎矣[2]

① 虎肉臊 其兵利身호육조 기병이신

색은 호랑이 발톱이나 이빨은 병기가 되니, 자신을 방어하기 위해 자연히 날카로워지는 것이다.

謂虎以爪牙爲兵 而自利於防身也

② 若使澤中~萬於虎矣약사택중~만어호의

색은 공격하기 쉽고 이익도 큰 것이다.

攻易而利大也

정의 들판 늪지의 사슴이 호랑이 가죽을 뒤집어썼다면 사람이 공격해서 취하는 것이 반드시 호랑이보다는 만 배나 된다. 비유컨대 초나라에서 주나라를 정벌하고 제기를 거두는 것은 사슴이 호랑이 가죽을 덮어쓴 것과 같다는 것이다.

野沢之麋蒙衣虎皮 人之攻取必萬倍於虎也 譬楚伐周收祭器 其猶麋蒙虎皮矣

(각국이) 초나라 땅을 쪼개 가지면 나라를 살찌우기에 충분합니다. (각국이) 초나라를 꺾는다는 명분이 있으면, 군주를 높이기에 충분합니다. 지금 그대는 장차 천하에서 함께 받드는 군주를 죽여 없애고 삼대三代로 전해오는 기물①을 차지하고 삼역육익三鬲六翼을 삼켜서,② 세주世主를 높이려고 하는 것이 탐욕이 아니고 무엇이겠습니까? 《상서》 〈주서〉에서 이르기를 '일어나고자 하면 먼저 주동하지 않는다.'라고 했습니다. 그러므로 기물이 남쪽으로 가면 (천하의) 군사가 따를 것입니다."

이에 초나라는 계책을 그만두고 시행하지 않았다.

裂楚之地 足以肥國 詘楚之名 足以尊主 今子將以欲誅殘天下之共主 居三代之傳器① 吞三鬲六翼② 以高世主 非貪而何 周書曰 欲起無先 故 器南則兵至矣 於是楚計輟不行

① 三代之傳器삼대지전기

색은 '구정'이라고 한다.

謂九鼎也

신주 삼대는 하夏, 은殷, 주周이고 전기傳器는 전해오는 기물로 곧 구정이다.

② 吞三鬲六翼탄삼역육익

색은 역鬲은 또한 '역鬲'으로 되어 있는데 모두 '역歷'으로 발음한다. 삼역육익은 또한 구정九鼎을 이른다. 공족空足(받침 발이 없는 것)을 역鬲이라고 한다. 육익六翼은 곧 육이六耳(6개의 솥귀)이다. 익翼은 이방[阝]과 닮았다.

《소이아》에 자세히 기록되어 있다.

鬲 亦作䰛 同音歷 三鬲六翼 亦謂九鼎也 空足曰鬲 六翼即六耳 翼近耳旁 事具
小爾雅

신주 鬲은 '발이 없는 솥'을 뜻할 때는 '력'으로 읽고, '깃촉이나 조류'
를 뜻할 때는 '핵'으로 읽는다. 역䰛은 역鎘, 또는 역鬲과 같이 세 다리가
굽은 솥을 말한다. 여기서 익翼은 솥귀를 가리킨다. 세 발과 여섯 개의
귀를 가진 솥이라는 것이다.

19년, 진나라가 초나라를 공격하자 초나라 군대는 무너졌다. 상
용上庸과 한수漢水 북쪽 땅을 떼어 진나라에 주었다.[①]

20년, 진나라 장군 백기가 초나라 서릉西陵[②]을 빼앗았다.

21년, 진나라 장군 백기는 마침내 초나라 영郢을 빼앗고 선왕의
묘인 이릉夷陵[③]을 불살랐다. 초나라 경양왕의 군사는 흩어져서
마침내 다시 싸우지 못했으며, 동북쪽 진성陳城에서 지켰다.

22년, 진나라는 다시 초나라 무巫와 검중黔中을 함락했다.

十九年 秦伐楚 楚軍敗 割上庸漢北地予秦[①] 二十年 秦將白起拔我西
陵[②] 二十一年 秦將白起遂拔我郢 燒先王墓夷陵[③] 楚襄王兵散 遂不復
戰 東北保於陳城 二十二年 秦復拔我巫黔中郡

---

① 割上庸漢北地予秦할상용한북지여진

정의 방房과 금金과 균均의 세 주와 한수 북쪽을 떼어 진나라에 준 것
을 이른다.

謂割房金均三州及漢水之北與秦

신주 균주는 옛 수도 단양丹陽 일대이고 잃은 지 이미 오래되었으니, 이때 포함된 것은 아닐 것이다.

② 西陵서릉

집해 서광이 말했다. "강하군에 속한다."

徐廣曰 屬江夏

정의 《괄지지》에서 말한다. "서릉 고성은 황주 황산 서쪽 2리에 있다."

括地志云 西陵故城在黃州黃山西二里

신주 한나라 남군은 나중에 나뉘어 북쪽에는 양양군襄陽郡, 동쪽에는 강하군江夏郡이 설치된다. 양양군은 유수淯水가 한수에 합류하는 지점이고, 강하군은 한수가 장강에 들어가는 지점이다. 남군에는 도읍 영이 있다. 양양군 일대와 강하군 서부마저 진나라에 다 빼앗겼으니, 초나라는 풍전등화와 같은 상황이었다. 〈진본기〉에서 백기白起가 언鄢과 등鄧을 빼앗았다고 한다. 언 땅은 양양군에 속한다.

③ 拔我郢 燒先王墓夷陵발아영 소선왕이릉

집해 서광이 말했다. "〈육국연표〉에서 영郢을 함락하고 이릉을 불살랐다고 한다."

徐廣曰 年表云拔郢 燒夷陵

색은 이릉은 능陵 이름인데 뒤에 현縣이 되어 남군에 속했다.

夷陵 陵名 後爲縣 屬南郡

정의 《괄지지》에서 말한다. "협주 이릉현이 이곳이다. 형주의 서쪽에 있다. 응소는 이산夷山의 서북쪽에 있다고 했다."

括地志云 峽州夷陵縣是也 在荊州西 應劭云夷山在西北

신주 장강삼협 동쪽이고 도읍 영의 서북쪽이다. 삼국시대 유비가 오나라 육손에게 대패한 '이릉대전'이 벌어진 곳이다. 현재는 세계 최대의 삼협댐이 자리하고 있다.

23년, 경양왕은 동쪽 땅의 군사들을 수습해 10만여 명의 군사를 얻고, 다시 서쪽에서 진나라에 함락당한 초나라 강수 근방의 15개 읍을 빼앗아 군郡으로 만들어 진나라를 막았다.

27년, 3만 명을 보내 삼진三晉을 도와 연나라를 침공했다.[1] 다시 진나라와 화평을 하고 태자를 진나라에 인질로 보냈다. 초나라에는 좌도左徒를 보내 태자를 진나라에서 모시게 했다.

36년, 경양왕이 병이 들자 태자가 도망해서 돌아왔다. 가을에 경양왕이 죽고 태자 웅원熊元[2]이 대신 군주로 즉위했는데, 이이가 고열왕考烈王이다. 고열왕은 좌도左徒를 영윤으로 삼고 오吳 땅에 봉해 호를 춘신군春申君이라고 했다.

二十三年 襄王乃收東地兵 得十餘萬 復西取秦所拔我江旁十五邑以爲郡 距秦 二十七年 使三萬人助三晉伐燕[1] 復與秦平 而入太子爲質於秦 楚使左徒侍太子於秦 三十六年 頃襄王病 太子亡歸 秋 頃襄王卒 太子熊元[2]代立 是爲考烈王 考烈王以左徒爲令尹 封以吳 號春申君

---

① 助三晉伐燕조삼진벌연

신주 《전국책》에 따르면 이때 연나라를 친 것은 한, 위, 제이다. 초나라는 연나라를 도와 위나라를 쳤다. 두 나라는 제나라를 통해 들어가 제나라가 연나라를 치는 것을 도왔을 것이다. 자세한 것은 〈연소공세가〉에 나온다.

② 熊元웅원

[색은] 《세본》에서는 '완完'으로 되어 있다.

系本作完

고열왕 원년, 주州 땅[1]을 진나라에 들이고 화평했다. 이때 초나라는 더욱 허약해졌다.

6년, 진나라가 한단邯鄲을 포위하자 조나라에서 위급함을 초나라에 알렸다. 초나라는 장군 경양景陽을 보내서 조나라를 구원하도록 했다.[2]

7년, 신중新中[3]에 이르자 진나라 군사가 철수했다.[4]

考烈王元年 納州于秦以平[1] 是時楚益弱 六年 秦圍邯鄲 趙告急楚 楚遣將軍景陽救趙[2] 七年 至新中[3] 秦兵去[4]

---

① 州주

[집해] 서광이 말했다. "남군에 주릉현州陵縣이 있다."

徐廣曰 南郡有州陵縣

② 楚遣將軍景陽救趙초견장군경양구조

신주 《사기지의》에서 말한다. "조나라를 구원한 자는 춘신군이다. 〈육국연표〉와 〈춘신군열전〉에 나온다. 대개 15년 전에 제, 한, 위가 함께 연나라를 치자, 연나라는 초나라에 구원을 청했다. 초왕은 경양을 장군으로 하여 구원하게 했는데, 이 기록이 《전국책》에서 보인다."

③ 新中신중

색은 살펴보니 조나라 땅에 신중이란 이름이 없으니 '중中' 자가 잘못된 것 같다. 거록군에 신시新市가 있으니 '중' 자는 마땅히 '시市' 자가 되어야 한다.

按 趙地無名新中者 中字誤 鉅鹿有新市 中 當爲市

정의 신중은 상주 안양현이다. 7국 시대에 위나라 영신중읍寧新中邑인데 진나라 장양왕이 함락하고 다시 안양安陽이라 불렀다.

新中 相州安陽縣也 七國時魏寧新中邑 秦莊襄王拔之 更名安陽也

신주 4년 전인 서기전 260년에 조나라는 '장평대전'에서 진나라에 크게 패배하고 조나라마저 무너지자 이제 한쪽에 치우친 연나라를 제외하고는 온전한 나라가 없게 되었다.

④ 秦兵去진병거

집해 서광이 말했다. "〈육국연표〉에서 6년 춘신군이 조나라를 구원하고 10년 거양鉅陽으로 옮겼다고 한다."

徐廣曰 年表云六年春申君救趙 十年徙於鉅陽

신주 거양으로 초나라가 천도한 기록은 오직 〈육국연표〉에만 있다. 그러나 거양의 자세한 위치를 알 수 없다. 이때 초나라는 옛 진陳에 자리잡고 있었는데, 서쪽의 진나라 압박을 피해 천도했을 것으로 추정된다. 담

기양의 《중국역사지도집》에서는 진陳에서 동남쪽 방향의 영수潁水를 따라 수춘壽春으로 가는 길 중간에 표시하고 있다.

12년, 진나라 소왕이 죽었다. 초왕은 춘신군을 사신으로 보내 진나라의 사당에 조문하게 했다.

16년, 진나라 장양왕이 죽고 진왕 조정趙政[1]이 계승했다.

22년, 제후들과 함께 진나라를 공격했지만, 불리하여 철수했다. 초나라는 동쪽으로 옮겨 수춘壽春[2]에 도읍하고 영郢이라 불렀다.

十二年 秦昭王卒 楚王使春申君弔祠于秦 十六年 秦莊襄王卒 秦王趙政[1]立 二十二年 與諸侯共伐秦 不利而去 楚東徙都壽春[2]命曰郢

---

① 趙政조정

　신주　진시황 영정嬴政을 뜻한다. 영성嬴姓에 조씨趙氏이기 때문에 조정이라 쓴 것이다. 조趙나라와 같은 영성의 조씨 국가가 진秦나라이고 두 나라 모두 소호 김천씨의 후예로 동이족 국가이다.

② 壽春수춘

　정의　수춘은 남쪽 수주에 있다. 수춘현이 이곳이다.

壽春在南壽州 壽春縣是也

　신주　옛 채나라가 마지막으로 자리했던 하채下蔡 부근이다. 당시 초나라 수도 진陳에서 동남쪽이며 회수淮水와 거대한 방죽 작피芍陂를 끼고 있다.

25년, 고열왕이 죽고 아들 유왕幽王 한悍이 계승했다.[1] 이원李園이 춘신군을 살해했다.

유왕 3년, 진나라와 위나라가 초나라를 침략했다. 진나라 재상 여불위呂不韋가 죽었다.

9년,[2] 진나라가 한나라를 멸망시켰다.

10년, 유왕이 죽고 어머니가 같은 아우 유猶가 대신 즉위했는데,[3] 이이가 애왕哀王이다. 애왕이 즉위한 지 2월 남짓에, 애왕의 서형庶兄 부추負芻의 무리가 애왕을 습격해 살해하고 부추를 군주로 세워서 왕으로 삼았다.

이해, 진나라는 조왕 천遷을 사로잡았다.

二十五年 考烈王卒 子幽王悍立[1] 李園殺春申君 幽王三年 秦魏伐楚 秦相呂不韋卒 九年[2] 秦滅韓 十年 幽王卒 同母弟猶代立[3] 是爲哀王 哀王立二月餘 哀王庶兄負芻之徒襲殺哀王而立負芻爲王 是歲 秦虜趙王遷

① 子幽王悍立자유왕한립

신주 〈육국연표〉에서는 悍한을 悼도라 했다. 글자 모양이 비슷하여 착오한 것으로 보인다.

② 九年구년

신주 〈육국연표〉에서는 한나라가 망한 것이 초유왕 8년으로 되어 있다. 글자가 비슷하여 착오한 것으로 보인다.

③ 同母弟猶代立동모제유대립

신주 〈육국연표〉에서는 애왕의 이름을 학郝이라 했다.

왕 부추 원년, 연나라 태자 단丹은 형가荊軻를 시켜서 진왕을 찔러 죽이게 했다.

2년, 진나라는 장군을 시켜 초나라를 공격하여 초나라 군사를 대파했으며, 초나라는 10여 개의 성을 잃었다.

3년, 진나라는 위魏나라를 멸망시켰다.

4년, 진나라 장수 왕전王翦이 아군(초나라 군사)을 기蘄①에서 쳐부수고 장군 항연項燕을 죽였다.

5년, 진나라 장군 왕전과 몽무蒙武는 마침내 초나라를 쳐부수고 초왕 부추를 사로잡았다. '초楚'라는 이름을 없애고② 군군郡郡으로 삼았다고 이른다.③

王負芻元年 燕太子丹使荊軻刺秦王 二年 秦使將軍伐楚 大破楚軍 亡十餘城 三年 秦滅魏 四年 秦將王翦破我軍於蘄① 而殺將軍項燕 五年 秦將王翦蒙武遂破楚國 虜楚王負芻 滅楚名②爲(楚)郡云③

① 蘄기

색은 蘄는 '기祈'로 발음한다.

音祈

신주 수춘 북쪽에 있다.

② 滅楚名멸초명

진시황은 아버지 자초子楚의 이름을 피하여 초楚를 형荊으로 고치게 명했다. 그래서 후대의 문헌에도 '초'가 사라지고 '형'으로 바뀌었다.

③ 爲(楚)郡云 위(초)군운

집해 손검이 말했다. "진나라는 초왕 부추를 포로로 잡고 '초楚'라는 이름을 없앴으며, 초나라 땅을 3개의 군으로 만들었다."

孫檢曰 秦虜楚王負芻 滅去楚名 以楚地爲三郡

색은 배인의 주석에서 자주 손검의 주석을 인용했는데 손검의 생사를 알지 못한다. 아마 제나라 사람일 것이다.

裴注 頻引孫檢 不知其人本末 蓋齊人也

신주 3군은 구강九江, 사수泗水, 장사長沙이다.

> 태사공은 말한다.
>
> 초나라 영왕은 바야흐로 제후들을 신申 땅에서 회합시키고 제나라 경봉을 죽였다. 장화대를 짓고 주나라 구정九鼎을 구할 때는 조금이나마 천하에 뜻을 두었다. 그러나 신해申亥의 집에서 굶어 죽는데 이르러서 천하의 웃음거리가 되었다. 행동을 조절하는 것을 얻지 못했으니, 슬프구나! 사람에게 세력이 있다고 삼가지 아니할 수 있겠는가? 기질棄疾(평왕)은 변란으로 즉위하고도 진秦나라 여인을 사랑해서 음란했으니 심하도다. 거의① 두 번 나라를 망하게 했구나."
>
> 太史公曰 楚靈王方會諸侯於申 誅齊慶封 作章華臺 求周九鼎之時 志

> 小天下 及餓死于申亥之家 爲天下笑 操行之不得 悲夫 勢之於人也 可
> 不愼與 棄疾以亂立 嬖淫秦女 甚乎哉 幾^①再亡國

① 幾기

색은 幾의 발음은 '기祈'이다.

音祈

색은술찬 사마정이 펼쳐 밝히다.

　육웅鬻熊의 후예를 주나라는 초에 봉했다. 치우친 형만荊蠻에 있어서 초라한 수레를 타고 낡은 옷을 걸쳤다. 교통하기에 이르러 패권을 쥐었으며 무왕武王이라 참칭했다. 문왕은 이미 신申을 정벌하고, 성왕은 또한 허許를 용서했다. 자어子圉는 적통을 빼앗았고, 상신商臣은 아버지를 죽였다. (영왕은) 뉘우치지 않아 하늘의 재앙을 당했고, (평왕은) 자신이 아버지인데도 지위에 기대어 (며느릿감과) 통간했다. 소왕은 위태롭자 도망쳤고 회왕은 압박당해 포로로 갇혔다. 경양왕과 고열왕 시대에 복조는 남쪽 땅에서 시들었구나.

鬻熊之嗣 周封於楚 僻在荊蠻 蓽路藍縷 及通而霸 僭號曰武 文旣伐申 成亦赦許 子圉簒嫡 商臣殺父 天禍未悔 憑姦自怗 昭困奔亡 懷迫囚虜 頃襄考烈 祚衰南土

[지도 1] 초세가(춘추시대)

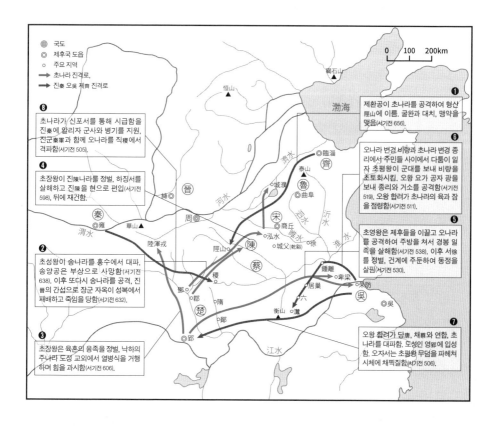

- ◎ 국도
- ◎ 제후국 도읍
- ○ 주요 지역
- ➡ 초나라 진격로,
- ➡ 진秦 오吳 제齊 진격로

❽ 초나라가 신포서를 통해 시급함을 진秦에 알리자 군사와 병기를 지원, 진군秦軍과 함께 오나라를 직稷에서 격파함(서기전 505).

❹ 초장왕이 진陳나라를 정벌, 하징서를 살해하고 진陳을 현으로 편입(서기전 598), 뒤에 재건함.

❷ 초성왕이 송나라를 홍수에서 대파, 송양공은 부상으로 사망함(서기전 638). 이후 또다시 송나라를 공격, 진晉 플의 간섭으로 장군 자옥이 성복에서 패배하고 죽임을 당함(서기전 632).

❸ 초장왕은 육혼의 융족을 정벌, 낙하의 주나라 도성 교외에서 열병식을 거행하며 힘을 과시함(서기전 606).

❶ 제환공이 초나라를 공격하여 형산陘山에 이름. 굴완과 대치, 맹약을 맺음(서기전 656).

❻ 오나라 변경 비량과 초나라 변경 종리에서 주민들 사이에서 다툼이 일자 초평왕이 군대를 보내 비량을 초토화시킴. 오왕 요가 공자 광을 보내 종리와 거소를 공격함(서기전 519). 오왕 요가 초나라의 육과 잠을 점령함(서기전 511).

❺ 초영왕은 제후들을 이끌고 오나라를 공격하여 주방을 쳐서 경봉 일족을 살해함(서기전 538). 이후 서徐를 정벌, 건계에 주둔하여 동정을 살핌(서기전 530).

❼ 오왕 합려가 당唐, 채蔡와 연합, 초나라를 대파함. 도성인 영郢에 입성함. 오자서는 초평왕 무덤을 파헤쳐 시체에 채찍질함(서기전 506).

渤海

恒山

泗水
沂水
淮水
濟水
河水
滑水
江水

臨淄 齊
泰山
曲阜 魯
城濮
宋
商丘
睢水
徐
鍾離
卑梁
巣防
吳 吳
居巢
六
衡山 瀨
郢
鄖
鄾
郡
楚
隋
鄀
陸渾戎
城父(乾谿)
陘山 陳
蔡
泓水
周
華山
雍
秦
晉
絳

0 100 200km

[지도 2] 초세가(전국시대)

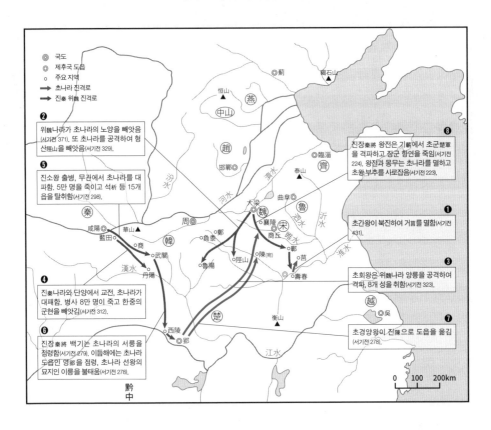

범례:
◎ 국도
◎ 제후국 도읍
○ 주요 지역
➡ 초나라 진격로
➡ 진秦 위魏 진격로

❷ 위魏나라가 초나라의 노양을 빼앗음(서기전 371). 또 초나라를 공격하여 형산陘山을 빼앗음(서기전 329).

❺ 진소왕 출병, 무관에서 초나라를 대파함. 5만 명을 죽이고 석析 등 15개 읍을 탈취함(서기전 298).

❹ 진秦나라와 단양에서 교전, 초나라가 대패함. 병사 8만 명이 죽고 한중의 군현을 빼앗김(서기전 312).

❻ 진장秦將 백기는 초나라의 서릉을 점령함(서기전 279). 이듬해에는 초나라 도읍인 영郢을 점령, 초나라 선왕의 묘지인 이릉을 불태움(서기전 278).

❽ 진장秦將 왕전은 기蘄에서 초군楚軍을 격파하고 장군 항연을 죽임(서기전 224). 왕전과 몽무는 초나라를 멸하고 초왕·부추를 사로잡음(서기전 223).

❶ 초간왕이 북진하여 거莒를 멸함(서기전 431).

❸ 초회왕은 위魏나라 양릉을 공격하여 격파, 8개 성을 취함(서기전 323).

❼ 초경양왕이 진陳으로 도읍을 옮김(서기전 278).

지도상 지명:
薊, 魏石山, 恒山, 燕, 中山, 趙, 邯鄲◎, 臨淄, 齊, 泰山, 曲阜, 魯, 大梁◎, 魏, 宋, 秦, 咸陽◎, 華山▲, 藍田○, 韓, 周◎, 鄭, 襄陵, 商丘, 商○, 負黍, 陳(宛), 商水, 郎, 武關○, 陘山, 魯陽, 苢, 壽春◎, 越, ○吳, 漢水, 丹陽○, 西陵○, 郢◎, 楚, 衡山▲, 江水, 黔中

0 100 200km

사기 제41권 史記卷四十一

월왕구천세가 越王句踐世家

> 사기 제41권 월왕구천세가 제11
>
> 史記卷四十一 越王句踐世家第十一

신주 사마천은 〈세가〉의 모든 계통을 오제五帝와 하, 은, 주의 후예로 만든다는 편찬원칙을 갖고 있었던 것으로 보인다. 이 원칙에 집착하다 보니 주나라의 지배영역이 아니었던 지역에 있던 나라들의 군주 계보를 설명할 때 무리수가 따를 수밖에 없었다. 초나라가 오제의 두 번째 제전 욱의 후손이라면서도 스스로를 '만이蠻夷'라고 자칭했다는 것이 모순임을 사마천이 모르지는 않았을 것이다. 〈월왕구천세가〉에서 말하는 월국 越國의 군주 세계世系도 마찬가지이다. 〈월왕구천세가〉는 "월왕越王 구천의 선조는 우禹임금의 먼 자손으로 하후夏后 제소강帝少康의 서자庶子"라면서 "회계會稽에 봉해져 우임금의 제사를 지키며 받들었다."라고 말했다. 월왕이 우임금의 후예라는 것이다.

소강은 사성姒姓으로 사소강姒少康을 뜻한다. 그 아들 무여無餘가 월나라 시조라는 것이니 이것이 사실이면 사성 월씨越氏라고 볼 수 있다. 월나라의 계보는 여러 가지로 수수께끼이다. 우임금의 제위는 아들 세啓가 이었다가 다시 계의 아들 태강太康이 이었다. 하나라 3대 군주 태강은 수렵 도중에 동이족에게 체포되어 과戈 땅까지 유망하는데 이를 '태강실국 太康失國'이라고 한다. 뒤를 이어 태강의 동생인 중강仲康이 제위를 이었는데 그가 소강의 할아버지이다. 즉 하나라의 4대 군주 소강의 서자 무여가 월나라의 시조라는 것이다.

사마천은 "그 뒤 20여 대에 걸쳐 윤상允常에 이르렀다. 윤상의 시대에는 오왕吳王 합려闔廬와 싸웠으며 서로를 원망하고 정벌했다. 윤상이 죽고 아들 구천句踐이 군주로 섰는데, 이이가 월왕越王이다."라고 말했다. 중간 계보에 대한 설명이 불분명하다. 또한 우임금의 제사를 받들던 후예들이 "문신을 하고 머리를 짧게 깎았으며 거친 풀밭을 파헤쳐 읍邑을 만들었다."라고 말했는데, '문신을 하고 머리를 짧게 깎았다'는 것은 왜倭의 풍속이다. 《삼국지》〈위서 동이〉 '왜倭'에서는 '남자는 크던 작던 간에 모두 얼굴에 검은 색으로 문신을 했다. (중략) 하후夏后 소강의 아들을 회계에 봉했는데, 머리털을 자르고 문신을 해서 교룡의 해를 피하고자 했다.'라고 말하고 있다. 왜는 처음부터 일본열도에 있었던 것이 아니라 대륙에서 시작해서 반도를 거쳐 일본열도에 정착한 것인데, 이 구절은 월왕의 선조가 대륙 왜와 연관 있는 인물이라는 점을 시사한다. 하夏나라 시조인 우임금의 제사를 받들기 위해 월 땅에 봉해졌다는 무여가 문신을 하고 머리를 짧게 깎았다는 것 또한 모순이다. 〈월왕구천세가〉에서 "월 땅에 봉해진 지 20여 대 후에 윤상에 이르렀다."는 말은 윤상 때에야 비로소 정확한 족보를 서술할 수 있다는 뜻이기도 하다. 〈월왕구천세가〉는 "윤상의 시대에는 오왕 합려와 싸웠으며 서로를 원망하고 침벌했다. 윤상이 죽고 아들 구천이 섰는데, 이이가 월왕越王이다."라고 말하고 있다. 결국 정확하게 계보를 말할 수 있는 것은 윤상부터라는 것이다.

군주 세계

1. 무여에서 윤상까지 (《사기》,《월절서》,《오월춘추》 등에 의거)

무여無餘 → 무임無壬 → 무심無瞫 → 윤상允常(?~서기전 497)

2. 재위 연간이 밝혀진 군주

군주 칭호	이름	재위 기간(모두 서기전)
월왕 구천句踐	구천	496~465
월왕 녹영鹿郢	석여鼫與	464~459
월왕 불수不壽	불수	458~449
월왕 주국朱勾	옹翁	448~412
월왕 예翳	예	411~376
월왕 제구諸咎	제구	375
월왕 조지錯枝	조지	374~373

군주 칭호	이름	재위 기간 (모두 서기전)
월왕 무여無餘	무여	372~361
월왕 무전無顓	무전	360~343
월왕 무강無彊	무강	?~333

구천의 치욕과 복수

월왕越王 구천은 그 선조가 우禹임금의 자손으로[1] 하후夏后 제소
강帝少康의 서자庶子이다. 회계會稽에 봉해져 우임금의 제사를 지키
고 받들었다. 문신을 하고 머리를 짧게 깎았으며 거친 풀밭을 개간
해 읍邑을 만들었다. 이후 20여 대를 거쳐 윤상允常에 이르렀다.[2]
윤상의 시대에는 오왕吳王 합려闔廬와 싸웠으며, 서로를 원망하며
침벌했다. 윤상이 죽고 아들 구천句踐이 계승했는데, 이이가 월왕
越王이다.

越王句踐 其先禹之苗裔[1] 而夏后帝少康之庶子也 封於會稽 以奉守禹
之祀 文身斷髮 披草萊而邑焉 後二十餘世 至於允常[2] 允常之時 與吳
王闔廬戰而相怨伐 允常卒 子句踐立 是爲越王

① 其先禹之苗裔기선우지묘예

정의 《오월춘추》에서 말한다. "우임금이 천하를 두루 순행하고 대원大
越로 돌아와 모산茅山에 올라서 사방의 여러 신하들의 조회를 받았다. 공
이 있으면 봉하고 덕이 있으면 작위를 주었는데 붕어해서 여기에서 장례
를 치렀다. 소강少康에 이르러 우임금의 자취와 종묘의 제사가 단절될 것

이 두려워서 이에 그의 서자를 월越에 봉하고 무여無餘라고 불렀다." 하순賀循의 《회계기》에서 말한다. "소강이 그의 막내아들을 어월於越이라고 불렀는데, 월국越國이라고 일컬은 것이 여기에서 비롯되었다."《월절기》에서 말한다. "무여의 도읍은 회계산 남쪽의 옛날 월성越城이다."

吳越春秋云 禹周行天下 還歸大越 登茅山以朝四方群臣 封有功 爵有德 崩而葬焉 至少康 恐禹跡宗廟祭祀之絶 乃封其庶子於越 號曰無餘 賀循會稽記云 少康 其少子號曰於越 越國之稱始此 越絶記云 無餘都 會稽山南故越城是也

신주 〈조세가〉에서 조나라 무령왕武靈王은 숙부 성成에게 "머리를 깎고 몸에 문신을 하며 팔에 무늬를 놓고 옷섶을 왼쪽으로 하는 것은 구월甌越의 백성입니다. 이를 검게 하고 이마에 무늬를 새기며 관을 버리고 수수잎으로 만들어 쓰는 곳은 대오大吳의 나라입니다."라고 말했다. 이 구절에 대해 장수절은 《사기정의》에서 이렇게 주석했다. "살펴보니 남월南越에 속하므로 구월甌越이라고 했다. 《여지지》에서 말한다. '교지交趾는 주나라 때는 낙월駱越이었고 진秦나라 때는 서구西甌라고 했으며 문신하고 단발해서 용을 피한다.' 곧 서구락西甌駱은 또 반오番吾의 서쪽에 있다. 남월과 구락은 모두 미성芈姓이다. 《세본》에서 '월나라는 미성이고 초나라와 함께 조상이 같다.'라고 한 것이 이것이다."

사마천은 월왕의 계보를 사성姒姓이라고 말했지만 장수절은 초나라와 같은 미성이라고 말했다. 또한 여기에서 말하는 월은 남월이라고 했다. 남월이라는 방위명이 붙은 것은 다른 지역에도 월이 있다는 사실을 시사한다. 후대에 가서 과거의 영역을 확장시키는 중국의 역사서술 전통으로 볼 때 월의 강역을 무리하게 우의 강역에 포함시켰음을 시사한다.

② 至於允常지어윤상

정의 《여지지》에서 말한다. "월후越侯가 국가를 전한 것이 30여 대인데 은나라를 거쳐 주周나라 경왕敬王 시대에 이르러 월후越侯 부담夫譚이 있었으니 그의 아들이 윤상允常이다. 땅을 개척하고 비로소 거대해져서 왕이라고 칭했는데, 《춘추》에서는 폄하해 자작이라 하고 어월於越이라 불렀다. 두예의 주석에서 '於는 어語로 발성한다.'라고 했다."

輿地志云 越侯傳國三十餘葉 歷殷至周敬王時 有越侯夫譚 子曰允常 拓土始大 稱王 春秋貶爲子 號爲於越 杜注云 於 語發聲也

구천 원년, 오왕 합려는 윤상이 죽었다는 소식을 듣고, 이에 군사를 일으켜 월나라를 침략했다. 월왕 구천은 죽음을 각오한 군사들에게 오나라에 정면으로 맞서 싸우게 했다. 이들은 세 줄로 나아가 오나라 진지에 이르러 크게 외치고 스스로 목을 베어 죽었다. 오나라 군사들은 이들을 살펴보고만 있었다. 월나라에서 이를 계기로 오나라 군사들을 습격했고, 오나라 군사들은 취리檇李[1]에서 무너졌다. 오왕 합려에게 화살을 쏘아 상처를 입혔다. 합려가 곧 죽음을 앞두고 그의 아들 부차에게 알려 말했다.

"반드시 월나라를 잊지 말거라."

元年 吳王闔廬聞允常死 乃興師伐越 越王句踐使死士挑戰 三行 至吳陳 呼而自剄 吳師觀之 越因襲擊吳師 吳師敗於檇李[1] 射傷吳王闔廬 闔廬且死 告其子夫差曰 必毋忘越

① 檇李취리

두예가 말했다. "오군 가흥현 남쪽에 취리성이 있다."

杜預曰 吳郡嘉興縣南有檇李城

이 사건은 《좌전》 노정공 14년 조에 나온다.

事在左傳魯定公十四年

3년, 구천은 오왕 부차가 낮밤으로 군대를 훈련시키고 또 월나라에 원수를 갚으려 한다는 보고를 들었다. 월나라는 오나라가 군사를 일으키기 전에 먼저 가서 침벌하고자 했다. 범려范蠡가 간언했다.

"안 됩니다. 신은 군사란 흉한 기구라고 들었습니다. 전쟁이란 덕을 거역하는 것이고, 다툼이란 일의 끄트머리입니다. 남몰래 계책을 꾸미면서 덕을 거역하며 흉한 기구를 쓰기를 좋아하여, 자신을 끄트머리 일에 시험하는 것은 상제上帝께서도 금하는 것으로 이를 행하는 자는 이롭지 않습니다."

월왕이 말했다.

"나는 이미 결정했느니라."

마침내 군사를 일으켰다. 오왕이 이 소식을 듣고 모든 정예병을 일으켜 월나라를 공격해 부초夫椒[①]에서 무찔렀다. 월왕이 이에 남은 군사 5,000명과 회계산에 들어가 지키는데,[②] 오왕이 추격해 포위했다.

三年 句踐聞吳王夫差日夜勒兵 且以報越 越欲先吳未發往伐之 范蠡諫曰 不可 臣聞兵者凶器也 戰者逆德也 爭者事之末也 陰謀逆德 好用

凶器 試身於所末 上帝禁之 行者不利 越王曰 吾已決之矣 遂興師 吳王 聞之 悉發精兵擊越 敗之夫椒^① 越王乃以餘兵五千人保棲於會稽^② 吳 王追而圍之

① 夫椒부초

[집해] 두예가 말했다. "부초는 오군 오현에 있는데, 태호太湖 안의 초산 椒山이다."

杜預曰 夫椒在吳郡吳縣 太湖中椒山是也

[색은] 夫는 '부符'로 발음하고 椒(산초나무)는 '초焦'로 발음한다. 초椒는 본래 추湫로 되어 있다. '조[酒小反]'로 발음한다. 가규는 지명이라고 했다. 《국어》에서는 오호五湖에서 무너졌다고 일렀는데, 그러므로 두예가 초 산椒山에 있다고 한 것은 잘못이다. 이 사건은 노애공 원년 조에 자세히 기록되어 있다.

夫音符 椒音焦 本又作湫 音酒小反 賈逵云地名 國語云敗之五湖 則杜預云在 椒山爲非 事具哀公元年

② 保棲於會稽보서어회계

[집해] 두예가 말했다. "회계산에 오른 것이다."

杜預曰 上會稽山也

[색은] 추탄이 말했다. "산의 보호받는 것을 서棲라 하는데 새가 나무에 깃들어 해害를 피하는 것과 같은 것이다. 《육도》에서는 '군대가 산의 높 은 곳에 거처하는 것을 서棲라고 한다.'라고 했다."

鄒誕云 保山曰棲 猶鳥棲於木以避害也 故六韜曰 軍處山之高者則曰棲

월왕이 범려[1]에게 일러 말했다.

"그대 말을 듣지 않아서 이 지경에 이르렀으니 어찌해야 하겠는가?"

범려가 대답했다.

"가득 찬 것을 유지하는 것은 하늘과 함께하고,[2] 기울어지는 것을 안정시키는 것은 사람과 함께하며,[3] 사업을 조절하는 것은 땅과 함께한다고[4] 했습니다. 자신을 낮추는 말씨와 후한 예물을 갖춰 보내고, 허락하지 않는다면 몸으로 함께 따른다고 해야 합니다.[5]"

越王謂范蠡[1]曰 以不聽子故至於此 爲之奈何 蠡對曰 持滿者與天[2] 定傾者與人[3] 節事者以地[4] 卑辭厚禮以遺之 不許 而身與之市[5]

① 范蠡범려

정의 《회계전록》에서 말한다. "범려는 자가 소백少伯이고 월越의 상장군이다. 본래 초나라 완宛의 삼호三戶 사람인데 거짓으로 미친 척했지만, 뜻이 크고 기개가 있어 세속을 등졌다. 문종文種이 완의 현령이 되어 관리를 보내서 받들어 뵙고자 했다. 관리가 돌아와 말하기를 '범려는 본국의 미친 사람이며 태어나면서부터 이러한 병이 있었습니다.'라고 했다. 문종이 웃으면서 이르길, '내가 듣자니 사인士人에게는 현명하고 뛰어난 자태가 있다고 했다. 반드시 거짓으로 미친 척한다는 비난을 받고 있지만, 속으로는 홀로 깨달은 현명함을 품고 있는 것인데 밖에서 알지 못하고 헐뜯는 것이다. 이는 진실로 두세 사람이 알아차릴 바가 아니다.'라고 했다. (누군가) 수레를 타고 갔는데, 범려가 피했다. 뒤에 문종이 반드시 와서 찾을 것을 알고 형수에게 일러 말하기를 '오늘은 손님이 있을 것이니, 의관을 빌리고 싶습니다.'라고 했다. 한 식경쯤, 문종이 이르자 손뼉을 치며 담소했는데 주변의 구경꾼들이 귀를 쫑긋 세우고 경청했다."

會稽典錄云 范蠡字少伯 越之上將軍也 本是楚宛三戶人 佯狂倜儻負俗 文種爲
宛令 遣吏謁奉 吏還曰 范蠡本國狂人 生有此病 種笑曰 吾聞士有賢俊之姿 必
有佯狂之譏 內懷獨見之明 外有不知之毀 此固非二三子之所知也 駕車而往 蠡
避之 後知種之必來謁 謂兄嫂曰 今日有客 願假衣冠 有頃種至 抵掌而談 旁人
觀者聳聽之矣

② 持滿者與天 지만자여천

집해 위소가 말했다. "여천이란 하늘을 본받는 것이다. 하늘의 도는
가득 차되 넘치지 않는다."

韋昭曰 與天 法天也 天道盈而不溢

색은 여천與天(하늘과 함께 하는 것)은 천여天與(하늘이 주는 것)이다. 가득 차
도 넘치지 않는 것은 하늘과 더불어 도를 함께 하는 것이다. 그래서 하늘
이 주는 것이라고 말한다.

與天 天與也 言持滿不溢 與天同道 故天與之

③ 定傾者與人 정경자여인

집해 우번이 말했다. "사람의 도리는 오히려 겸손하고 낮춤으로써 스
스로를 다스리는 것이다."

虞翻曰 人道尚謙卑以自牧

색은 군주는 기울어진 것을 안정시키는 공이 있어야 한다. 그래아 사
람들이 그와 함께 하는 것이다.

人主有定傾之功 故人與之也

④ 節事者以地절사자이지

집해 위소가 말했다. "때가 이르지 않았는데 억지로 살게 할 수 없고, 일을 마치지 못했는데 억지로 이룰 수 없는 것이다."

韋昭曰 時不至 不可彊生 事不究 不可彊成

색은 《국어》에서는 '이以'를 '여與'라 했다. 〈월왕구천세가〉에서는 '이以'로 되어 있지만, 또한 뜻은 여與이다. 땅은 능히 재료를 가지고 만물을 이루니 군주는 마땅히 절약해서 땅을 본받는다는 말이다. 그래서 땅이 주는 것이라고 했다. 위소 등의 해석은 아마 잘못인 것 같다.

國語以 作與 此作以 亦與義也 言地能財成萬物 人主宜節用以法地 故地與之 韋昭等解恐非

⑤ 卑辭厚禮~而身與之市비사후례~이신여지시

집해 위소가 말했다. "시市는 이利이다. 열쇠를 맡기고 나라를 부탁하여 몸으로 따르는 것을 일컫는다."

韋昭曰 市 利也 謂委管籥屬國家 以身隨之

정의 자신을 낮추어 말하고 두텁고 진귀한 보배를 보냈는데도 화평을 허락하지 않는다면, 월왕이 몸소 가서 섬기는 것인데 마치 시장에서 재물을 바꾸어 이롭게 하는 것과 같은 것이다. 이것이 곧 기울고 위태로운 것을 안정시키는 계책이다.

卑作言辭 厚遺珍寶 不許平 越王身往事之 如市賈貨易以利 此是定傾危之計

구천이 말했다.

"그렇게 하겠소."

이에 대부 종種에게 오나라와 화친을 맺으라고 명했다.[①]

종은 오왕에게 무릎걸음으로 가서 머리를 조아리며 말했다.

"군왕의 망한 신하 구천은 배신陪臣인 종種을 시켜서 감히 하집사
下執事에게 알립니다. 구천은 신하가 되고 아내는 첩이 될 것을 청
하겠습니다."

句踐曰 諾 乃令大夫種行成於吳[①] 膝行頓首曰 君王亡臣句踐使陪臣種
敢告下執事 句踐請爲臣 妻爲妾

① 令大夫種行成於吳령대부종행성어오

색은 대부는 관직이고, 종種은 이름이다. 일설에는 대부의 성姓이라 하
면서 사마司馬나 사도司徒에 견주는 것과 같다고 하는데, 대개 잘못이다.
성成이란 화평이고, 오나라에 화평을 구하는 것이다.

大夫 官 種 名也 一曰大夫姓 猶司馬司徒之比 蓋非也 成者 平也 求和於吳也

정의 《오월춘추》에서 말한다. "대부 종의 성은 문文이고 이름은 종種
이며 자는 자금子禽이다. 형荊(초나라) 평왕平王 때 완宛의 현령이 되어 삼
호三戶의 마을에 갔는데, 범려가 개를 따라 쪼그리고 앉아서 짖었다. 따
르는 관리가 문종이 수치로 여길까 봐 걱정하고 사람을 시켜 옷을 끌어
다 가렸다. 문종이 '막지 말라. 내가 개 짖는 것을 사람이 한다는 소문을
들었다. 지금 내가 이곳에 도착해 보니, 성인聖人의 기상이 있다. 직접 찾
아보려고 와서 이곳에 이르렀다. 또 사람의 몸으로 개 짖는 소리를 내는
자를 나는 이 사람이라고 이르겠다.'라고 말했다. 곧 수레에서 내려 절을

했으나 범려는 예를 취하지 않았다고 한다."

吳越春秋云 大夫種姓文名種 字子禽 荊平王時爲宛令 之三戶之里 范蠡從犬竇
蹲而吠之 從吏恐文種慚 令人引衣而郭之 文種曰 無郭也 吾聞犬之所吠者人
今吾到此 有聖人之氣 行而求之 來至於此 且人身而犬吠者 謂我是人也 乃下
車拜 蠡不爲禮

오왕이 허락하려고 하자 자서子胥가 오왕에게 말했다.

"하늘이 월나라를 오나라에 주었으니 허락하지 마십시오."

대부 종이 돌아와 구천에게 보고했다. 구천이 듣고 처자식을 죽이
고 보기寶器를 불태우고 맞붙어 싸우다 죽고자 했다. 대부 종이
구천을 말리며 말했다.

"대저 오나라 태재太宰 백비伯嚭는 탐욕스러워 이익으로 유인할
수 있으니, 몰래 가서① 그와 만나볼 것을 청합니다."

이에 구천은 대부 종에게 미녀와 보배로운 기물을 몰래 오나라 태
재 백비에게 바치도록 명했다.② 백비는 뇌물을 받고, 대부 종이
오왕과 만나도록 했다.

吳王將許之 子胥言於吳王曰 天以越賜吳 勿許也 種還 以報句踐 句踐欲
殺妻子 燔寶器 觸戰以死 種止句踐曰 夫吳太宰嚭貪 可誘以利 請間行①
言之 於是句踐以美女寶器令種間獻吳太宰嚭② 嚭受 乃見大夫種於吳王

---

① 間行간행

색은 間의 발음은 '간[紀閑反]'이다. 간행은 미행微行(몰래 가는 것)과 같다.

間音紀閑反 間行猶微行

② 於是句踐~吳太宰嚭어시구천~오태재비
[색은] 《국어》에서 말한다. "월나라에서 미녀 두 사람을 치장시키고 대부 종을 시켜 태재 백비에게 보내도록 했다."
國語云 越飾美女二人 使大夫種遺太宰嚭

종이 머리를 조아리고 말했다.
"원하옵건대 대왕께서 구천의 죄를 사면해 주시면, 그의 보배로운 기물을 모두 들이겠습니다. 불행히도 사면하지 않는다면, 구천은 장차 그의 처자식을 모두 죽이고 그의 보배로운 기물을 불태우고, 5,000명의 군사로 맞붙어 싸울 것이니, 반드시 당해낼 수 있을 것입니다.①"
태재 백비가 따라서 오왕을 설득하며 말했다.
"월나라에서 복종하고 신하가 된다고 하니 만약 장차 사면해 준다면, 이것은 나라에 이로울 것입니다."
오왕이 허락하려 하자 오자서伍子胥가 나아가 간언하여 말했다.
"지금 월나라를 멸망시키지 않으면, 뒤에 반드시 후회할 것입니다. 구천은 현명한 군주이고 종과 범려는 훌륭한 신하입니다. 만약 나라로 돌아가게 한다면 장차 변란이 일어나게 될 것입니다."
오왕이 듣지 않고 마침내 월나라를 용서해 주었으며, 군사를 파하고 돌아갔다.

種頓首言曰 願大王赦句踐之罪 盡入其寶器 不幸不赦 句踐將盡殺其
妻子 燔其寶器 悉五千人觸戰 必有當也[①] 嚭因說吳王曰 越以服爲臣
若將赦之 此國之利也 吳王將許之 子胥進諫曰 今不滅越 後必悔之 句
踐賢君 種蠡良臣 若反國 將爲亂 吳王弗聽 卒赦越 罷兵而歸

① 悉五千人觸戰 必有當也실오천인촉전 필유당야

색은 "모두 5,000명의 군사로 맞붙어 싸울 것이다."라고 한 것을, 어떤
이는 오나라 군사를 당해낼 수 있는 것이라고 했으므로, 《국어》에서는
'우耦(마주서다)' 자로 되어 있다고 했다. 우耦는 또한 서로 대적할 수 있다는
뜻이다. 또 아래에 이르기를 "어찌 군왕께서 아끼는 바에 손상이 없겠습
니까?"라고 했으니, 이는 상대하면 곧 서로에게 피해가 있다는 것이다.

言悉五千人觸戰 或有能當吳兵者 故國語作耦 耦亦相當對之名 又下云無乃傷
君王之所愛乎 是有當則相傷也

구천이 회계에서 곤궁하게 되자 한숨을 내쉬며 말했다.
"내가 여기에서 마칠 것인가?"
종이 대답했다.
"탕임금은 하대夏臺에 갇혔고, 문왕은 유리羑里에 갇혔으며, 진晉나
라 중이重耳는 적翟나라로 달아났고, 제나라 소백小白(환공)은 거莒
나라로 달아났으나, 그들은 마침내 왕이 되고 패자가 되었습니다.
이로써 살펴본다면, 어찌 군색한 것이 복이 되지 않겠습니까?"

오나라가 월나라를 용서하자, 월왕 구천이 나라로 돌아왔다. 이에 몸을 괴롭게 하고 생각을 골똘히 하며, 자리에 쓸개를 두어 앉으나 누우나 곧 쓸개를 우러러보고, 음식을 먹을 때도 쓸개를 맛보면서 말했다.

"너는 회계의 치욕을 잊었느냐?"

자신은 몸소 농사를 짓고 부인은 몸소 길쌈을 했다. 식사에는 고기를 더하지 않았고 의복은 겹옷과 채색옷을 입지 않았다. 절개를 꺾고 현인에게 자신을 낮췄으며, 빈객들을 후하게 대우했다. 가난한 이를 구휼하고 죽은 이들을 조문하며[①] 백성과 더불어 그 노고를 함께했다.

범려에게 국가의 정사를 다스리게 하려 하자 범려가 대답해 말했다.

"군사의 일은 종이 저만 못합니다. 국가를 채우고[②] 어루만지며 백성을 친히 따르게 하는 것은 제가 종만 못합니다."

이에 온 나라의 정사를 대부 종에게 맡기고, 범려와 대부 자계柘稽[③]에게는 화평을 청하게 하고 오나라에 인질이 되게 했다. 2년이 되어서야 오나라에서 범려를 돌려보냈다.[④]

句踐之困會稽也 喟然嘆曰 吾終於此乎 種曰 湯繫夏臺 文王囚羑里 晉重耳奔翟 齊小白奔莒 其卒王霸 由是觀之 何遽不爲福乎 吳旣赦越 越王句踐反國 乃苦身焦思 置膽於坐 坐臥即仰膽 飮食亦嘗膽也曰 女忘會稽之恥邪 身自耕作 夫人自織 食不加肉 衣不重采 折節 下賢人 厚遇賓客 振貧弔死[①] 與百姓同其勞 欲使范蠡治國政 蠡對曰 兵甲之事 種不如蠡 塡[②]撫國家 親附百姓 蠡不如種 於是擧國政屬大夫種 而使范蠡與大夫柘稽[③]行成 爲質於吳 二歲而吳歸蠡[④]

① 振貧弔死진빈조사

집해 서광이 말했다. "조弔는 다른 판본에는 '장葬'으로 되어 있다."

徐廣曰 弔 一作葬

② 塡진

색은 塡은 '진鎭'으로 발음한다.

鎭音

신주 진塡은 메우다, 순종하다는 뜻일 때는 '전'으로 발음하고, 진정하다는 뜻일 때는 '진'으로 발음한다.

③ 大夫柘稽대부자계

색은 월나라 대부이다. 《국어》에는 '저계영諸稽郢'으로 되어 있다.

越大夫也 國語作諸稽郢

④ 二歲而吳歸蠡이세이오귀려

신주 《사기지의》에 따르면 《국어》와 《한비자》와 《월절서》에서 모두 구천은 범려와 더불어 직접 오나라로도 들어갔다가 3년 만에 돌아왔다고 한다. 구천은 월나라 국정을 종種에게 맡기고, 오나라에서 치욕을 견뎌냈을 것으로 보았다.

구천이 회계에서 돌아온 지 7년, 그의 사민土民을 어루만져서 따르게 하고 오나라에 보복하는 데 이용하고자 했다. 대부 봉동逢同[1]이 간언했다.

"나라가 처음으로 유망하다가 지금에야 다시 성대하고 넉넉해졌습니다. 이에 체제를 정비하고 날카로운 무기를 갖추면 오나라는 반드시 두려워할 것입니다. 두려워하면 곧 어려움이 반드시 닥칠 것이니, 마치 사나운 새가 공격할 때 반드시 그 모습을 숨기는 것처럼 해야 합니다. 지금 무릇 오나라 군사들은 제나라와 진晉나라에 공격을 가하는데 원망이 초나라나 월나라를 칠 때보다 깊습니다. 명성은 천하에 높지만 실제로 주나라 왕실에 해를 끼치고 있습니다. 덕은 적고 공功은 많으니, 반드시 지나치게 자만할 것입니다. 월나라를 위한 계책은 제나라와 결탁하고 초나라와 친선하며 진晉나라에 의지하느니만 못합니다. 이에 오나라를 후하게 대우하면 오나라가 뜻이 넓어져 반드시 전쟁을 가볍게 여길 것입니다. 이로써 우리가 그 권세와 연결하여 세 나라가 오나라를 정벌하게 하고, 월나라는 그의 피폐함을 타면 이길 수 있을 것입니다."

구천이 말했다.

"좋소."

句踐自會稽歸七年 拊循其士民 欲用以報吳 大夫逢同[1]諫曰 國新流亡 今乃復殷給 繕飾備利 吳必懼 懼則難必至 且鷙鳥之擊也 必匿其形 今夫吳兵加齊晉 怨深於楚越 名高天下 實害周室 德少而功多 必淫自矜 爲越計 莫若結齊 親楚 附晉 以厚吳 吳之志廣 必輕戰 是我連其權 三國伐之 越承其弊 可克也 句踐曰 善

① 大夫逢同대부봉동

색은 봉逢은 성이고 동同은 이름이다. 옛날 초나라에 봉백逢伯이 있었다.
逢 姓 同 名 故楚有逢伯

2년이 지나서(부차 12년) 오왕이 장차 제나라를 정벌하려 했다. 오
자서가 간언해 말했다.

"옳지 않습니다. 신이 듣기로 구천은 음식을 먹는데 맛을 중하게
여기지 않고 백성과 함께 동고동락한다고 합니다. 이 사람을 죽이
지 않으면 반드시 나라의 걱정거리가 될 것입니다. 오나라에게 월
나라는 배속의 병이고 제나라는 옴①과 같은 것입니다. 원컨대 왕
께서는 제나라를 제쳐두고 월나라를 먼저 쳐야 합니다."

오왕이 듣지 않았다. 마침내 제나라를 정벌해 애릉艾陵에서 무찔
렀다.② 제나라의 고씨高氏와 국씨國氏③를 사로잡아 돌아왔다. 이
에 오자서를 나무랐다. 오자서가 말했다.

"왕께서는 기뻐하지 마십시오!"

왕이 화를 내자 오자서가 자살하고자 했다. 왕이 듣고 제지했다.
월나라 대부 종이 말했다.

"신이 살펴보니 오왕은 정치하는 것이 교만해졌으니, 시험 삼아
곡식을 빌려달라고 청해 그 일을 점쳐야 합니다."

월에서 곡식을 빌려달라고 청하자 오왕이 주고자 했다. 오자서가 곡
식을 주지말라고 간청했지만 왕이 마침내 주었으며, 월나라는 곧 마
음속으로 기뻐했다.

오자서가 말했다.

"왕께서 간언을 듣지 않으니, 3년 뒤에 오나라는 아마 황폐하게 될 것일세."

居二年 吳王將伐齊 子胥諫曰 未可 臣聞句踐食不重味 與百姓同苦樂 此人不死 必爲國患 吳有越 腹心之疾 齊與吳 疥癬^①也 願王釋齊先越 吳王弗聽 遂伐齊 敗之艾陵^② 虜齊高國^③以歸 讓子胥 子胥曰 王毋喜 王 怒 子胥欲自殺 王聞而止之 越大夫種曰 臣觀吳王政驕矣 請試嘗之貸 粟 以卜其事 請貸 吳王欲與 子胥諫勿與 王遂與之 越乃私喜 子胥言曰 王不聽諫 後三年吳其墟乎

① 疥癬개선

색은 疥癬은 '개선介鱓'으로 발음한다.

疥癬音介鱓

② 伐齊 敗之艾陵벌제 패지애릉

색은 노애공 11년에 있었다.

在魯哀十一年

③ 虜齊高國로제고국

색은 국혜자國惠子와 고소자高昭子이다.

國惠子高昭子

신주 《좌전》에 따르면 포로로 잡은 것은 국씨뿐이다. 고씨는 패주했을 뿐이다. 《사기지의》에서도 그렇게 설명했다. 이때는 제나라 간공簡公

원년이며, 이미 5년 전에 전기田乞와 권력투쟁에서 패하여 국혜자는 거픔로 달아났고 고소자는 살해당했다고 했다.

태재 백비가 이 말을 듣고 자주 오자서와 함께 월나라에 대한 의논으로 다투었다. 이로 인해 오자서를 헐뜯어 말했다.

"오원伍員(오자서)은 얼굴로는 충성하지만 실제는 잔인한 사람입니다. 그의 부모와 형제도 돌아보지 않았는데 어찌 능히 왕을 돌아보겠습니까? 왕께서 지난날 제나라를 정벌코자 할 때, 오원이 강하게 간언했지만, 정벌이 끝나고 공이 있었음에도 거꾸로 왕을 원망하는 데 이용했습니다. 왕께서 오원을 대비하지 않으면 오원이 반드시 변란을 일으킬 것입니다."

(백비가) 대부 봉동逢同과 함께 모의하고, 왕에게 오자서를 헐뜯었다.[①] 왕이 처음에는 따르지 않고 오자서를 제나라에 사신으로 보냈는데 그의 아들을 포씨鮑氏에게 부탁했다는 소식을 듣고 왕이 크게 노해 말했다.

"오원이 과연 과인을 속이는구나!"

전쟁에서 돌아와 사람을 시켜 오자서에게 촉루검屬鏤劍을 내리고 자살하게 했다. 오자서가 크게 웃으면서 말했다.

"나는 당신의 아버지를 패자霸者로 만들었소.[②] 나는 또 당신[③]을 군주로 세웠는데 당신은 처음에 오나라 절반을 나누어 나에게 주고자 했소. 그때 나는 받지 않았는데 이제 당신은 도리어 헐뜯는 말을 듣고 나를 죽이려고 합니다. 아아! 혼자서는 진실로 독립

할 수 없는 것이거늘."

오왕의 사신에게 알려서 말했다.

"반드시 나의 눈을 취해서 오나라 동쪽 문에 걸어두어④ 월나라 군사가 쳐들어오는 것을 보리라.⑤"

이에 오나라는 백비에게 정사를 맡겼다.

太宰嚭聞之 乃數與子胥爭越議 因讒子胥曰 伍員貌忠而實忍人 其父 兄不顧 安能顧王 王前欲伐齊 員彊諫 已而有功 用是反怨王 王不備伍 員 員必爲亂 與逢同共謀 讒之王① 王始不從 乃使子胥於齊 聞其託子 於鮑氏 王乃大怒 曰 伍員果欺寡人 役反 使人賜子胥屬鏤劍以自殺 子 胥大笑曰 我令而父霸② 我又立若③ 若初欲分吳國半予我 我不受 已 今 若反以讒誅我 嗟乎 嗟乎 一人固不能獨立 報使者曰 必取吾眼置吳東 門④ 以觀越兵入也⑤ 於是吳任嚭政

① 與逢同共謀 讒之王어봉동공모 참지왕

신주 《사기지의》에서 "사건이 《월절서》에서 상세히 기록되어 있다. 그러나 봉동은 월나라 신하인데, 어찌 오나라에 있으면서 백배와 벗이 되어 오자서를 헐뜯을 수 있는가? 《월절서》에서는 또한 구천이 태재 백비와 봉동을 그 처자와 더불어 죽였다고 한다. 서부원徐孚遠은 범려가 이미 돌아오고 봉동을 남겨 오나라를 섬기게 했다고 말했는데, 당연하다 할 것이다."라고 했다.

② 我令而父霸아령이부패

□색은□ 이而는 여汝(너)이고, 부父는 합려閭廬이다.

而 汝也父 闔廬也

③ 若약

약若은 또한 여汝이다.

若亦汝也

④ 必取吾眼置吳東門필취오안치오동문

《국어》의 〈오어〉에서는 이와 같은 말이 있지만, 같은 시기의 《좌전》에서는 나오지 않는다.

⑤ 以觀越兵入也이관월병입야

《국어》에서는 "오왕이 성을 내며 말하기를 '나는 대부로 하여금 보지 못하게 할 것이다.'라고 하고, 이에 죽여서 가죽 술 부대에 담아 강수江水에 던졌다."라고 한다.

國語云吳王慍曰孤不使大夫得見 乃盛以鴟夷 投之于江也

3년이 지나서① 구천은 범려를 불러서 물었다.

"오나라는 이미 자서를 죽였고 아첨으로 이끄는 자가 많은데, 칠 수 있겠소?"

범려가 대답했다.

"아직 안 됩니다."

다음 해 봄에 이르러 오왕이 북쪽으로 가 황지潢池에서 제후들과 회합하는데[2] 오나라 정예병은 오왕을 따르게 하고 오직 노약자와 태자만 수도에 남겨 수비하게 했다.[3] 구천이 다시 범려에게 묻자 범려가 말했다.

"가능합니다."

이에 유배 중 훈련받은 2,000명,[4] 잘 훈련받은 병사兵士 4만 명,[5] 군주의 친위대 6,000명,[6] 각부서의 지휘자 1,000명[7]을 일으켜 오나라를 공격했다.

오나라 군사는 무너졌으며, 월나라는 마침내 오나라 태자를 죽였다. 오나라는 위급함을 왕에게 알렸는데, 왕은 마침 제후들과 황지에서 회합하고 있었기에, 천하에서 들을까 두려워 비밀로 했다. 오왕이 황지에서 맹약을 하고, 사람을 시켜 후한 예물로 월나라에 화평을 청하게 했다.

월나라는 스스로 헤아려보고 또한 아직 오나라를 멸망시킬 수 없었기에, 이에 오나라와 화평했다.

居三年[1] 句踐召范蠡曰 吳已殺子胥 導諛者衆 可乎 對曰 未可 至明年春 吳王北會諸侯於黃池[2] 吳國精兵從王 惟獨老弱與太子留守[3] 句踐復問范蠡 蠡曰可矣 乃發習流二千人[4] 教士四萬人[5] 君子六千人[6] 諸御千人[7] 伐吳 吳師敗 遂殺吳太子 吳告急於王 王方會諸侯於黃池 懼天下聞之 乃祕之 吳王已盟黃池 乃使人厚禮以請成越 越自度亦未能滅吳 乃與吳平

① 居三年거삼년

신주 오왕 부차 12년（〈연표〉에서는 11년）에 오자서가 자살하고, 14년에 황지에서 제후들과 회합할 때 구천이 오나라를 기습했으므로, 3년이 아니라 2년이 지났다고 해야 한다.

② 吳王北會諸侯於黃池오왕북회제후어황지

[색은] 애공 13년에 있었다.

在哀十三年

③ 太子留守태자유수

[색은] 《좌전》에 따르면 태자의 이름은 우友이다.

據左氏傳 太子名友

④ 乃發習流二千人내발습유이천인

[색은] 《서경》〈우서〉에서 "다섯 가지 형벌을 유배형으로 너그럽게 하다."라고 했다. 살펴보니 귀양 보내는 죄인들을 부려서 전투를 익히게 하고, 임명해 졸오卒伍로 삼았다. 그러므로 2,000명이 있었다.

虞書云流宥五刑 按 流放之罪人 使之習戰 任爲卒伍 故有二千人

[정의] 먼저 유배자를 잘 훈련시켜 전진戰陣에서 유리하게 만들고 죽은 자가 2,000명이었다는 것을 일컬은 것이다.

謂先慣習流利戰陣死者二千人也

⑤ 教士四萬人교사사만인

[색은] 항상 가르치고 훈련시킨 병사를 말한다. 그러므로 공자孔子께서 "가르치지 않은 백성을 전쟁에 내보내는 것, 이것을 일러 백성을 버리는 것"이라고 한 것이 이것이다.

謂常所教練之兵也 故孔子曰以不敎民戰 是謂棄之 是也

⑥ 君子六千人군자육천인

집해 위소가 말했다. "군자君子란 왕이 친근하게 하고 의지와 행위가 있는 자로, 오나라에서는 이른바 '현량賢良', 제나라에서는 이른바 '사士'와 같다." 우번이 말했다. "군주가 기르는 것을 자식과 같이 하는 것이라는 말이다."

韋昭曰 君子 王所親近有志行者 猶吳所謂 賢良 齊所謂 士也 虞翻曰 言君養之如子

색은 군자란 군주가 자식처럼 길러서 은혜가 있는 자를 일컫는다. 또 살펴보니 《좌전》에서 말한다. "초나라 심윤沈尹 술戌이 도군자都君子를 거느리고 구제하는 군사로써" 두예는 말했다. "도군자란 도읍都邑의 사士로 부역을 면제받은 자를 이른다." 《국어》에서 말한다. "왕의 개인적 졸卒인 군자가 6,000명이었다."

君子謂君所子養有恩惠者 又按 左氏楚沈尹戌帥都君子以濟師 杜預曰都君子謂都邑之士有復除者 國語王以私卒君子六千人

신주 도군자는 도읍에 사는 사인士人 중에 부역을 면제받은 자로, 왕의 말을 기르는 인물들을 뜻한다. 《좌전》 노소공魯昭公 27년(서기전 515)에 "초나라는 유윤연蔿尹然과 공윤균工尹麇이 군대를 거느리고 가서 잠潛을 구원하고 좌사마左司馬 심윤 술이 도군자와 왕마관속王馬官屬을 거느리고 군사의 수를 더 늘려 노우러 가다가 궁窮에서 오군吳軍과 만났다."는 구절이 있다.

⑦ 諸御千人제어천인

색은 제어諸御란 여러 일을 처리하는 관직으로, 군대에 두어 관장하는 직무가 있음을 이른다.

諸御謂諸理事之官在軍有職掌者

그 뒤 4년, 월나라가 다시 오나라를 공격했다. 오나라 사민士民들은 피폐해졌고 날쌘 군사들은 제나라나 진晉나라에서 모두 죽었다. 이에 월나라가 오나라를 크게 깨뜨렸으며, 이로 인해 머물러 3년을 포위했다. 오나라 군사는 패하고, 월나라는 마침내 다시 오왕을 고소산姑蘇山에 가두었다.

오왕이 공손웅公孫雄[①]에게 어깨를 드러내고 무릎걸음으로 나아가, 월왕과의 화평을 성사시켜 달라고 청했다.

"고신孤臣 부차는 감히 속마음을 털어놓겠습니다. 다른 날에 일찍이 회계에서 죄를 얻었기에, 부차는 감히 명을 거역하지 못하고 군왕과 더불어 화평을 얻어 돌아갈까 합니다. 지금 군왕께서 옥보玉步를 거동하시어 고신孤臣을 처벌하신다면 고신은 오직 명령에 따를 것이나, 마음으로 또한 바라건대 회계에서처럼 고신의 죄를 사면해 주시겠습니까?"

구천이 차마 죽이지 못하고 허락하려 하자 범려가 말했다.

"회계에서의 일은 하늘이 월나라를 오나라에 준 것인데, 오나라에서 취하지 않은 것입니다. 지금은 하늘이 오나라를 월나라에 준 것인데, 월나라에서 하늘을 거역하겠습니까? 또 무릇 군왕께서 아침 일찍 조회하시고 밤이 늦어서야 일을 끝내신 것은 오나라를 치기 위한 것이 아니었습니까? 22년을 계획한 것을 하루아침에 버리는 것이 옳겠습니까? 또 무릇 하늘이 준 것을 취하지 않으면, 도리어 그 허물을 받을 것입니다. 《시경》에서 '도끼자루를 자르는 자는 그 기준이 멀리 있지 않다.'라고 했습니다. 군주께서는 회계의 곤욕을 잊으셨습니까?"

구천이 말했다.

"나는 그대의 말을 들어주고 싶지만, 나는 그 사신을 차마 어찌하지 못하겠소."

범려가 이에 북을 울려 군사를 진격시키며 말했다.

"왕께서 이미 정사를 집사[2]에게 맡겼으니 사신은 떠나거라. 떠나지 않는다면 죄를 얻으리라.[3]"

其後四年 越復伐吳 吳士民罷弊 輕銳盡死於齊晉 而越大破吳 因而留圍之三年 吳師敗 越遂復棲吳王於姑蘇之山 吳王使公孫雄[1]肉袒膝行而前 請成越王曰 孤臣夫差敢布腹心 異日嘗得罪於會稽 夫差不敢逆命 得與君王成以歸 今君王擧玉趾而誅孤臣 孤臣惟命是聽 意者亦欲如會稽之赦孤臣之罪乎 句踐不忍 欲許之 范蠡曰 會稽之事 天以越賜吳 吳不取 今天以吳賜越 越其可逆天乎 且夫君王蚤朝晏罷 非爲吳邪 謀之二十二年 一旦而棄之 可乎 且夫天與弗取 反受其咎 伐柯者其則不遠 君忘會稽之厄乎 句踐曰 吾欲聽子言 吾不忍其使者 范蠡乃鼓進兵曰 王已屬政於執事[2] 使者去 不者且得罪[3]

① 公孫雄공손웅

집해 우번이 말했다. "오나라 대부이다."

虞翻曰 吳大夫

② 政於執事정어집사
[집해] 우번이 말했다. "집사는 범려가 스스로를 이른 것이다."
虞翻曰 執事 蠡自謂也

③ 使者去 不者且得罪사자거 불자차득죄
[집해] 우번이 말했다. "나는 그대에게 죄를 구할 것이다."
虞翻曰 我爲子得罪
[색은] 우번의 주석은 아마 《국어》의 문장에 의거한 것 같다. 지금 〈월왕
구천세가〉의 문장을 보면, 사신은 마땅히 신속하게 떠날 것이며, 그렇지
않으면 또 월나라에 죄를 얻을 것이라고 이른 것이니, 뜻이 또한 통한다.
虞翻注蓋依國語之文 今望此文 謂使者宜速去 不且得罪於越 義亦通

오나라 사신은 울면서 떠나갔다. 구천이 애처롭게 여기고 이에 사
람을 시켜 오왕에게 일러 말하게 했다.
"나는 왕을 용동勇東에 두고, 그대에게 100가家를 거느리게 할 것
이오.①"
오왕이 사절하며 말했다.
"나는 늙었으니 군왕을 섬길 수 없소."
마침내 자살했다. 이에 그의 얼굴을 가리고② 말했다.
"나는 자서를 볼 면목이 없도다!"

> 월왕이 이에 오왕을 장사지내고 태재 백비를 처단했다.
>
> 吳使者泣而去 句踐憐之 乃使人謂吳王曰 吾置王甬東 君百家^① 吳王謝
> 曰 吾老矣 不能事君王 遂自殺 乃蔽其面^②曰 吾無面以見子胥也 越王
> 乃葬吳王而誅太宰嚭

① 吾置王甬東 君百家오치왕용동 군백가

집해 두예가 말했다. "용동은 회계 구장현 동쪽 바다 안의 모래섬이다."

杜預曰 甬東 會稽句章縣東海中洲也

색은 《국어》에서 "부부 300을 주었다."라고 이른 것이 이것이다.

國語云與之夫婦三百 是也

② 自殺 乃蔽其面자살 내폐기면

정의 지금의 면의面衣인데 그 상상이 남아있다. 《월절서》에서 말한다.
"오왕이 이르길 '명을 듣겠소. 3치의 비단으로 내 양쪽 눈을 가리게 하
라. 죽은 자로 하여금 아는 것이 있다면, 나는 오자서伍子胥와 공손성公
孫聖을 보는 것이 부끄럽다. 아는 것이 없더라도 나는 산 자들에게 부끄
럽다.'고 했다. 월왕이 곧 인끈을 풀고 그의 눈을 가리게 하고, 마침내 검
을 써서 죽었다." 幎(덮어 가리다)은 '멱覓'으로 발음한다. 고야왕顧野王은
'큰 수건으로 덮는 것'이라고 했다.

今之面衣是其遺象也 越絶云 吳王曰 聞命矣 以三寸帛幎吾兩目 使死者有知
吾慚見伍子胥公孫聖 以爲無知 吾恥生者 越王則解綬以幎其目 遂伏劍而死 幎
音覓 顧野王云大巾覆也

신주 고야왕은 남북조시대 남조南朝 양梁과 진陳의 학자로, 오군吳郡 오

현 사람이며, 자는 희빙希馮이다. 처음에 양나라에서 벼슬을 했는데 양이 망한 후 진에서 사필史筆을 담당하여, 황문시랑黃門侍郎과 광록경光禄卿 등을 역임했다. 저서로 자전字典인《옥편玉篇》과 지리지인《여지지輿地志》가 있다. 두 저서 모두 후대에 지대한 영향을 미쳤다. 특히《옥편》은 《설문해자》이후에 만들어진 글자를 포함한 자전으로, 중요성은 그에 못지않다.《진서陳書》권30에 열전이 있다. 생몰년은 519~581년이다.

분수를 모르다 망한 월나라

구천이 오나라를 평정하고 나서, 이에 군사를 이끌고 북쪽으로 회수淮水를 건너 제나라와 진晉나라의 제후들과 서주徐州에서 회합하고, 조공이 주周나라에 이르게 했다. 주나라 원왕元王이 사신을 보내서 구천에게 제사 지낸 제육을 하사하게 하고, 백伯이라고 명했다.

구천이 일을 마치고 떠나 회수 남쪽으로 건너와 회수 위쪽의 땅을 초나라에 주고,① 오나라가 침략한 송나라의 땅을 송나라에 되돌려 주었으며, 사수泗水 동쪽 사방 100리를 노나라에 주었다. 이당시, 월나라 군대는 강수江水와 회수 동쪽을 휘젓고 다녔는데 제후들이 모두 하례하고 패왕霸王이라고 호칭했다.②

句踐已平吳 乃以兵北渡淮 與齊晉諸侯會於徐州 致貢於周 周元王使人賜句踐胙 命爲伯 句踐已去 渡淮南 以淮上地與楚① 歸吳所侵宋地於宋 與魯泗東方百里 當是時 越兵橫行於江淮東 諸侯畢賀 號稱霸王②

① 以淮上地與楚이회상지여초

집해 〈초세가〉에서 말한다. "월나라에서 오나라를 멸하고 강수와 회수의 북쪽을 바르게 하지 못했다. 초나라에서 동쪽으로 넓은 땅을 침탈하고 사수까지 이르렀다."

楚世家曰 越滅吳而不能正江淮北 楚東侵廣地至泗上

② 諸侯畢賀 號稱霸王제후필하 호칭패왕

색은 월나라는 만이蠻夷에 있는 소강少康의 후예인데, 땅은 멀리 있고 나라는 작았다. 춘추시대 초기에는 상국上國과 교통하지 못했으며, 국사國史가 이미 미미하고 대략의 세계世系도 없었다. 그러므로 《죽서기년》에서 칭하기를 '어월자於粵子'라고 했다. 〈월왕구천세가〉에 따르면 구천이 오나라를 평정한 뒤에, 주원왕周元王이 처음으로 백伯이라 명했다지만, 뒤에 마침내 참람하게 왕王이라고 일컬었다.

越在蠻夷 少康之後 地遠國小 春秋之初未通上國 國史旣微 略無世系 故紀年稱爲於粵子 據此文 句踐平吳之後 周元王始命爲伯 後遂僭而稱王也

범려는 마침내 떠나가 제나라에서 대부 종에게 편지를 보내 말했다. "날아가는 새가 모두 사라지면 좋은 활은 창고에 두고, 달리는 토끼가 죽으면 달리던 사냥개는 삶아지게 되오.① 월왕은 사람됨이 긴 목에 새 부리 같은 입을 갖고 있으니 환난은 함께 할 수 있어도 즐거움은 함께할 수 없소. 그대는 어찌 떠나지 않소?"
종이 서신을 보고 병을 핑계로 조회하지 않았다. 어떤 사람이 대부 종이 장차 변란을 일으킬 것이라고 헐뜯자, 월왕이 이에 대부종에게 검을 하사하며 말했다.

> "그대는 과인에게 오나라를 정벌할 일곱 가지의 술책을 가르쳤는데,[2] 과인이 그중 세 가지를 써서 오나라를 무너뜨렸소. 그 네 가지는 그대에게 있으니 그대는 나를 위해 선왕을 따라 시험해 보시오."
>
> 종은 마침내 자살했다.
>
> 范蠡遂去 自齊遺大夫種書曰 蜚鳥盡 良弓藏 狡兔死 走狗烹[1] 越王爲人長頸鳥喙 可與共患難 不可與共樂 子何不去 種見書 稱病不朝 人或讒種且作亂 越王乃賜種劍曰 子教寡人伐吳七術[2] 寡人用其三而敗吳 其四在子 子爲我從先王試之 種遂自殺

① 狡兔死 走狗烹교토사 주구팽

[집해] 서광이 말했다. "교狡는 다른 판본에는 '교郊'로 되어 있다.

徐廣曰 狡 一作 郊

② 子教寡人伐吳七術자교과인벌오칠술

[정의] 《월절서》에서 말한다. "구술九術이란, 첫째, 하늘을 높이고 귀신을 섬긴다. 둘째, 재물을 두텁게 해서 그 군주에게 보낸다. 셋째, 곡식을 사들여 귀하게 만들어 그 나라를 비게 만든다. 넷째, 뛰어난 미녀를 보내서 그의 뜻을 어지럽게 한다. 다섯째, 솜씨 좋은 기술자들을 보내 궁실과 높은 누대를 짓게 하여 그의 재력財力을 다하게 하고, 그들의 힘을 피로하게 한다. 여섯째, 아첨하는 신하를 귀하게 여겨 쉽게 정벌에 나설 수 있게 만든다. 일곱째, 간하는 신하를 강하게 해서 자살하게 만든다. 여덟째, 국가와 집안을 부유하게 하고 기계의 이로움을 갖춘다. 아홉째, 견

고한 갑옷과 예리한 무기로 그 피폐할 때의 기회를 틈탄다."

越絶云 九術 一曰尊天事鬼 二曰重財幣以遺其君 三曰貴糶粟槀以空其邦 四曰
遺之好美以熒其志 五曰遺之巧匠 使起宮室高臺 以盡其財 以疲其力 六曰貴其
諛臣 使之易伐 七曰彊其諫臣 使之自殺 八曰邦家富而備器利 九曰堅甲利兵以
承其弊

구천이 죽고① 아들 왕 석여顓與②가 계승했다.

왕 석여가 죽고 아들 왕 불수不壽가 계승했다.

왕 불수가 죽고③ 아들 왕 옹翁이 계승했다.

왕 옹이 죽고④ 아들 왕 예翳가 계승했다.

句踐卒① 子王顓與立② 王顓與卒 子王不壽立 王不壽卒③ 子王翁立 王
翁卒④ 子王翳立

---

① 句踐卒구천졸

색은 《죽서기년》에서 말한다. "진출공晉出公 10년 11월 어월자於粵子
구천句踐이 죽었는데, 이이가 담집菼執이다."

紀年云 晉出公十年十一月 於粵子句踐卒 是爲菼執

② 王顓與立왕석어립

색은 顓은 '석石'으로 발음하고, 與는 '여余'로 발음한다. 살펴보니, 《죽
서기년》에서 말한다. "어월자 구천이 죽으니 이이가 담집이다. 다음에 녹
영鹿郢이 즉위했는데, 6년에 죽었다." 악자가 말했다. 《국어》〈월어〉에서

녹영을 석여라고 했다."

顓音石 與音余 按 紀年云於粤子句踐卒 是炎執 次鹿郢立 六年卒 樂資云越語
謂鹿郢爲顓與也

③ 王不壽卒 왕불수졸

색은 《죽서기년》에서 말한다. "불수가 즉위한 지 10년에 살해당했는
데, 이이가 맹고盲姑이다. 다음에 주구朱句가 즉위했다."

紀年云 不壽立十年見殺 是爲盲姑 次朱句立

④ 王翁卒 왕옹졸

색은 《죽서기년》에 따르면 어월자 주구가 34년에 등滕을 멸했고, 35년
에는 담郯을 멸했으며, 37년에는 주구가 죽었다.

紀年於粤子朱句三十四年滅滕 三十五年滅郯 三十七年朱句卒

왕 예가 죽고 아들 왕 지후之侯가 계승했다.①
왕 지후가 죽고 아들 왕 무강無彊②이 계승했다.
王翳卒 子王之侯立① 王之侯卒 子王無彊立②

---

① 王翳卒 子王之侯立 왕예졸 자왕지후립

색은 《죽서기년》에서 말한다. "예翳 33년에 오吳로 옮겼다. 36년 7월에
태자 저구諸咎가 군주 예를 시해했다. 10월 월粤에서 저구를 죽였다. 월나
라가 어지럽게 되자, 오吳 사람들이 부조지孚錯枝를 세워 군주로 삼았다.[1]

다음 해, 대부 사구寺區가 월나라가 어지러워진 것을 안정시키고 초무여지初無余之를 세웠다. 12년, 사구의 아우 사충寺忠이 그의 군주 망안莽安을 시해하자, 다음으로 무전無顓이 즉위했다. 무전이 8년에 죽었는데, 이이가 담촉묘菼蠋卯이다."

그러므로 《장자》에서 말한다. "월나라 사람이 세 번이나 그의 군주를 시해하자 자수子搜가 근심했으나 단혈丹穴로 도망쳐서 기꺼이 나오려고 하지 않았다. 월나라 사람이 쑥으로 훈증해 왕을 수레에 태웠다." 악자樂資가 말했다. "무전이라고 불렀다." 대개 무전 뒤에 곧 무강이 이어서 섰으니 왕 지후는 곧 무여지無余之이다.[2]

紀年云翳三十三年遷于吳 三十六年七月太子諸咎弒其君翳 十月粵殺諸咎 粵滑 吳人立(子)[孚]錯枝[1]爲君 明年 大夫寺區定粵亂 立[初]無余之 十二年 寺區弟忠弒其君莽安 次無顓立 無顓八年薨 是爲菼蠋卯 故莊子云越人三弒其君 子搜患之 逃乎丹穴不肯出 越人薰之以艾 乘以王輿 樂資云號曰無顓 蓋無顓後乃次無彊也 則王之侯即無余之也[2]

1 (子)[孚]錯枝(자)[부]조지

신주 백납본에는 '子錯枝자조지'가 아니라 '孚錯枝부조지'로 되어 있으며, 이를 인용한 《고본죽서기년집증》에서도 '孚부'라 하였다. 여기서는 백납본에 따른다. '오인吳人'이란 월나라가 천도한 도읍지 사람들을 가리키는 말이며, 이미 망한 오나라를 가리키는 것은 아니다. 또 《고본죽서기년집증》에서는 저구諸咎와 월활粵滑을 묶어 하나의 사람으로 여겨서 '저구월활諸咎粵滑'이라 했는데, 잘못으로 보인다. 위 색은 의 뜻대로 월활이란 월나라의 상태를 말한 것으로 보인다.

2 號曰無顓 ~ 即無余之也호왈무전 ~ 즉무여지야

신주 《죽서기년》의 월나라 군주 순서를 보면,《사기》와 달리 지후之侯와 무강 사이에 무전이 들어간다. 재위 기간을 보면 석여鼫與(녹영) 6년(서기전 464~서기전 459) → 불수不壽(맹고) 10년(서기전 458~서기전 449) → 옹翁(주구) 37년(서기전 448~서기전 412) → 예翳 36년(서기전 411~서기전 376) → 지후之侯(초무여지, 망안) 12년(서기전 375~서기전 364) → 무전無顓(수搜) 8년(서기전 363~서기전 356)이다.

그리고 무강無彊이 즉위했는데, 대강 23년(서기전 355~333)을 재위한 것으로 보이며, 말년은 초나라 위왕威王 7년이다.〈초세가〉에 따르면 대충 그 시기에 월나라가 실질적으로 망한 것으로 보인다.

《사기지의》에 따르면 《오월춘추》와 《월절서》에서 구천 이후의 월나라 군주 순서는 《사기》 및 《죽서기년》과 크게 다른데,《오월춘추》와 《월절서》는 《삼국지연의》처럼 소설적 요소가 많아 정통사서로 보기에는 무리가 있다. 아무래도 당시 기록인 《죽서기년》을 따르는 것이 합리적일 것이다.

② 王無彊立왕무강립

색은 아마 무전의 아우일 것이다. 彊의 발음은 '걍[其良反]'이다.
蓋無顓之弟也 音其良反

> 왕 무강 때, 월나라는 군사를 일으켜 북쪽으로 제나라를 정벌하고,
> 서쪽으로 초나라를 정벌하여 중원과 더불어 강성함을 다투었다.
> 초나라 위왕威王 때에[1] 월나라가 북쪽으로 제나라를 침범하자
> 제나라 위왕[2]이 사람을 시켜 월나라 왕을 설득하여 말했다.
> 王無彊時 越興師北伐齊 西伐楚 與中國爭彊 當楚威王之時[1] 越北伐齊
> 齊威王[2]使人說越王曰

① 當楚威王之時당초위왕지시

[신주] 월나라는 크게 두 번에 걸쳐 무너졌다고 봐야 한다. 이때는 실제
초선왕楚宣王 24년(서기전 346)이다. 《사기색은》의 《죽서기년》기록으로 계
산하면, 월왕 무강 10년이다. 월나라는 이때 제나라의 권유 때문에 초나
라를 공격했다가, 도리어 회수淮水 하류의 서주徐州 일대를 초나라에 빼
앗겼고, 나중에 초선왕의 뒤를 이은 초위왕楚威王 때, 결국 초나라에게
망했다고 봐야 한다. 사마천은 이 두 기록을 한데 묶어서 기록하고 있다.

② 越北伐齊 齊威王월북벌제 제위왕

[신주] 원래 사마천의 기록대로라면 초나라 위왕(서기전 339~서기전 328)과
제나라 위왕(서기전 356~서기전 342)은 만날 수 없어야 한다. 하지만 여기서
는 두 군주를 병기했으니 아마 사마천의 착오인 것 같다.

"월나라가 초나라를 정벌하지 못한다면 크게는 왕이 되지 못하고 작게는 패주도 되지 못할 것입니다. 헤아려보니 월나라가 초나라를 정벌하지 못하는 까닭은 진晉나라(위魏, 한韓)의 도움을 받지 못할 것이라 여겨서일 겁니다. 그러나 한나라와 위나라는 진실로 초나라를 공격하지 못합니다. 한나라에서 초나라를 공격하다가 그 군사들이 무너지고 그 장수가 살해되면, 섭葉과 양적陽翟이 위험해집니다.[1] 위나라에서도 또한 그 군대가 무너지고 그 장수가 살해되면, 진陳과 상채上蔡가 불안하게 됩니다.[2] 그러므로 위나라와 한나라가 월나라를 섬기는 것은[3] 군대가 무너지고 장수가 살해되는 것에는 이르지 않고 말에 땀이 나는 힘도 들이지[4] 않으려는 것입니다. 진晉에게서 무슨 소중한 것을 얻을 것이 있습니까?[5]"

越不伐楚 大不王 小不伯 圖越之所爲不伐楚者 爲不得晉也 韓魏固不攻楚 韓之攻楚 覆其軍 殺其將 則葉陽翟危[1] 魏亦覆其軍 殺其將 則陳上蔡不安[2] 故二晉之事越也[3] 不至於覆軍殺將 馬汗之力不效[4] 所重於得晉者何也[5]

① 則葉陽翟危즉섭양적위

정의 葉의 발음은 '섭[式涉反]'이다. 섭葉은 지금의 허주 섭현이다. 양적陽翟은 하남 양적현이다. 섭과 양적의 두 읍은 이때 한韓에 소속되었는데 초나라와는 견아犬牙(개의 치아)와 같은 국경이 되어, 한나라기 만약 초나라를 정벌하면 아마 두 읍은 초나라에 의해 위험해질 것이다.

葉 式涉反 今許州葉縣 陽翟 河南陽翟縣也 二邑此時屬韓 與楚犬牙交境 韓若伐楚 恐二邑爲楚所危

② 則陳上蔡不安즉진상채불안

정의 진陳은 지금의 진주이다. 상채上蔡는 지금의 예주 상채현이다. 두 읍은 이때 위魏에 소속되었고 초나라와 견아와 같은 국경이 되어, 위나라에서 만약 초나라를 정벌하면, 아마 두 국國은 초나라에 의해 위험해질 것이다.

陳 今陳州也 上蔡 今豫州上蔡縣也 二邑此時屬魏 與楚犬牙交境 魏若伐楚 恐二國爲楚所危也

③ 故二晉之事越也고이진지사월야

정의 한韓과 위魏는 초나라와 이웃하였기에서 지금 월나라와 두 진쯤이 합쳐 초나라를 정벌하게 함을 말한 것이다.

言韓魏與楚鄰 今令越合於二晉而伐楚

④ 效효

집해 서광이 말했다. "효效는 견見과 같다."

徐廣曰 效猶見也

⑤ 不至於覆軍殺將～所重於得晉者何也부지어복군살장～소중어득진자하야

정의 '부지不至'부터 아래로 이는 곧 제나라 사신이 무겁게 월왕을 힐난한 것이다.

從不至 已下此是齊使者重難越王

월왕이 말했다.

"진晉(한韓, 위魏나라)에 요구하는 바는 군영의 보루를 쌓고 전쟁에 이르도록 한 것이 아닌데, 하물며 (초나라의) 성을 공격하고 읍을 포위함에 있어서랴.① 위나라에 원하는 것은 대량大梁 아래 군사를 집결시키는 것이고, 제나라에 원하는 것은 남양南陽②과 거莒 땅에서 군대를 훈련하다가 상常과 담郯의 경계③에 모이는 것이오.

越王曰 所求於晉者 不至頓刃接兵 而況于攻城圍邑乎① 願魏以聚大梁之下 願齊之試兵南陽②莒地 以聚常郯之境③

① 不至頓刃接兵 而況于攻城圍邑乎부지돈인접병 이황우공성위읍호

[정의] 돈인頓刃(칼날을 내림)은 군영의 보루를 쌓는 것이다. 접병接兵은 전투이다. 월왕이 "한나라와 위나라가 월나라를 섬기는 것은 마치 보루를 쌓고 전쟁에 이르도록 한 것이 아닌데, 하물며 다시 성을 공격하고 읍을 포위하는 것이 있더라도 한나라와 위나라가 비로소 굴복하겠는가?"라는 말이다. 진秦나라와 제나라를 두려워하는 까닭에 월나라를 섬긴다는 말이다.

頓刃 築營壘也 接兵 戰也 越王言韓魏之事越 猶不至頓刃接兵 而況更有攻城圍邑 韓魏始服乎 言畏秦齊而故事越也

② 南陽남양

[색은] 남양은 제나라의 남쪽 경계이자 거莒의 서쪽이다.

此南陽在齊之南界 莒之西

③ 常郯之境상담지경

상常은 읍 이름이다. 아마 전문田文을 봉한 읍일 것이다. 담郯은 옛날 담국郯國이다. 두 읍이 모두 제나라의 남쪽 땅이다.

常 邑名 蓋田文所封邑 郯 故郯國 二邑皆齊之南地

담국은 지금의 산동성 임기시臨沂市 담성郯城 일대에 있는데, 서기전 11세기경 소호 김천씨의 후예가 담 땅에 봉해지면서 시작된 나라이다. 동이족 국가이다.

그러면 방성方城 밖은 (초군이) 더 이상 남하하지 못하고,① 회수淮水와 사수泗水 사이는 (초군이) 더 이상 동진하지 못하며, 상商, 어於, 석析, 척酈,② 종호宗胡 땅③은 (초군이) 중원의 왼쪽(서쪽)으로 가면④ 진秦나라에 대비하기 부족할 것이고, 강남江南과 사상泗上의 초군은 월나라를 막기에 충분하지 못할 것이오.⑤

곧 제나라, 진秦나라, 한나라, 위나라는 초나라에서 뜻을 얻을 수 있고, 한나라와 위나라가 싸우지 않고도 땅을 나누어 넓히게 되니, 경작하지 않고도 수확할 수 있소. (위나라와 한나라는) 이렇게 하지 않고 하수河水와 화산華山 사이에서 군영의 보수를 쌓고 서로 공격하면 제나라와 진秦나라에게 이용당할 것이오. (위나라와 한나라가) 이렇게 실책한다면 어떻게 그들에 의지해서 왕 노릇을 하겠는가."

則方城之外不南① 淮泗之間不東 商於析酈②宗胡之地③ 夏路以左④ 不足以備秦 江南泗上不足以待越矣⑤ 則齊秦韓魏得志於楚也 是二晉不

戰分地 不耕而穫之 不此之爲 而頓刃於河山之間以爲齊秦用 所待者
如此其失計 奈何其以此王也

① 則方城之外不南즉방성지외불남

[정의] 방성산方城山은 허주 섭현 서남쪽 18리에 있다. 외外는 허주와 예
주 등을 말한다. 위나라 군대가 대량 아래에 있으면, 초나라 방성의 군대
는 남쪽의 월나라를 공격하지 못한다고 말한 것이다.

方城山在許州葉縣西南十八里 外謂許州豫州等 言魏兵在大梁之下 楚方城之
兵不得南伐越也

② 商於析酈상어석척

[색은] 여기 4개 읍은 나란히 남양군 소속으로, 초나라 서남쪽(도읍 기준
으로는 서북쪽)이다.

四邑竝屬南陽 楚之西南也

[정의] 酈(땅 이름)은 '척擲'으로 발음한다. 《괄지지》에서 말한다. "상락
현은 곧 옛 상국성商國城이다. 《형주도부》에서 '등주 내향현 동쪽 7리의
어촌於村은 곧 어중於中의 땅이다.'라고 했다." 《괄지지》에서 또 말한다.
"등주 내향현은 초나라 읍이다. 옛 척현은 등주 신성현 서북쪽 30리에
있다." 살펴보니 상商, 어於, 석析, 척酈은 상商과 등鄧 두 주의 경계에 있
는 현읍縣邑이다.

酈音擲 括地志云 商洛縣則古商國城也 荊州圖副云 鄧州內鄕縣東七里於村 即
於中地也 括地志又云 鄧州內鄕縣楚邑也 故酈縣在鄧州新城縣西北三十里 按
商於析酈在商鄧二州界 縣邑也

③ 宗胡之地종호지지

집해 서광이 말했다. "호국胡國은 지금의 여음군(여남군에서 분리됨)이다."

徐廣曰 胡國 今之汝陰

색은 종호는 읍 이름이다. 호성胡姓의 종가이며 그로 인해 읍의 이름으로 썼다. 두예가 "여음현의 북쪽에 옛 호성이 있다."라고 한 것이 이것이다.

宗胡 邑名 胡姓之宗 因以名邑 杜預云汝陰縣北有故胡城 是

④ 夏路以左하로이좌

집해 서광이 말했다. "아마 강하군江夏郡의 하夏 땅을 이른 것 같다."

徐廣曰 蓋謂江夏之夏

색은 서광이 강하군이라고 여긴 것은 잘못이다. 유씨는 "초나라가 제하諸夏로 가려면 길이 방성方城에서 나가서 사람이 북쪽을 향해 가므로, 서쪽이 좌左가 된다. 그러므로 하夏로 가는 길의 왼쪽이다."라고 했다. 유씨의 설명이 맞는 것 같다.

徐氏以爲江夏 非也 劉氏云楚適諸夏 路出方城 人向北行 以西爲左 故云夏路以左 其意爲得也

정의 《괄지지》에서 말한다. "옛날 장성은 등주 내향현 동쪽 75리에 있는데, 남쪽은 양현으로 들어가고 북쪽은 익망산翼望山으로 연결되는데 흙이 없는 곳은 돌을 쌓아 견고하게 했다. 초나라 양왕襄王이 남쪽 땅에서 패권을 쥐고 중국에서 강력함을 다투고자, 북방에 성을 벌려 많이 쌓고 화하華夏에 대적하여 방성이라고 불렀다.'라고 한다." 살펴보니 이 설명은 유씨가 맞다. 읍의 무리가 적으니, 진秦의 요효와 무武의 두 관문의 길을 대비하기에 부족할 것이라는 뜻이다.

括地志云 故長城在鄧州內鄉縣東七十五里 南入穰縣 北連翼望山 無土之處累
石爲固 楚襄王控霸南土 爭強中國 多築列城於北方 以適華夏 號爲方城 按 此
說劉氏爲得 云邑徒衆少 不足備秦嶢武二關之道也

⑤ 江南泗上不足以待越矣강남사상이대월의

정의 강남江南은 홍주와 요주 등의 주로, 춘추시대에는 초나라 동쪽
경계가 되었다. 사수의 근처는 서주이고 춘추시대 때에는 초나라 북쪽
경계였다. 두 경계가 나란히 월나라와 이웃해, 마땅히 월나라를 침략하
지 못한다는 말이다.

江南 洪饒等州 春秋時爲楚東境也 泗上 徐州 春秋時楚北境也 二境竝與越鄰
言不足當伐越

제나라 사신이 말했다.
"다행이군요. 월나라는 망하지 않을 것이니! 나는 그 계략用智을
쓰는 것을 귀하게 여기지 않습니다. 눈동자는 솜털은 볼 수 있지
만 자기의 속눈썹은 보지 못합니다. 지금 왕께서는 진晉(한, 위)의
잘못된 계책은 아시면서, 스스로 월나라의 허물을 알지 못하는
것이 이 눈동자의 논리입니다.① 왕께서 진晉에게 기대하는 것은
말이 땀을 흘리는 노력에 있는 것이 아니고, 또 더불어 군사를 합
해 연합하는 것도 아닙니다. 장차 초나라 군사가 나뉘기만을 기
다렸습니다. 그러나 지금 초나라 군사는 이미 나뉘었는데, 무엇
때문에 진晉나라에 기대하시는 겁니까?"

월왕이 물었다.

"어찌해야 하겠소?"

제나라 사신이 말했다.

"초나라 세 대부는 무릇 9군軍을 풀어서 북쪽으로 곡옥曲沃과 어중於中을 포위하고[2] 무가지관無假之關[3]까지 이르렀는데 3,700리이고,[4] 경취景翠의 군대는 북쪽으로 노나라와 제나라와 남양南陽[5]에 주둔했으니, 나뉜 것이 이보다 크겠습니까? 또 왕께서 구하는 바는 진晉나라와 초나라가 싸우는 것입니다. 진晉과 초나라가 싸우지 않으면 월나라도 군사를 일으키지 않으시려는 건데, 이것은 2와 5만 알고 곱하면 10이 된다는 것을 알지 못하는 것입니다.[6] 이런 때 초나라를 공격하지 않으니, 신臣은 이로써 월나라가 크게는 천하의 왕이 되지 못하고 작게는 패주도 되지 못한다고 한 것입니다.

齊使者曰 幸也越之不亡也 吾不貴其用智之如目 見豪毛而不見其睫也 今王知晉之失計 而不自知越之過 是目論也[1] 王所待於晉者 非有馬汗之力也 又非可與合軍連和也 將待之以分楚衆也 今楚衆已分 何待於晉 越王曰 奈何 曰 楚三大夫張九軍 北圍曲沃於中[2] 以至無假之關[3]者 三千七百里[4] 景翠之軍北聚魯齊南陽 分有大此者乎[5] 且王之所求者 鬪晉楚也 晉楚不鬪 越兵不起 是知二五而不知十也[6] 此時不攻楚 臣以是知越大不王 小不伯

① 今王知晉~是目論也금왕지진~시목론야

색은 월왕이 진晉의 잘못을 알면서 월나라의 허물을 스스로 깨닫지

못하는 것은 마치 사람이 눈으로 능히 터럭을 볼 수 있지만 그 자신의 속
눈썹을 보지 못하는 것과 같다는 말이다. 그러므로 '목론目論'(자신의 과실
을 보지 못하는 것)이라고 이른다.

言越王知晉之失 不自覺越之過 猶人眼能見豪毛而自不見其睫 故謂之目論也

② 北圍曲沃於中북위곡옥어중

[집해] 서광이 말했다. "다른 판본에는 '북면곡옥北面曲沃'으로 되어 있다."

徐廣曰 一作北面曲沃

[정의] 《괄지지》에서 말한다. "곡옥曲沃의 옛 성은 섬현 서쪽 32리에 있
다. 어중은 등주 내향현 동쪽 7리에 있다." 이때 곡옥은 위魏에 소속되었
고, 어중은 진秦에 소속되어 두 지역이 서로 가까웠다. 이 때문에 초나라
가 이곳을 포위한 것이다.

括地志云 曲沃故城在陝縣西三十二里 於中在鄧州内鄉縣東七里 爾時曲沃屬
魏 於中屬秦 二地相近 故楚圍之

[신주] 곡옥은 옛 진晉의 도읍이던 곡옥이 아니다. 섬현은 한漢나라 당시
에 홍농군弘農郡 소속으로 낙양洛陽의 서쪽이다. 또《진서晉書》〈지리지〉
에 따르면 춘추시대 진晉나라에 멸망당한 옛 괵국虢國이라고 한다. 이 당
시는 초나라가 진秦에 밀리기 이전으로, 매우 강성했던 시기였다.

③ 無假之關무가지관

[집해] 서광이 말했다. "무無는 다른 판본에는 '서西'로 되어 있다."

徐廣曰 無 一作西

④ 三千七百里삼천칠백리

살펴보니 무가지관은 강남 장사의 서북쪽에 있는 것이 마땅하다. 곡옥과 어중으로부터 서쪽으로 한중漢中, 파巴, 무巫, 검중黔中에 이르기까지 1,000리 남짓은 모두 진秦과 진晉에 대비한 것이다.

按 無假之關當在江南長沙之西北也 言從曲沃於中西至漢中巴巫黔中千餘里 皆備秦晉也

⑤ 景翠之軍~大此者乎경취지군~대차자호

정의 노魯는 연주이다. 제齊는 밀주 거현 읍의 남쪽에서 사상泗上에 이른다. 남양南陽은 등주인데 당시 한韓에 소속되었다. 초나라가 또 이 3개국을 대비하고 분산시킨 것이 이보다 큰 것이 있느냐는 말이다.

魯 兗州也 齊 密州莒縣邑南至泗上也 南陽 鄧州也 時屬韓也 言楚又備此三國也 分散有大此者乎

⑥ 是知二五而不知十也시지이오이부지십야

신주 숫자 2와 5만 알고, 곱하면 10이 된다는 것을 알지 못한다는 말은 하나만 알고 둘은 모른다는 속담과 같다. 단순해서 널리 그리고 깊이 생각하지 못함을 이르는 말이다.

다시 말하면 수讎와 방龐과 장사長沙[①]는 초나라 곡창입니다. 경택릉竟澤陵은 초나라 재목 산지입니다. 월나라가 엿보다가 군사들에게 무가지관[②]을 통과하게 하면, 이 4개의 읍에서는 영郢에 공물을 올리지 못하게 될 것입니다.[③] 신이 듣자니 왕을 도모하다가 왕이 되지 못하면 못해도 백백(伯)(우두머리)은 될 수 있다고 했습니다. 그러나 백도 되지 못하는 것은 왕도王道를 잃었기 때문입니다. 그러므로 원컨대 대왕께서는 방향을 바꾸어 초나라를 공격하십시오."

復讎龐長沙① 楚之粟也 竟澤陵 楚之材也 越窺兵通無假之關② 此四邑者不上貢事於郢矣③ 臣聞之 圖王不王 其敝可以伯 然而不伯者 王道失也 故願大王之轉攻楚也

① 復讎龐長沙부수방장사

집해 서광이 말했다. "방龐은 다른 판본에는 '총寵'으로 되어 있다."

徐廣曰 一作寵

색은 유흠이 "부復는 발어發語(말을 꺼냄) 하는 소리이다."라고 한 것은 잘못이다. 발어사라고 말한다면 문장의 형세가 그러해야 하는데, 이것은 '황況' 자가 빠졌을 뿐이다. 수讎는 '주雔'가 되는 것이 마땅한데 '주'는 읍 이름이며 글자가 잘못된 것이다. 곧 주雔, 방龐, 장사長沙는 곧 3개 읍邑이다. 아래에 '경택릉竟澤陵'이라고 이른 것은 마땅히 '경릉택竟陵澤'이 되어야 한다. 경릉竟陵의 산택山澤에서 목재가 나오는 것을 말한 것이다. 그래서 초나라에 칠택七澤이 있다는데 아마 그중 하나일 것이다. 위의 문장과 합해서 4개 읍이 되는 것이다.

劉氏云 復者發語之聲 非也 言發語聲者 文勢然也 則是脫況字耳 讎當作雔 雔邑名字訛耳 則雔龐長沙是三邑也 下云竟澤陵 當爲竟陵澤 言竟陵之山澤出材木 故楚有七澤 蓋其一也 合上文爲四邑也

정의 復의 발음은 '부[扶富反]'이다.

復 扶富反

② 無假之關무가지관

집해 서광이 말했다. "무無는 다른 판본에는 '서西'로 되어 있다."

徐廣曰 無 一作西

③ 此四邑者不上貢事於郢矣차사읍자불상공사어영의

정의 지금 월나라는 북쪽에서 진晉과 초楚를 싸우게 하려고 남쪽으로
다시 초나라의 방, 장사, 경릉택 등 4개읍을 원수[讎]로 대적함을 말한다.

　방과 장사는 곡식이 나오는 땅이고 경릉택은 목재가 나오는 땅이다. 여
기의 읍은 장사군의 담潭과 형衡의 경계에 가까우니, 월나라에서 만약에
엿보다가 군사로 서쪽 무가지관을 통하게 되면 4개의 읍은 북쪽으로 초
나라 영郢에 공물을 올릴 수 없다.

　전국시대에 영永, 침郴, 형衡, 담潭, 악岳, 악鄂, 강江, 홍洪, 요饒의 주州
는 나란히 동남쪽을 경계로 초나라에 속했다. 원袁, 길吉, 건虔, 무撫, 흡
歙, 선宣은 나란히 월나라의 서쪽 경계로 월나라에 속했다.

言今越北欲鬪晉楚 南復讎敵楚之四邑 龐長沙竟陵澤也 龐長沙出粟之地 竟陵
澤出材木之地 此邑近長沙潭衡之境 越若窺兵西通無假之關 則四邑不得北上
貢於楚之郢都矣 戰國時永郴衡潭岳鄂江洪饒竝是東南境 屬楚也 袁吉虔撫歙
宣竝越西境 屬越也

신주 위 정의 에서 수讎를 원수라는 뜻으로 해석한 것은 문제가 있다.
그러니 3읍을 적시하고는 4읍을 말하는 모순이 생겼다. ①의 색은 에서
수讎는 '주讐'가 되는 것이 마땅하다고 하고, 주讐, 방龐, 장사長沙, 경릉택
竟陵澤을 합쳐 4읍이라고 했다. 《사기지의》에서도 색은 의 의견을 따르
고 있다.

　삼국시대를 마감한 진晉의 지리 구분은 수隋나라까지 거의 그대로 이

어졌다가 당唐나라에서 군郡을 주州로 고치면서 바뀌게 된다. 영릉零陵은
영주永州, 계양桂陽은 침주郴州, 형양衡陽은 형주衡州, 장사長沙는 담주潭
州, 파릉巴陵은 악주岳州, 강하江夏는 악주鄂州, 심양潯陽은 강주江州, 장군
章郡은 홍주洪州, 파양鄱陽은 요주饒州가 되었는데, 오늘날의 호남성과 호
북성 남쪽, 그리고 강서성 북쪽으로, 초나라에 속했던 지명이다.

의춘宜春은 원주袁州, 여릉廬陵은 길주吉州, 남강南康은 건주虔州, 임천臨
川은 무주撫州, 신안新安은 흡주歙州, 선성宣城은 선주宣州가 되었다. 대부
분은 오늘날의 안휘성 일대인데 당시 월나라의 서쪽에 속했던 지명이다.

이에 월나라가 마침내 제나라를 풀어주고 초나라를 공격했다. 초
나라 위왕威王은 군사를 일으켜 월나라를 침벌해 월나라가 대패
했다. 그리고 월왕 무강을 살해하고, 옛 오吳나라 땅을 모두 빼앗
아 절강浙江까지 이르렀다. 그리고 북쪽으로 제나라를 서주徐州
에서 쳐부수었다.[①]
월나라가 이 때문에 흩어지자 여러 족자族子들이 다투어 즉위하
여 혹은 왕이라고 하고 혹은 군君이라고 했다. 강수의 남쪽 바다
기슭[②]에서 초나라에 복종해서 조회했다.
그 후에 7대를 지나, 민군閩君 요搖에 이르러 제후들을 보좌해서
진秦나라를 평정했다.
한漢나라 고조는 요搖를 복위시켜 월왕으로 삼고, 월나라의 후사
를 받들도록 했다. 동월과 민군閩君은 모두 그들의 후예이다.
於是越遂釋齊而伐楚 楚威王興兵而伐之 大敗越 殺王無彊 盡取故吳

地至浙江 北破齊於徐州^① 而越以此散 諸族子爭立 或爲王 或爲君 濱
於江南海上^② 服朝於楚 後七世 至閩君搖 佐諸侯平秦 漢高帝復以搖爲
越王 以奉越後 東越 閩君 皆其後也

① 楚威王興兵 ~破齊於徐州초위왕흥병~파제어서주

집해 서광이 말했다. "주나라 현왕顯王 46년이다."

徐廣曰 周顯王之四十六年

신주 〈초세가〉와 〈육국연표〉에 따르면 주현왕 36년이다. 이때는 초위
왕楚威王 7년으로 서기전 333년이다. 또 수정된 기년으로, 제위왕齊威王
24년이기도 하다.

색은 살펴보니《죽서기년》에서는 월자粤子 무전無顓이 죽은 뒤 10년에
초나라에서 서주를 침략했다고 했지만 초나라에서 월나라를 무찌르고
무강無彊을 죽였다는 말이 없다. 이것은 무강이 무전無顓의 다음이 되는
데,《죽서기년》에 기록되지 않은 것이다.

按 紀年粤子無顓薨後十年 楚伐徐州 無楚敗越殺無彊之語 是無彊爲無顓之後
紀年不得錄也

신주 이때는 무강 10년(서기전 346)으로, 초선왕楚宣王 24년이다. 월나라
는 제나라의 꾐에 넘어가 초나라를 공격했다가 오히려 북부지역의 많은
땅을 잃는다.

② 濱於江南海上빈어강남해상

정의 지금의 대주 임해현이다.

今臺州臨海縣是也

도주공 범려

범려^①는 월왕 구천을 섬김에 이미 몸이 고달프도록 죽을힘을 쏟아 구천과 함께 깊이 도모한 지 20여 년, 마침내 오나라를 멸하고 회계의 치욕을 갚았다. 북쪽으로 군사들이 회수를 건너 제나라와 진晉나라에 이르러 중원을 호령하고 주나라 왕실을 높이니 구천은 패자伯者가 되고 범려는 상장군上將軍이라 불렸다.

회군해 나라로 돌아왔는데 범려는 큰 명성 아래에서는 오래 있기 어렵다고 여겼다. 또 구천의 사람됨이 더불어 환란을 함께할 수는 있으나 더불어 편안히 사는 것은 어렵다고 여기고, 글을 지어 구천에게 사의辭意의 말을 전했다.

"신이 듣기로 군주가 우환이 있으면 신하가 고생해야 하고, 군주가 치욕을 당하면 신하는 죽어야 한다고 했습니다. 옛날 군왕께서 회계에서 치욕을 당했는데도 죽지 못한 까닭은 이 일 때문이었습니다. 지금 이미 설욕했으니 신은 회계의 일에 따른 처벌을 청합니다."

范蠡^①事越王句踐 既苦身戮力 與句踐深謀二十餘年 竟滅吳 報會稽之恥 北渡兵於淮以臨齊晉 號令中國 以尊周室 句踐以霸 而范蠡稱上將

① 范蠡범려

집해 태사공의 《소왕묘론》에서 "범려는 본래 남양 사람이다."라고 했
는데 《열선전》에서는 "범려는 서徐 땅 사람이다."라고 했다.

太史公素王妙論曰 蠡本南陽人 列仙傳云 蠡 徐人

정의 《오월춘추》에서 말한다. "범려는 자가 소백少伯이고 초나라 완
宛 땅 삼호三戶 사람이다." 《월절서》에서 말한다. "월나라에 있을 때는 범
려라 했고, 제나라에 있을 때는 치이자피鴟夷子皮라 했으며, 도陶 땅에 있
을 때는 주공朱公이라 했다." 또 이르기를 "초나라에 살 때에는 범백范伯
이라고 했다. 대부 종種에게 이르길, '삼왕三王은 삼황三皇의 후예들이고
오패五伯는 오제五帝의 끝 세대입니다. 하늘 운수의 책력은 1,000년에 한
번 이르는 것입니다. 황제黃帝의 원元은 진辰(용)을 가지고 사巳(뱀을 상징하
는 복희씨 계열)를 깨뜨렸으며, 패왕霸王의 기가 땅의 문에 나타났습니다. 오
자서伍子胥는 이 때문에 활과 화살을 가지고 오왕吳王에게 끼어들었습니
다.'라고 했다. 이에 대부 종이 오吳나라로 들어가자고 요구했다. 이때 풍
동馮同이 서로 함께 경계해 '오자서가 있으니, 저절로 나머지 사람은 그
의 얘기에 관여하지 못할 것입니다.'라고 했다. 범려가 이르기를 '오월吳
越의 국가는 풍속이 같으니, 지호地戶(땅의 문호, 하늘에는 문이 있고 땅에는 호가
있다)의 자리는 오나라가 아니면 월나라입니다. 저들은 저들이고, 우리는
우리입니다.'라고 하며 곧 월나라로 들어가서 월왕과 항상 더불어 말하다

가 날이 다하여 바야흐로 떠난 것이다."

吳越春秋云 蠡字少伯 乃楚宛三戶人也 越絶云 在越爲范蠡 在齊爲鴟夷子皮
在陶爲朱公 又云 居楚曰范伯 謂大夫種曰 三王則三皇之苗裔也 五伯乃五帝之
末世也 天運歷紀 千歲一至 黃帝之元 執辰破巳 霸王之氣 見於地戶 伍子胥以
是挾弓矢干吳王於是要大夫種入吳 此時馮同相與共戒之 伍子胥在 自餘不能
闚其詞 蠡曰 吳越之邦同風共俗 地戶之位非吳則越 彼爲彼我爲我 乃入越 越
王常與言 盡日方去

구천이 말했다.

"나는 장차 그대와 국가를 나누어 가지리라. 그렇게 하지 않으면
장차 그대에게 죽임을 당할 것이다."

범려가 말했다.

"군주께서는 명령을 행하시고 신은 생각대로 행하게 해주십시오."
이에 가볍고 값나가는 보물과 주옥을 꾸려서 스스로 그의 가속
들과 함께 바다에 배를 띄워 타고 가서는 끝내 돌아오지 않았다.
이에 구천이 회계산을 특별히 범려의 봉읍으로 삼아 주었다.[①]

句踐曰 孤將與子分國而有之 不然 將加誅于子 范蠡曰 君行令 臣行意
乃裝其輕寶珠玉 自與其私徒屬乘舟浮海以行 終不反 於是句踐表會稽
山以爲范蠡奉邑[①]

---

① 會稽山以爲范蠡奉邑회계산이위범려봉읍

색은 《국어》에서 말한다. "회계산 300리를 둘러서 범려의 봉지로 삼

았다." 奉의 발음은 '봉[扶用反]'이다.

國語云乃環會稽三百里以爲范蠡之地 奉音扶用反

범려는 바다에 배를 띄우고 제나라로 떠나 성명을 바꾸고 자칭 치이자피鴟夷子皮[1]라고 했다. 바닷가에서 밭을 갈며 몸소 고생하고 힘을 다하여 부자父子가 산업에 종사했다. 거처한 지 얼마 안 되어 재물이 수십만에 이르게 되었다. 제나라 사람들이 그가 현명하다는 소문을 듣고는 재상으로 삼으려 했다. 범려가 길게 한숨 쉬며 말했다.

"집에 있으면 1,000금을 이루고 관직에 있으면 경상卿相에 이르니, 이것은 일반 백성으로서는 지극함이다. 오래도록 존귀한 이름을 받는다는 것은 상서롭지 못하다."

이에 재상의 인장을 돌려보내고, 그의 재산을 모두 풀어서 친구와 향당에 나누어 주었으며, 그 귀중한 보물을 품고 몰래 떠나 도陶 땅[2]에 머물렀다. 이곳은 천하의 중심으로 교역하는 데 막힘이 없는 길이 통해 있어서 살게 되면 부자가 될 수 있는 곳이라고 생각했다. 이에 스스로 도주공陶朱公이라고 했다.

다시 부자父子가 농경과 축산을 하면서 물건이 쌀 때 샀다가[3] 때를 살펴서 물건을 바꾸었는데 10분의 1의 이익만 남길 것을 약속했다. 거처한 지 얼마 안 되어 억만금[4]을 쌓기에 이르니 천하에서 도주공이라고 불렀다.

范蠡浮海出齊 變姓名 自謂鴟夷子皮[1] 耕于海畔 苦身戮力 父子治産

居無幾何 致産數十萬 齊人聞其賢 以爲相 范蠡喟然嘆曰 居家則致千
金 居官則至卿相 此布衣之極也 久受尊名 不祥 乃歸相印 盡散其財 以
分與知友鄉黨 而懷其重寶 間行以去 止于陶^② 以爲此天下之中 交易有
無之路通 爲生可以致富矣 於是自謂陶朱公 復約要父子耕畜 廢居^③ 候
時轉物 逐什一之利 居無何 則致貲累巨萬^④ 天下稱陶朱公

① 自謂鴟夷子皮자위치이자피

색은 범려가 스스로를 이른 것이다. 오왕吳王이 오자서를 죽여서 치이
鴟夷(가죽 술 부대)에 담았는데 지금 범려가 스스로 죄가 있다고 여겼으므
로 호칭으로 삼았을 것이다. 위소는 "치이는 가죽으로 만든 부대이다."라
고 했는데, 어떤 이는 생우生牛의 가죽이라고 했다.

范蠡自謂也 蓋以吳王殺子胥而盛以鴟夷 今蠡自以有罪 故爲號也 韋昭曰鴟夷
革囊也 或曰生牛皮也

② 陶도

집해 서광이 말했다. "지금의 제음군 정도현이다.

徐廣曰 今之濟陰定陶

정의 《괄지지》에서 말한다. "도산陶山은 제주 평음현 동쪽 35리에 있
다. 이 산의 남쪽에 머물렀다. 지금 산의 남쪽 5리에는 아직도 주공총朱
公冢이 있다."

括地志云 陶山在濟州平陰縣東三十五里 止此山之陽也 今山南五里猶有朱公家

신주 제음군은 훗날까지 중국의 중심이던 연주兗州에 자리 잡은 군이
며, 당나라 때는 조주曹州로 고친 것으로 보아 춘추시대 조曹나라가 자

리했던 곳으로 여겨진다. 당시 조나라를 비롯하여 노魯, 송宋, 위衛, 정鄭나라가 각축을 벌였고, 거기에 더하여 초楚나라까지 진격했던 곳이다. 그야말로 사마천의 말처럼 천하의 중심지가 되기에 충분했다.

당나라 제주는 한漢나라 제남군濟南郡으로 청주靑州에 속하며, 춘추시대에는 제나라 땅이었다. 제음군 정도定陶에 비해 동북쪽으로 한참 떨어진 곳이며, 《중국역사지도집》에서는 서광이 말한 것처럼 당唐나라 때 조주曹州에 제음이 있는 것으로 나온다.

③ 廢居폐거

신주 폐廢는 내다가 파는 것이고, 거居는 창고에 쌓아두는 것이다. 물건 값이 쌀 때 사서 쌓아뒀다가 물건 값이 비쌀 때 내다가 파는 것이다.

④ 累巨萬누거만

집해 서광이 말했다. "만만萬萬(억)이다."

徐廣曰 萬萬也

주공朱公이 도陶에 살면서 막내아들을 낳았다. 막내아들이 장성하기에 이르렀는데, 주공의 가운데 아들이 사람을 죽여서 초나라에 갇혔다. 주공이 말했다.

"사람을 죽였으면 죽는 것이 당연하다. 그러나 내가 듣자니 1,000금을 지닌 아들은 저자에서 죽지 않는다고 했다."

그의 막내아들을 보내서 가서 살펴보게 했다. 이에 황금 1,000일
鎰을 꾸려서 베옷으로 싼 그릇 속에 넣어 소 한 마리가 끄는 수레
에 실어 보냈다. 또 그의 막내아들을 보내려 하자 주공의 맏아들
이 굳이 따라가기를 청했으나 주공은 듣지 않았다.

맏아들이 말했다.

"집안의 장자를 '가독家督'이라 합니다. 지금 아우가 죄가 있는데
아버지께서 저를 보내지 않고 막내를 보내니, 이것은 제가 불초不
肖함을 저지르는 것입니다."

이에 자살하려고 했다. 그의 어머니가 주공을 설득해 말했다.

"지금 막내아들을 보낸다고 반드시 가운데 아들이 살 수 있는 것
이 아닌데, 먼저 맏아들이 죽고 없어지면, 어떻게 하겠습니까?"

주공이 부득이하게 맏아들을 보내면서 한 통의 편지를 써서 지난
날 친했던 장생莊生에게 보냈다.[①]

맏아들에게 당부해 말했다.

"도착하면 1,000금을 장생의 집에 바치고 그가 하라는 대로 따르
면서 삼가 더불어 다투는 일이 없도록 하라."

맏아들이 이윽고 길을 떠나면서 또한 개인적으로 수백 금을 가져
갔다.

朱公居陶 生少子 少子及壯 而朱公中男殺人 囚於楚 朱公曰 殺人而死
職也 然吾聞千金之子不死於市 告其少子往視之 乃裝黃金千溢 置褐
器中 載以一牛車 且遣其少子 朱公長男固請欲行 朱公不聽 長男曰 家
有長子曰家督 今弟有罪 大人不遣 乃遺少弟 是吾不肖 欲自殺 其母爲
言曰 今遣少子 未必能生中子也 而先空亡長男 柰何 朱公不得已而遣

長子 爲一封書遺故所善莊生^① 曰 至則進千金于莊生所 聽其所爲 愼無
與爭事 長男旣行 亦自私齎數百金

① 爲一封書遺故所善莊生위일봉서견고소선장생

색은 그 시대에 의거해보면 장주莊周(장자)는 아니다. 그러나 그가 행한
일을 검증해보니, 자휴子休(장자)가 아니라면 누가 능히 초왕楚王에게 신임
을 받았을 것인가?

據其時代 非莊周也 然驗其行事 非子休而誰能信任於楚王乎

정의 〈육국연표〉에서는 주원왕周元王 4년, 월나라가 오나라를 멸하자,
범려가 마침내 제나라로 떠났고, 정도定陶로 돌아갔다가 후에 장생에게
금을 보냈다고 한다. 장주莊周는 위혜왕魏惠王, 제선왕齊宣王과 동시대이
고, 주원왕 4년부터 제선왕 원년에 이르기까지 130년이니, 이곳의 장생
은 장자莊子가 아니다.

年表云周元王四年越滅吳范蠡遂去齊 歸定陶 後遺莊生金 莊周與魏惠王(周元
王)[齊宣王]同時 從周元王四年至齊宣王元年一百三十年 此莊生非莊子

초나라에 이르니 장생의 집은 성곽을 등지고 있고 여뀌와 명아주
를 헤쳐야 문에 이를 수 있었는데 아주 가난하게 살았다. 그래서
맏아들은 서신을 꺼내고 1,000금을 바치면서 그의 아버지의 말대
로 했다. 장생이 말했다.
"될 수 있으면 빨리 떠나고 삼가 머무르지 말라. 곧 동생이 나올

것인데 그렇게 된 까닭을 묻지 마라."

맏아들이 그곳에서 나와서 장생에게는 들르지 않고 사적으로 머물면서 그가 개인적으로 가지고 간 금을 초나라 귀인들을 찾아다니며 일에 써달라고 바쳤다.

장생은 비록 궁벽한 마을에 살지만 청렴하고 정직하다고 나라에 소문이 나서, 초나라 왕부터 아래까지 모두 스승으로 존중했다. 주공이 바친 금이 이르렀지만 받으려는 뜻이 있지 않았고, 일이 성사된 다음에 다시 돌려주어 신용으로 삼고자 했을 따름이다. 그런 까닭에 금이 이르자 그의 부인에게 말했다.

"이것은 주공의 금이오. 가지고 있으면 병과 같으니 경계로 삼아 묵혀 두지 않고, 나중에 다시 돌려보낼 것이니, 경거망동하지 마시오."

그러나 주공의 맏아들은 그 뜻을 모르고, 특별히 묘수가 없다고 여겼다.

장생은 한가한 때에 들어가 초왕을 뵙고 말했다.

"어떤 별이 어느 자리에 머물렀는데, 이것은 초나라를 해칠 것입니다."

초왕은 평소 장생莊生을 믿었으므로 말했다.

"지금 어떻게 해야 하겠소?"

장생이 말했다.

"오직 덕으로써 제거할 수 있을 것입니다."

초왕이 말했다.

"살리는 게 좋은 일이니,[①] 과인이 장차 행할 것이오."

至楚 莊生家負郭 披藜藋到門 居甚貧 然長男發書進千金 如其父言 莊

生曰 可疾去矣 愼毋留 卽弟出 勿問所以然 長男旣去 不過莊生而私留 以其私齎獻遺楚國貴人用事者 莊生雖居窮閻 然以廉直聞於國 自楚 王以下皆師尊之 及朱公進金 非有意受也 欲以成事後復歸之以爲信耳 故金至 謂其婦曰 此朱公之金 有如病不宿誠 後復歸 勿動 而朱公長男 不知其意 以爲殊無短長也 莊生閒時入見楚王 言某星宿某 此則害於 楚 楚王素信莊生曰 今爲奈何 莊生曰 獨以德爲可以除之 楚王曰 生休 矣① 寡人將行之

① 生休矣생휴의

신주 죽일 죄수를 사면하겠다는 뜻이다.

왕이 이에 사신을 보내 삼전三錢의 창고를 봉하게 했다.① 초나라 귀인이 주공의 맏아들에게 경고하며 말했다.

"왕께서 장차 사면할 것이오."

맏아들이 말했다.

"어찌해 그렇습니까?"

귀인이 말했다.

"매양 왕께서 장차 사면하려면 항상 삼전의 창고를 봉했소. 어제 저녁에 왕께서 사신을 시켜 삼전의 창고를 봉하라고 했소.②"

王乃使使者封三錢之府① 楚貴人驚告朱公長男曰 王且赦曰 何以也 曰 每王且赦 常封三錢之府 昨暮王使使封之②

① 王乃使使者封三錢之府왕내사사자봉삼전지부

집해 《국어》에서 말한다. "주경왕周景王 때 장차 대전大錢을 주조하려 했다." 가규가 설명하여 말했다. "우虞(순임금의 나라), 하夏, 상商, 주周의 금폐金幣는 세 등급인데, 어떤 것은 적赤이고, 어떤 것은 백白이며, 어떤 것은 황黃이다. 황黃은 상폐上幣가 되고 동銅과 철鐵은 하폐下幣가 된다." 위소가 말했다. "전錢이란 금폐金幣의 이름이며, 물건을 구매할 때 바꾸는 것으로 재화의 용도로 통했다." 선목공單穆公이 말했다. "옛날에는 모母(고액권)가 있으면 자子(저액권)로 균형을 맞추고, 저액권은 고액권으로 균형을 맞추어 유통시켰다. 그런즉 삼품三品의 유래는 고대에도 그러했다." 나는(배인) 초나라 삼전三錢이 가규와 위소가 설명하는 뜻에 가깝다고 말하겠다.

國語曰 周景王時將鑄大錢 賈逵說云 虞夏商周金幣三等 或赤 或白 或黃 黃爲上幣 銅鐵爲下幣 韋昭曰 錢者 金幣之名 所以貿買物 通財用也 單穆公云 古者有母權子 子權母而行 然則三品之來 古而然矣 駰謂楚之三錢 賈韋之說近之

② 昨暮王使使封之작모왕사사봉지

집해 어떤 이가 "왕이 장차 사면하려면 항상 삼전의 창고를 봉했다."라고 한 것은 전폐錢幣가 지극히 중요하여 사람들이 혹 사면이 있을 것을 알고 그것을 훔칠 것을 염려한 것이다. 전부錢府를 봉해서 훔치는 것에 대비하려는 이유라고 했다. 한나라 영제靈帝 때, 하내河內 사람 장성張成이 기후로 섬치는 방술에 능해 장차 사면이 있을 것을 알고 자식을 교사해 사람을 죽이게 했다. 체포된 지 7일 만에 사면되어 나왔다. 이것이 그런 경우이다.

或曰 王且赦 常封三錢之府者 錢幣至重 慮人或逆知有赦 盜窃之 所以封錢府

備盜竊也 漢靈帝時 河內張成能候風角 知將有赦 教子殺人 捕得七日赦出 此其類也

주공의 맏아들은 사면이 있으니 동생이 진실로 마땅히 나올 것이라고 여겼다. 귀중한 1,000금을 장생에게 주는 것은 헛되이 버려지는 것이라고 여겨서 이에 다시 장생을 만났다. 장생이 놀라서 말했다.

"그대는 떠나지 않았는가?"

맏아들이 말했다.

"참으로 아직 못 떠났습니다. 처음부터 동생을 위해 일했는데, 동생이 지금 저절로 사면된다는 의견이 있으므로 살아난 것에 감사하고 떠나려고 합니다."

장생은 그의 뜻이 다시 금을 가져가고자 하는 것을 알고 말했다.

"그대 스스로 방에 들어가서 금을 가져가라."

맏아들이 곧 스스로 방으로 들어가 금을 가지고 떠나며, 홀로 스스로 기뻐하며 다행이라고 여겼다.

朱公長男以爲赦 弟固當出也 重千金虛棄莊生 無所爲也 乃復見莊生 莊生驚曰 若不去邪 長男曰 固未也 初爲事弟 弟今議自赦 故辭生去 莊生知其意欲復得其金 曰 若自入室取金 長男即自入室取金持去 獨自歡幸

장생은 어린아이에게 매수된 것을 부끄럽게 여기고, 이에 들어가
초왕을 뵙고 말했다.

"신이 지난번 어떤 별의 일을 말씀드렸는데, 왕께서는 덕을 닦아
서 갚아야 한다고 말씀하셨습니다. 지금 신이 나가보니 길에서 모
두가 도陶의 부자富者인 주공의 아들이 사람을 죽여 초나라에 갇
히니 그의 집에서 많은 금을 가지고 와서 왕의 좌우에게 뇌물을
주었다고 말합니다. 그래서 왕께서 초나라를 걱정하여 사면하는
것이 아니라 주공의 아들 때문이라고 말합니다."

초왕이 크게 노하고 말했다.

"과인이 비록 덕은 없지만 어찌 주공의 아들 때문에 은혜를 베풀
겠는가."

즉시 명령을 내려 주공의 아들을 죽이고 다음 날 마침내 사면령
을 내렸다. 주공의 맏아들은 끝내 동생의 상여喪輿를 메고 돌아
왔다.

맏아들이 돌아오자 그의 어머니와 읍의 사람들이 모두 애처롭게
여겼는데, 오직 주공이 홀로 웃으면서 말했다.

"나는 진실로 알았다. 반드시 맏아들이 동생을 죽일 것을. 맏아
들이 동생을 아끼지 않은 것은 아니었으나, 돌아보면 능히 참지
못한 것이 있었다. 이 아이는 어려서부터 나와 함께했는데 괴로운
일을 당하면서 살아가는 것이 어렵다고 여겼다. 그래서 재물을 버
리는 것을 무겁게 여겼다. 막내아들이 갔다면 태어나면서부터 나
의 부유함을 보고, 튼튼한 말을 타고 진실로 들의 토끼를 쫓았으
니,[①] 어찌 재물이 따라오는 바를 알았겠는가? 그러므로 가볍게

버렸을 것이고 아껴서 인색하지 않았을 것이다. 지난날 내가 막내 아들을 보내고자 했던 것은 진실로 재물을 버릴 줄 알기 때문이었다. 맏아들은 그리 할 수 없기에 끝내 그 동생을 죽인 것은 일의 이치이다. 슬퍼할 것이 없다. 나는 밤낮으로 굳게 그가 상여를 메고 오는 것을 기다렸다."

莊生羞爲兒子所賣 乃入見楚王曰 臣前言某星事 王言欲以修德報之 今臣出 道路皆言陶之富人朱公之子殺人囚楚 其家多持金錢賂王左右 故王非能恤楚國而赦 乃以朱公子故也 楚王大怒曰 寡人雖不德耳 奈何以朱公之子故而施惠乎 令論殺朱公子 明日遂下赦令 朱公長男竟持其弟喪歸 至 其母及邑人盡哀之 唯朱公獨笑曰 吾固知必殺其弟也 彼非不愛其弟 顧有所不能忍者也 是少與我俱 見苦 爲生難 故重棄財 至如少弟者 生而見我富 乘堅驅良逐狡兔^① 豈知財所從來 故輕棄之 非所惜吝 前日吾所爲欲遣少子 固爲其能棄財故也 而長者不能 故卒以殺其弟 事之理也 無足悲者 吾日夜固以望其喪之來也

① 逐狡兔축교면

집해 서광이 말했다. "교狡는 다른 판본에는 '교郊'로 되어 있다."

徐廣曰 狡 一作郊

그래서 범려는 세 번을 이사해 천하에 이름을 떨쳤는데, 진실로 떠난 곳뿐만 아니라 머문 곳에서도 반드시 이름을 떨쳤다. 마침내 늙어서 도陶 땅에서 죽었으므로 세상에서는 도주공陶朱公이라 전한다.[①]

故范蠡三徙 成名於天下 非苟去而已 所止必成名 卒老死于陶 故世傳曰陶朱公[①]

[①] 世傳曰陶朱公세전왈도주공

[집해] 장화가 말했다. "도주공의 무덤은 남군 화용현 서쪽에 있다. 비석이 서 있는데, 이르기를 '월나라의 범려'라고 했다."

張華曰 陶朱公冢在南郡華容縣西 樹碑云是越之范蠡也

[정의] 성홍지盛弘之의 《형주기》에서 말한다. "형주 화용현 서쪽에 도주공 무덤이 있다. 비석이 서 있는데, 이르기를 '월나라 범려'라고 했다. 범려는 본래 완宛의 삼호三戶 사람이고 문종文鍾과 함께 월나라로 들어갔다. 오나라가 망한 뒤에는 스스로 제나라로 가서 생을 마쳤다. 도주공은 신선이 되어 올라갔지 장례가 이곳에서 있었다는 소리는 듣지 못했다." 《괄지지》에서 말한다. "도주공 무덤이다." 또 《괄지지》에서 말한다. "제주 평음현 동쪽 30리 도산陶山 남쪽 5리에 도공 무덤이 있다. 아울러 도산의 남쪽에 묻혔다고 한다." 살펴보니 장사를 지낸 곳이 두 곳인데 장소는 자세히 알지 못한다.

盛弘之荊州記云 荊州華容縣西有陶朱公冢 樹碑云是越范蠡 范蠡本宛三戶人 與文種俱入越 吳亡後 自適齊而終 陶朱公登仙 未聞葬此所由 括地志云陶朱公冢也 又云 濟州平陰縣東三十里陶山南五里有陶公冢 幷止於陶山之陽 按 葬處

有二 未詳其處

신주 화용현은 《삼국지》와 그것을 각색한 소설 《삼국지연의》에서 가끔 언급되는 장소로, 적벽대전에서 조조曹操가 대패하여 달아나다가 제갈량이 매복한 군사들에게 거듭 곤경에 처했던 곳이다. 삼국시대 오나라 형주 치소인 강릉江陵에서 적벽으로 가는 도중에 있으며, 강릉을 통하여 북쪽으로 위魏나라 형주 치소인 양양襄陽에 닿는다. 앞서 살펴보았듯이 범려가 생을 마감한 곳은 훗날 연주 제음군 정도현 일대라고 생각된다.

태사공은 말한다.

우임금의 공이 크도다. 구천九川을 흐르게 하고[1] 구주九州를 안정시켜, 지금까지도 모든 중국이 다스려져 편안하게 되었다. 그의 후예 구천句踐에 이르러서 몸을 괴롭게 하고 생각을 골똘하게 한 끝에 마침내 강력한 오나라를 멸망시키고 북으로 병사들은 중원을 바라보았다. 주나라 왕실을 높이고 패왕霸王이라 호칭했다.[2] 구천을 현명하다고 일컫지 않을 수 있겠는가. 대개 우임금이 물려준 열렬함이 있었다. 범려는 세 번 옮겼는데 영예로운 이름이 있었으며, 후세까지 명성이 드리웠다. 신하와 군주가 이와 같은데 감추고 싶다고 감춰지겠는가?

太史公曰 禹之功大矣 漸九川[1] 定九州 至于今諸夏艾安 及苗裔句踐 苦身焦思 終滅彊吳 北觀兵中國 以尊周室 號稱霸王[2] 句踐可不謂賢哉 蓋有禹之遺烈焉 范蠡三遷皆有榮名 名垂後世 臣主若此 欲毋顯得乎

① 漸九川점구천

[집해] 서광이 말했다. "점漸이란 또한 이끌어 나아가고 통하게 인도한다는 뜻이다. 글자는 어떤 이가 '연然'이 마땅하다고 했다."

徐廣曰 漸者亦引進通導之意也 字或宜然

② 號稱霸王호칭패왕

[집해] 서광이 말했다. "다른 판본에는 왕王이 '주主'로 되어 있다."

徐廣曰 一作主

[색은술찬] 사마정이 펼쳐서 밝히다.

월나라 선조 소강少康에서 윤상允常에 이르렀다. 그의 아들은 처음 패왕이 되어 오나라와 강함을 다투었다. 취리檇李의 싸움에서 합려는 부상을 당했다. 회계의 치욕을 구천은 마땅히 감당하고자 했다. 종種은 이익으로 도모하고, 범려는 좋은 계책을 다했다. 아랫사람에게 절개를 꺾고 쓸개를 맛보며 생각했다. 끝내 원수에게 보복하고, 마침내 큰 나라를 없앴다. 나중에 역량을 헤아리지 못해서 무강無彊 시대에 없어졌다.

越祖少康 至于允常 其子始霸 與吳爭彊 檇李之役 闔閭見傷 會稽之恥 句踐欲當 種誘以利 蠡悉其良 折節下士 致膽思嘗 卒復讎寇 遂殄大邦 後不量力 滅於無彊

[지도 3] 월왕구천세가

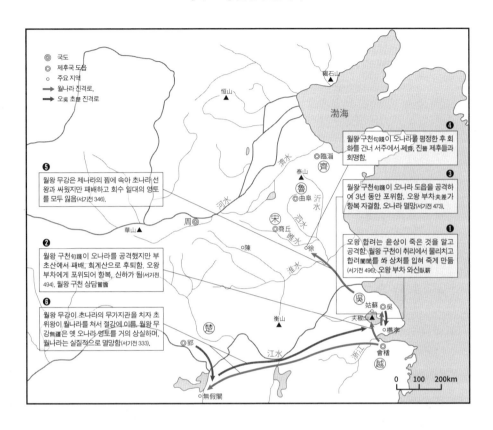

춘추시대 수정 연표

개요

이 표는 주周나라 공화 원년(서기전 841)부터 진晉나라 멸망(서기전 369)까지 춘추시대와 전국시대 초기의 각국 연표이다. 주나라를 포함한 15개 국에 대한 표를 수정하여 작성했다. 기존《사기》의 〈본기〉, 〈세가〉, 〈표〉, 〈열전〉 등의 기년이 서로 다른 기록이 많고,《좌전》,《고본죽서기년》과도 기년 및 제후 명칭이 서로 다르다. '춘추시대 수정 연표'는《사기》〈십이제후연표〉와 〈육국연표〉를 기본으로 삼고 〈세가〉의 삼가 주석,《좌전》,《고본죽서기년》,《사기지의》, (현대의) 〈중국역사기년표〉 등의 사료를 참고해서 기년과 제후의 명칭을 일부 수정 보완한 것이다.

앞서 출간한《신주사기》의 〈표〉와 〈세가〉의 기년이 서로 달라 수정이 필요한 경우, 그 사유와 집필진의 의견을 신주로 달았다. 다만 〈정세가〉에는 정鄭나라 말기의 기년에 오류가 있는데, 〈육국연표〉는 오류가 거의 없다. 독자가《사기》를 보거나 연구할 때 〈십이제후연표〉 및 〈육국연표〉를 참고하기 바란다.

주注

• 수정 연표에 색자로 표시한 왕과 제후 명칭은《사기》〈십이제후연표〉와 〈육국연표〉에 기록된 것이다. 색자와 먹자의 군주가 동일한 경우 먹자가 수정한 군주이다.

예| 서기전 706년 진晉나라표에 '민湣'은 〈십이제후연표〉의 기록이며, 〈진晉세가〉 및 《좌전》에 따라 수정한 기년은 서기전 704년이 진후晉侯 민湣의 원년이다. 〈십이제후연표〉에는 서기전 479년에 진陳나라가 '망亡'한 해로 기록하고 있으나 〈진기陳杞세가〉는 진민공陳湣公 24년(서기전 478)에 멸망했다고 한다. 《좌전》에도 서기전 478년에 초나라가 멸망시킨 것으로 되어 있다.

- 서기전 730년 진晉나라표에 '곡옥 장백莊伯'이라고 표시되어 있는데, 진소후晉昭侯 원년(서기전 745)에 전 군주인 진문후晉文侯의 아우 환숙桓叔을 곡옥曲沃에 봉한 것이다. 그 환숙의 아들이 곡옥 장백이다. 나중에 그 아들 무공武公이 진晉나라 제후가 된다.

- 서기전 715년 진晉나라표 '곡옥 무공武公' 표시는 곡옥 장백이 죽고 그 아들 무공이 즉위한 해이다.

- 서기전 679년 제齊나라표의 '초패初霸'는 제나라 환공桓公이 최초로 패자가 된 해를 표시한 것이다.

- 서기전 678년 진晉나라표의 '무공武公 38'은 곡옥의 군주 무공이 진晉나라의 군주 민湣을 공격하여 멸망시키고 진나라를 병탄한 것을 표시했다. 이전 곡옥에서 즉위한 것과 합하면 재위 기간이 38년이다.

- 서기전 585년 오吳나라표의 '수몽壽夢'은 이때부터 오나라 제후 기록이 시작되었다는 표시이다. 해당 칸의 연燕나라는 특별한 변동 사항이 없어 후략으로 처리했다.

- 서기전 546년 위衛나라표의 '헌공 후獻公 後'는 헌공이 서기전 558년 상공殤公 때 쫓겨났다가 다시 즉위하여 헌공 후後 1년이 되었다는 표시이다.

- 서기전 521년 채蔡나라표의 '도후悼侯'와 '주朱1'은 《좌전》과 《사기지의》에 따르면 평후의 아들 주朱가 즉위하였고 도후는 그 이듬해(서기전 520)에 즉위했다는 표시이다.

- 서기전 496년 오吳나라표 '구천勾踐'은 《사기》〈표〉에 월越나라 연표가 없어 오吳나라 표에 기재한 것이다. 서기전 496년은 월왕 구천句踐 원년이다. 이해에 구천과 오왕 합려의 전투로 합려는 상처를 입어 죽게 된다.

- 서기전 476년 주周나라의 '원왕元王 44'는 《좌전》과 《사기지의》에 따라 경왕의 죽음을 표시한 것이다. 원왕元王의 즉위 연도는 서기전 475년이다.

- 서기전 470년 월나라표의 '구천句踐 27'은 월왕 구천의 재위 연수를 가리킨다. 오나라는 서기전 473년에 멸망했다.

- 서기전 453년 진晉나라표의 '지백 멸智伯 滅'은 한韓, 위魏, 조趙 세 명의 대부들이 진양晉陽에서 지백을 죽이고 그 땅을 나누어 가진 해이다. 이때부터 실질적인 전국시대가 시작되었다는 견해도 있다.

- 서기전 423년 정鄭나라표의 '수 유공繻 幽公'은 〈정세가〉에서 유공幽公이 서기전 424년에 즉위한 것으로 나오고, 한韓나라 무자가 정나라를 공격해서 유공을 살해하고 유공의 동생을 옹립하는데, 이이가 수공繻公으로 즉위한 표시이다. 그러나 〈한세가〉와 〈육국연표〉에서 정나라가 멸망한 시점을 고려하면 서기전 423년은 유공幽公 원년이 되고, 그해에 유공이 죽고 다음해인 서기전 422년은 수공繻公의 원년이 된다. 이후의 정나라 기년은 〈육국연표〉의 기록이 맞는다.

- 서기전 392년 진晉나라표 '효공孝公'은 《죽서기년》에는 환공桓公으로 되어 있다. 효공과 환공은 같은 군주라고 한다.

- 서기전 386년 제齊나라표의 '19망亡'은 전田씨가 처음으로 제나라 제후의 반열에 올라 제강공(강태공의 후예인 여呂씨)을 해변으로 쫓아낸 일을 가리킨다. 서기전 379년 제강공이 죽자 여呂씨의 제사가 끊어지고 전田씨가 제나라를 병탄한다.
- 서기전 376년 진晉나라표의 '망亡'은 〈육국연표〉에 따라 한韓, 위魏, 조趙가 진晉을 멸망시키자 후사가 끊어졌다는 표시이다. 그러나 〈진晉세가〉에서는 효공(환공)이 17년 만에 죽고 아들 정공靜公이 군주에 오른다고 한다. 진晉, 한韓, 조趙의 〈세가〉를 검토하면 정공 2년(서기전 369)에 한韓, 위魏, 조趙가 진晉을 멸망시키고 토지를 분배하였다.
- 서기전 372년 송宋나라표의 '벽공辟公'은 《죽서기년》에 따르면, 송나라 환후桓侯이다. 서기전 361년이 원년이다. 그리고 서기전 369년으로 표시된 척성剔成의 원년은 오기이다. 서기전 348년이 원년(전국시대 수정 연표 참조)이다.
- 서기전 370년 위魏나라표의 '혜왕惠王'은 〈육국연표〉에서 혜왕 원년이라고 되어있다. 《죽서기년》에는 서기전 369년이 혜왕 원년으로 되어 있다.
- 서기전 370년 한韓나라표의 '의후懿侯'는 〈육국연표〉에서 장후莊侯 원년이라고 하는데, 해당 주석인 《색은》에는 의후라고 한다. 〈한세가〉에도 의후라고 되어 있다.

춘추시대 수정 연표

서기전	周	魯	齊	晉	秦	楚
841	共和 1	眞公 15	武公 10	靖侯 18	秦仲 4	熊勇 7
840	2	16	11	釐侯 1	5	8
839	3	17	12	2	6	9
838	4	18	13	3	7	10
837	5	19	14	4	8	熊嚴 1
836	6	20	15	5	9	2
835	7	21	16	6	10	3
834	8	22	17	7	11	4
833	9	23	18	8	12	5
832	10	24	19	9	13	6
831	11	25	20	10	14	7
830	12	26	21	11	15	8
829	13	27	22	12	16	9
828	14	28	23	13	17	10
827	宣王 1	29	24	14	18	熊霜 1
826	2	30	25	15	19	2
825	3	武公 1	26	16	20	3
824	4	2	厲公 1	17	21	4
823	5	3	2	18	22	5
822	6	4	3	獻侯 1	23	6
821	7	5	4	2	莊公 1	熊徇 1
820	8	6	5	3	2	2
819	9	7	6	4	3	3
818	10	8	7	5	4	4
817	11	9	8	6	5	5
816	12	10	9	7	6	6
815	13	懿公 1	文公 1	8	7	7
814	14	2	2	9	8	8
813	15	3	3	10	9	9
812	16	4	4	11	10	10
811	17	5	5	穆侯 1	11	11
810	18	6	6	2	12	12
809	19	7	7	3	13	13

宋	曹	衛	陳	蔡	鄭	燕
釐公 18	夷伯 24	釐侯 14	幽公 14	武侯 23		惠侯 24
19	25	15	15	24		25
20	26	16	16	25		26
21	27	17	17	26		27
22	28	18	18	夷侯 1		28
23	29	19	19	2		29
24	30	20	20	3		30
25	幽伯 1	21	21	4		31
26	2	22	22	5		32
27	3	23	23	6		33
28	4	24	釐公 1	7		34
惠公 1	5	25	2	8		35
2	6	26	3	9		36
3	7	27	4	10		37
4	8	28	5	11		38
5	9	29	6	12		釐侯 1
6	戴伯 1	30	7	13		2
7	2	31	8	14		3
8	3	32	9	15		4
9	4	33	10	16		5
10	5	34	11	17		6
11	6	35	12	18		7
12	7	36	13	19		8
13	8	37	14	20		9
14	9	38	15	21		10
15	10	39	16	22		11
16	11	40	17	23		12
17	12	41	18	24		13
18	13	42	19	25		14
19	14	武公 1	20	26		15
20	15	2	21	27		16
21	16	3	22	28		17
22	17	4	23	釐侯 1		18

서기전	周	魯	齊	晉	秦	楚
808	20	8	8	4	14	14
807	21	9	9	5	15	15
806	22	伯御 1	10	6	16	16
805	23	2	11	7	17	17
804	24	3	12	8	18	18
803	25	4	成公 1	9	19	19
802	26	5	2	10	20	20
801	27	6	3	11	21	21
800	28	7	4	12	22	22
799	29	8	5	13	23	熊鄂 1
798	30	9	6	14	24	2
797	31	10	7	15	25	3
796	32	11	8	16	26	4
795	33	孝公 1	9	17	27	5
794	34	2	莊公 1	18	28	6
793	35	3	2	19	29	7
792	36	4	3	20	30	8
791	37	5	4	21	31	9
790	38	6	5	22	32	若敖 1
789	39	7	6	23	33	2
788	40	8	7	24	34	3
787	41	9	8	25	35	4
786	42	10	9	26	36	5
785	43	11	10	27	37	6
784	44	12	11	殤叔 1	38	7
783	45	13	12	2	39	8
782	46	14	13	3	40	9
781	幽王 1	15	14	4	41	10
780	2	16	15	文侯 1	42	11
779	3	17	16	2	43	12
778	4	18	17	3	44	13
777	5	19	18	4	襄公 1	14
776	6	20	19	5	2	15

宋	曹	衛	陳	蔡	鄭	燕
23	18	5	24	2		19
24	19	6	25	3		20
25	20	7	26	4	桓公 1	21
26	21	8	27	5	2	22
27	22	9	28	6	3	23
28	23	10	29	7	4	24
29	24	11	30	8	5	25
30	25	12	31	9	6	26
31	26	13	32	10	7	27
戴公 1	27	14	33	11	8	28
2	28	15	34	12	9	29
3	29	16	35	13	10	30
4	30	17	36	14	11	31
5	惠伯 1	18	武公 1	15	12	32
6	2	19	2	16	13	33
7	3	20	3	17	14	34
8	4	21	4	18	15	35
9	5	22	5	19	16	36
10	6	23	6	20	17	頃侯 1
11	7	24	7	21	18	2
12	8	25	8	22	19	3
13	9	26	9	23	20	4
14	10	27	10	24	21	5
15	11	28	11	25	22	6
16	12	29	12	26	23	7
17	13	30	13	27	24	8
18	14	31	14	28	25	9
19	15	32	15	29	26	10
20	16	33	夷公 1	30	27	11
21	17	34	2	31	28	12
22	18	35	3	32	29	13
23	19	36	平公 1	33	30	14
24	20	37	2	34	31	15

서기전	周	魯	齊	晉	秦	楚
775	7	21	20	6	3	16
774	8	22	21	7	4	17
773	9	23	22	8	5	18
772	10	24	23	9	6	19
771	11	25	24	10	7	20
770	平王 1	26	25	11	8	21
769	2	27	26	12	9	22
768	3	惠公 1	27	13	10	23
767	4	2	28	14	11	24
766	5	3	29	15	12	25
765	6	4	30	16	文公 1	26
764	7	5	31	17	2	27
763	8	6	32	18	3	霄敖 1
762	9	7	33	19	4	2
761	10	8	34	20	5	3
760	11	9	35	21	6	4
759	12	10	36	22	7	5
758	13	11	37	23	8	6
757	14	12	38	24	9	蚡冒 1
756	15	13	39	25	10	2
755	16	14	40	26	11	3
754	17	15	41	27	12	4
753	18	16	42	28	13	5
752	19	17	43	29	14	6
751	20	18	44	30	15	7
750	21	19	45	31	16	8
749	22	20	46	32	17	9
748	23	21	47	33	18	10
747	24	22	48	34	19	11
746	25	23	49	35	20	12
745	26	24	50	昭侯 1	21	13
744	27	25	51	2	22	14
743	28	26	52	3	23	15

宋	曹	衛	陳	蔡	鄭	燕
25	21	38	3	35	32	16
26	22	39	4	36	33	17
27	23	40	5	37	34	18
28	24	41	6	38	35	19
29	25	42	7	39	36	20
30	26	43	8	40	武公 1	21
31	27	44	9	41	2	22
32	28	45	10	42	3	23
33	29	46	11	43	4	24
34	30	47	12	44	5	哀侯 1
武公 1	31	48	13	45	6	2
2	32	49	14	46	7	鄭侯 1
3	33	50	15	47	8	2
4	34	51	16	48	9	3
5	35	52	17	共侯 1	10	4
6	36	53	18	2	11	5
7	穆公 1	54	19	戴侯 1	12	6
8	2	55	20	2	13	7
9	3	莊公 1	21	3	14	8
10	桓公 1	2	22	4	15	9
11	2	3	23	5	16	10
12	3	4	文公 1	6	17	11
13	4	5	2	7	18	12
14	5	6	3	8	19	13
15	6	6	4	9	20	14
16	7	8	5	10	21	15
17	8	9	6	宣侯 1	22	16
18	9	10	7	2	23	17
宣公 1	10	11	8	3	24	18
2	11	12	9	4	25	19
3	12	13	10	5	26	20
4	13	14	桓公 1	6	27	21
5	14	15	1	7	莊公 1	22

서기전	周	魯	齊	晉	秦	楚
742	29	27	53	4	24	16
741	30	28	54	5	25	17
740	31	29	55	6	26	武王 1
739	32	30	56	孝侯 7	27	2
738	33	31	57	孝侯 1	28	3
737	34	32	58	2	29	4
736	35	33	59	3	30	5
735	36	34	60	4	31	6
734	37	35	61	5	32	7
733	38	36	62	6	33	8
732	39	37	63	7	34	9
731	40	38	64	8	35	10
730	41	39	釐公 1	곡옥 莊伯	36	11
729	42	40	2	10	37	12
728	43	41	3	11	38	13
727	44	42	4	12	39	14
726	45	43	5	13	40	15
725	46	44	6	14	41	16
724	47	45	7	15	42	17
723	48	46	8	鄂侯 1	43	18
722	49	隱公 1	9	2	44	19
721	50	2	10	3	45	20
720	51	3	11	4	46	21
719	桓王 1	4	12	5	47	22
718	2	5	13	6	48	23
717	3	6	14	哀侯 1	49	24
716	4	7	15	2	50	25
715	5	8	16	곡옥 武公	寧公 1	26
714	6	9	17	4	2	27
713	7	10	18	5	3	28
712	8	11	19	6	4	29
711	9	桓公 1	20	7	5	30
710	10	2	21	8	6	31

宋	曹	衛	陳	蔡	鄭	燕
6	15	16	3	8	2	23
7	16	17	4	9	3	24
8	17	18	5	10	4	25
9	18	19	6	11	5	26
10	19	20	7	12	6	27
11	20	21	8	13	7	28
12	21	22	9	14	8	29
13	22	23	10	15	9	30
14	23	桓公 1	11	16	10	31
15	24	2	12	17	11	32
16	25	3	13	18	12	33
17	26	4	14	19	13	34
18	27	5	15	20	14	35
19	28	6	16	21	15	36
穆公 1	29	7	17	22	16	穆侯 1
2	30	8	18	23	17	2
3	31	9	19	24	18	3
4	32	10	20	25	19	4
5	33	11	21	26	20	5
6	34	12	22	27	21	6
7	35	13	23	28	22	7
8	36	14	24	29	23	8
9	37	15	25	30	24	9
殤公 1	38	16	26	31	25	10
2	39	宣公 1	27	32	26	11
3	40	2	28	33	27	12
4	41	3	29	34	28	13
5	42	4	30	35	29	14
6	43	5	31	桓侯 1	30	15
7	44	6	32	2	31	16
8	45	7	33	3	32	17
9	46	8	34	4	33	18
莊公 10	47	9	35	4	34	宣侯 1

서기전	周	魯	齊	晉	秦	楚
709	11	3	22	9	7	32
708	12	4	23	小子 1	8	33
707	13	5	24	2	9	34
706	14	6	25	湣 3	10	35
705	15	7	26	4	11	36
704	16	8	27	湣 1	12	37
703	17	9	28	2	出子 1	38
702	18	10	29	3	2	39
701	19	11	30	4	3	40
700	20	12	31	5	4	41
699	21	13	32	6	5	42
698	22	14	33	7	6	43
697	23	15	襄公 1	8	武公 1	44
696	莊王 1	16	2	9	2	45
695	2	17	3	10	3	46
694	3	18	4	11	4	47
693	4	莊公 1	5	12	5	48
692	5	2	6	13	6	49
691	6	3	7	14	7	50
690	7	4	8	15	8	51
689	8	5	9	16	9	文王 1
688	9	6	10	17	10	2
687	10	7	11	18	11	3
686	11	8	12	19	12	4
685	12	9	桓公 1	20	13	5
684	13	10	2	21	14	6
683	14	11	3	22	15	7
682	15	12	4	23	16	8
681	釐王 1	13	5	24	17	9
680	2	14	6	25	18	10
679	3	15	初霸	26	19	11
678	4	16	8	武公 38	20	12
677	5	17	9	39	德公 1	13

宋	曹	衛	陳	蔡	鄭	燕
莊公 1	48	10	36	6	35	2
2	49	11	37	7	36	3
3	50	12	38	8	37	4
4	51	13	厲公 1	9	38	5
5	52	14	2	10	39	6
6	53	15	3	11	40	7
7	54	16	4	12	41	8
8	55	17	5	13	42	9
9	莊公 1	18	6	14	43	10
10	2	19	7	15	厲公 1	11
11	3	惠公 1	莊公 1	16	2	12
12	4	2	2	17	3	13
13	5	3	3	18	4	桓侯 1
14	6	黔牟 4	4	19	昭公 1	2
15	7	黔牟 1	5	20	2	3
16	8	2	6	哀侯 1	子亹 1	4
17	9	3	7	2	子嬰 1	5
18	10	4	宣公 1	3	2	6
湣公 1	11	5	2	4	3	7
2	12	6	3	5	4	莊公 1
3	13	7	4	6	5	2
4	14	8	5	7	6	3
5	15	惠公 13	6	8	7	4
6	16	14	7	9	8	5
7	17	15	8	10	9	6
8	18	16	9	11	10	7
9	19	17	10	12	11	8
10	20	18	11	13	12	9
桓公 1	21	19	12	14	13	10
2	22	20	13	15	14	11
3	23	21	14	16	厲公 後 1	12
4	24	22	15	17	2	13
5	25	23	16	18	3	14

서기전	周	魯	齊	晉	秦	楚
676	惠王 1	18	10	獻公 1	2	莊敖 14
675	2	19	11	2	宣公 1	15
674	3	20	12	3	2	莊敖 1
673	4	21	13	4	3	2
672	5	22	14	5	4	3
671	6	23	15	6	5	成王 1
670	7	24	16	7	6	2
669	8	25	17	8	7	3
668	9	26	18	9	8	4
667	10	27	19	10	9	5
666	11	28	20	11	10	6
665	12	29	21	12	11	7
664	13	30	22	13	12	8
663	14	31	23	14	成公 1	9
662	15	32	24	15	2	10
661	16	閔公 1	25	16	3	11
660	17	2	26	17	4	12
659	18	釐公 1	27	18	穆公 1	13
658	19	2	28	19	2	14
657	20	3	29	20	3	15
656	21	4	30	21	4	16
655	22	5	31	22	5	17
654	23	6	32	23	6	18
653	24	7	33	24	7	19
652	25	8	34	25	8	20
651	襄王 1	9	35	26	9	21
650	2	10	36	惠公 1	10	22
649	3	11	37	2	11	23
648	4	12	38	3	12	24
647	5	13	39	4	13	25
646	6	14	40	5	14	26
645	7	15	41	6	15	27
644	8	16	42	7	16	28

宋	曹	衛	陳	蔡	鄭	燕
6	26	24	17	19	4	15
7	27	25	18	20	5	16
8	28	26	19	穆侯 1	6	17
9	29	27	20	2	7	18
10	30	28	21	3	文公 1	19
11	31	29	22	4	2	20
12	釐公 1	30	23	5	3	21
13	2	31	24	6	4	22
14	3	懿公 1	25	7	5	23
15	4	2	26	8	6	24
16	5	3	27	9	7	25
17	6	4	28	10	8	26
18	7	5	29	11	9	27
19	8	6	30	12	10	28
20	9	7	31	13	11	29
21	昭公 1	8	32	14	12	30
22	2	9	33	15	13	31
23	3	文公 1	34	16	14	32
24	4	2	35	17	15	33
25	5	3	36	18	16	襄公 1
26	6	4	37	19	17	2
27	7	5	38	20	18	3
28	8	6	39	21	19	4
29	9	7	40	22	20	5
30	共公 1	8	41	23	21	6
31	2	9	42	24	22	7
襄公 1	3	10	43	25	23	8
2	4	11	44	26	24	9
3	5	12	45	27	25	10
4	6	13	穆公 1	28	26	11
5	7	14	2	29	27	12
6	8	15	3	莊侯 1	28	13
7	9	16	4	2	29	14

서기전	周	魯	齊	晉	秦	楚
643	9	17	43	8	17	29
642	10	18	孝公 1	9	18	30
641	11	19	2	10	19	31
640	12	20	3	11	20	32
639	13	21	4	12	21	33
638	14	22	5	13	22	34
637	15	23	6	14	23	35
636	16	24	7	文公 1	24	36
635	17	25	8	2	25	37
634	18	26	9	3	26	38
633	19	27	10	4	27	39
632	20	28	昭公 1	5	28	40
631	21	29	2	6	29	41
630	22	30	3	7	30	42
629	23	31	4	8	31	43
628	24	32	5	9	32	44
627	25	33	6	襄公 1	33	45
626	26	文公 1	7	2	34	46
625	27	2	8	3	35	穆王 1
624	28	3	9	4	36	2
623	29	4	10	5	37	3
622	30	5	11	6	38	4
621	31	6	12	7	39	5
620	32	7	13	靈公 1	康公 1	6
619	33	8	14	2	2	7
618	頃王 1	9	15	3	3	8
617	2	10	16	4	4	9
616	3	11	17	5	5	10
615	4	12	18	6	6	11
614	5	13	19	7	7	12
613	6	14	20	8	8	莊王 1
612	匡王 1	15	懿公 1	9	9	2
611	2	16	2	10	10	3

宋	曹	衛	陳	蔡	鄭	燕
8	10	17	5	3	30	15
9	11	18	6	4	31	16
10	12	19	7	5	32	17
11	13	20	8	6	33	18
12	14	21	9	7	34	19
13	15	22	10	8	35	20
14	16	23	11	9	36	21
成公 1	17	24	12	10	37	22
2	18	25	13	11	38	23
3	19	成公 1	14	12	39	24
4	20	2	15	13	40	25
5	21	3	16	14	41	26
6	22	4	共公 1	15	42	27
7	23	5	2	16	43	28
8	24	6	3	17	44	29
9	25	7	4	18	45	30
10	26	8	5	19	穆公 1	31
11	27	9	6	20	2	32
12	28	10	7	21	3	33
13	29	11	8	22	4	34
14	30	12	9	23	5	35
15	31	13	10	24	6	36
16	32	14	11	25	7	37
17	33	15	12	26	8	38
昭公 1	34	16	13	27	9	39
2	35	17	14	28	10	40
3	文公 1	18	15	29	11	桓公 1
4	2	19	16	30	12	2
5	3	20	17	31	13	3
6	4	21	18	32	14	4
7	5	22	靈公 1	33	15	5
8	6	23	2	34	16	6
9	7	24	3	文侯 1	17	7

서기전	周	魯	齊	晉	秦	楚
610	3	17	3	11	11	4
609	4	18	4	12	12	5
608	5	宣公 1	惠公 1	13	共公 1	6
607	6	2	2	14	2	7
606	定王 1	3	3	成公 1	3	8
605	2	4	4	2	4	9
604	3	5	5	3	桓公 1	10
603	4	6	6	4	桓公 2	11
602	5	7	7	5	3	12
601	6	8	8	6	4	13
600	7	9	9	7	5	14
599	8	10	10	景公 1	6	15
598	9	11	頃公 1	2	7	16
597	10	12	2	3	8	17
596	11	13	3	4	9	18
595	12	14	4	5	10	19
594	13	15	5	6	11	20
593	14	16	6	7	12	21
592	15	17	7	8	13	22
591	16	18	8	9	14	23
590	17	成公 1	9	10	15	共王 1
589	18	2	10	11	16	2
588	19	3	11	12	17	3
587	20	4	12	13	18	4
586	21	5	13	14	19	5
585	簡王 1	6	14	15	20	6
584	2	7	15	16	21	7
583	3	8	16	17	22	8
582	4	9	17	18	23	9
581	5	10	靈公 1	19	24	10
580	6	11	2	厲公 1	25	11
579	7	12	3	2	26	12
578	8	13	3	3	27	13

宋	曹	衛	陳	蔡	鄭	燕
文公 1	8	25	4	2	18	8
2	9	26	5	3	19	9
3	10	27	6	4	20	10
4	11	28	7	5	21	11
5	12	29	8	6	22	12
6	13	30	9	7	靈公 1	13
7	14	31	10	8	襄公 1	14
8	15	32	11	9	2	15
9	16	33	12	10	3	16
10	17	34	13	11	4	宣公 1
11	18	35	14	12	5	2
12	19	穆公 1	15	13	6	3
13	20	2	成公 1	14	7	4
14	21	3	2	15	8	5
15	22	4	3	16	9	6
16	23	5	4	17	10	7
17	宣公 1	6	5	18	11	8
18	2	7	6	19	12	9
19	3	8	7	20	13	10
20	4	9	8	景侯 1	14	11
21	5	10	9	2	15	12
22	6	11	10	3	16	13
共公 1	7	定公 1	11	4	17	후략
2	8	2	12	5	18	
3	9	3	13	6	悼公 1	吳
4	10	4	14	7	2	壽夢 1
5	11	5	15	8	成公 1	2
6	12	6	16	9	2	3
7	13	7	17	10	3	4
8	14	8	18	11	4	5
9	15	9	19	12	5	6
10	16	10	20	13	6	7
11	17	11	21	14	7	8

서기전	周	魯	齊	晉	秦	楚
577	9	14	5	4	28	14
576	10	15	6	5	景公 1	15
575	11	16	7	6	2	16
574	12	17	8	7	3	17
573	13	18	9	8	4	18
572	14	襄公 1	10	悼公 1	5	19
571	靈王 1	2	11	2	6	20
570	2	3	12	3	7	21
569	3	4	13	4	8	22
568	4	5	14	5	9	23
567	5	6	15	6	10	24
566	6	7	16	7	11	25
565	7	8	17	8	12	26
564	8	9	18	9	13	27
563	9	10	19	10	14	28
562	10	11	20	11	15	29
561	11	12	21	12	16	30
560	12	13	22	13	17	31
559	13	14	23	14	18	康王 1
558	14	15	24	15	19	2
557	15	16	25	平公 1	20	3
556	16	17	26	2	21	4
555	17	18	27	3	22	5
554	18	19	28	4	23	6
553	19	20	莊公 1	5	24	7
552	20	21	2	6	25	8
551	21	22	3	7	26	9
550	22	23	4	8	27	10
549	23	24	5	9	28	11
548	24	25	6	10	29	12
547	25	26	景公 1	11	30	13
546	26	27	2	12	31	14
545	27	28	3	13	32	15

宋	曹		衛	陳	蔡	鄭		吳	
12	成公	1	12	22	15	8		9	
13		2	獻公 1	23	16	9		10	
平公 1		3	2	24	17	10		11	
2		4	3	25	18	11		12	
3		5	4	26	19	12		13	
4		6	5	27	20	13		14	
5		7	6	28	21	14		15	
6		8	7	29	22	釐公	1	16	
7		9	8	30	23		2	17	
8		10	9	哀公 1	24		3	18	
9		11	10	2	25		4	19	
10		12	11	3	26		5	20	
11		13	12	4	27	簡公	1	21	
12		14	13	5	28		2	22	
13		15	14	6	29		3	23	
14		16	15	7	30		4	24	
15		17	16	8	31		5	25	
16		18	17	9	32		6	諸樊 1	
17		19	18	10	33		7	2	
18		20	殤公 1	11	34		8	3	
19		21	2	12	35		9	4	
20		22	3	13	36		10	5	
21		23	4	14	37		11	6	
22	武公	1	5	15	38		12	7	
23		2	6	16	39		13	8	
24		3	7	17	40		14	9	
25		4	8	18	41		15	10	
26		5	9	19	42		16	11	
27		6	10	20	43		17	12	
28		7	11	21	44		18	13	
29		8	12	22	45		19	餘祭 1	
30		9	獻公 後 1	23	46		20	2	
31		10	2	24	47		21	3	

서기전	周	魯	齊	晉	秦	楚
544	景王 1	29	4	14	33	郟敖 1
543	2	30	5	15	34	2
542	3	31	6	16	35	3
541	4	昭公 1	7	17	36	4
540	5	2	8	18	37	靈王 1
539	6	3	9	19	38	2
538	7	4	10	20	39	3
537	8	5	11	21	40	4
536	9	6	12	22	畢公 1	5
535	10	7	13	23	2	6
534	11	8	14	24	3	7
533	12	9	15	25	4	8
532	13	10	16	26	5	9
531	14	11	17	昭公 1	6	10
530	15	12	18	2	7	11
529	16	13	19	3	8	12
528	17	14	20	4	9	平王 1
527	18	15	21	5	10	2
526	19	16	22	6	11	3
525	20	17	23	頃公 1	12	4
524	21	18	24	2	13	5
523	22	19	25	3	14	6
522	23	20	26	4	15	7
521	24	21	27	5	16	8
520	25	22	28	6	17	9
519	敬王 1	23	29	7	18	10
518	2	24	30	8	19	11
517	3	25	31	9	20	12
516	4	26	32	10	21	13
515	5	27	33	11	22	昭王 1
514	6	28	34	12	23	2
513	7	29	35	13	24	3
512	8	30	36	14	25	4

宋	曹	衛	陳	蔡	鄭	吳
31	11	3	25	48	22	4
32	12	襄公 1	26	49	23	餘昧 1
33	13	2	27	靈侯 1	24	2
34	14	3	28	2	25	3
35	15	4	29	3	26	4
36	16	5	30	4	27	5
37	17	6	31	5	28	6
38	18	7	32	6	29	7
39	19	8	33	7	30	8
40	20	9	34	8	31	9
42	21	靈公 1	35	9	32	10
43	22	2	惠公 1	10	33	11
44	23	3	2	11	34	12
元公 1	24	4	3	12	35	13
2	25	5	4	平侯 1	36	餘昧 14
3	26	6	5	2	定公 1	15
4	27	7	6	3	2	16
5	平公 1	8	7	4	3	17
6	2	9	8	5	4	僚 1
7	3	10	9	6	5	2
8	4	11	10	7	6	3
9	悼公 1	12	11	8	7	4
10	2	13	12	9	8	5
11	3	14	13	悼侯 朱 1	9	6
12	4	15	14	悼侯 1	10	7
13	5	16	15	2	11	8
14	6	17	16	昭候 1	12	9
15	7	18	17	2	13	10
景公 1	8	19	18	3	14	11
2	9	20	19	4	15	12
3	聲公 1	21	20	5	16	闔閭 1
4	2	22	21	6	獻公 1	2
5	3	23	22	7	2	3

서기전	周	魯	齊	晉	秦	楚
511	9	31	37	定公 1	26	5
510	10	32	38	2	27	6
509	11	定公 1	39	3	28	7
508	12	2	40	4	29	8
507	13	3	41	5	30	9
506	14	4	42	6	31	10
505	15	5	43	7	32	11
504	16	6	44	8	33	12
503	17	7	45	9	34	13
502	18	8	46	10	35	14
501	19	9	47	11	36	15
500	20	10	48	12	惠公 1	16
499	21	11	49	13	2	17
498	22	12	50	14	3	18
497	23	13	51	15	4	19
496	24	14	52	16	5	20
495	25	15	53	17	6	21
494	26	哀公 1	54	18	7	22
493	27	2	55	19	8	23
492	28	3	56	20	9	24
491	29	4	57	21	悼公 1	25
490	30	5	58	22	2	26
489	31	6	孺子	23	3	27
488	32	7	悼公 1	24	4	惠王 1
487	33	8	2	25	5	2
486	34	9	3	26	6	3
485	35	10	4	27	7	4
484	36	11	簡公 1	28	8	5
483	37	12	2	29	9	6
482	38	13	3	30	10	7
481	39	14	4	31	11	8
480	40	15	平公 1	32	12	9
479	41	孔子 卒	2	33	13	10

宋	曹	衛	陳	蔡	鄭	吳
6	4	24	23	8	3	4
7	5	25	24	9	4	5
8	隱公 1	26	25	10	5	6
9	2	27	26	11	6	7
10	3	28	27	12	7	8
11	4	29	28	13	8	9
12	靖公 1	30	懷公 1	14	9	10
13	2	31	2	15	10	11
14	3	32	3	16	11	12
15	4	33	4	17	12	13
16	伯陽 1	34	湣公 1	18	13	14
17	2	35	2	19	聲公 1	15
18	3	36	3	20	2	16
19	4	37	4	21	3	17
20	5	38	5	22	4	18
21	6	39	6	23	5	19 (구천)
22	7	40	7	24	6	夫差 1
23	8	41	8	25	7	2
24	9	42	9	26	8	3
25	10	出公 1	10	27	9	4
26	11	2	11	28	10	5
27	12	3	12	成侯 1	11	6
28	13	4	13	2	12	7
29	14	5	14	3	13	8
30	15 亡	6	15	4	14	9
31		7	16	5	15	10
32		8	17	6	16	11
33		9	18	7	17	12
34		10	19	8	18	13
35		11	20	9	19	14
36		12	21	10	20	15
37		莊公 13	22	11	21	16
38		莊公 1	23 亡	12	22	17

서기전	周	魯	齊	晉	秦	楚
478	42	17	3	34	14	11
477	43	18	4	35	15	12
476	元王 44	19	5	36	厲公 1	13
475	元王 1	20	6	37	2	14
474	2	21	7	出公 1	3	15
473	3	22	8	2	4	16
472	4	23	9	3	5	17
471	5	24	10	4	6	18
470	6	25	11	5	7	19
469	7	26	12	6	8	20
468	貞王 1	27	13	7	9	21
467	2	悼公 1	14	8	10	22
466	3	悼公 2	15	9	11	23
465	4	3	16	10	12	24
464	5	4	17	11	13	25
463	6	5	18	12	14	26
462	7	6	19	13	15	27
461	8	7	20	14	16	28
460	9	8	21	15	17	29
459	10	9	22	16	18	30
458	11	10	23	17	19	31
457	12	11	24	18	20	32
456	13	12	25	哀公 19	21	33
455	14	13	宣公 1	20	22	34
454	15	14	2	懿公 21	23	35
453	16	15	3	智伯 滅	24	36
452	17	16	4	23	25	37
451	18	17	5	敬公 1	26	38
450	19	18	6	2	27	39
449	20	19	7	3	28	40
448	21	20	8	4	29	41
447	22	21	9	5	30	42
446	23	22	10	6	31	43

宋	趙	衛	陳	蔡	鄭	吳
38		2	24亡	13	23	18
39		起 1		14	24	19
40		出公後 1		15	25	20
42	襄子 1	2		16	26	21
43	2	3		17	27	22
44	3	4		18	28	23亡
45	4	5		19	29	
46	5	6		聲侯 1	30	越
47	6	7		2	31	句踐 27
48	7	8		3	32	28
昭公 1	8	悼公 1		4	33	29
2	9	2		5	34	30
3	10	3		6	35	31
4	11	4		7	36	32
5	12	5		8	37	鼫與 1
6	13	6		9	哀公 1	2
7	14	7		10	哀公 2	3
8	15	8		11	3	4
9	16	9		12	4	5
10	17	10		13	5	6
11	18	11		14	6	不壽 1
12	襄子 19	12		15	7	2
13	20	13		元侯 1	8	3
14	21	悼公 14		2	共公 1	4
15	22	15		3	2	5
16	23	敬公 1		4	3	6
17	24	2		5	4	7
18	25	3		6	5	8
昭公 19	26	敬公 4		姬齊 1	6	9
20	27	5		2	7	10
21	28	6		3	8	翁 1
22	29	7		4亡	9	2
23	30	8			10	3

서기전	周	魯	齊	晉	秦	楚
445	24	23	11	7	32	44
444	25	24	12	8	33	45
443	26	25	13	9	34	46
442	27	26	14	10	躁公 1	47
441	28	27	15	11	2	48
440	考王 1	28	16	12	3	49
439	2	29	17	13	4	50
438	3	30	18	14	5	51
437	4	31	19	幽公 15	6	52
436	5	32	20	16	7	53
435	6	33	21	17	8	54
434	7	34	22	18	9	55
433	8	35	23	幽公 1	10	56
432	9	36	24	2	11	57
431	10	37	25	3	12	簡王 1
430	11	元公 1	26	4	13	2
429	12	2	27	5	14	3
428	13	元公 3	28	6	懷公 1	4
427	14	4	29	7	2	5
426	15	5	30	8	3	6
425	威烈 1	6	31	9	4	7
424	2	7	32	10	靈公 1	8
423	3	8	33	11	2	9
422	4	9	34	12	3	10
421	5	10	35	13	4	11
420	6	11	36	14	5	12
419	7	12	37	烈公 15	6	13
418	8	13	38	16	7	14
417	9	14	39	17	8	15
416	10	15	40	18	9	16
415	11	16	41	烈公 1	10	17
414	12	17	42	2	簡公 1	18
413	13	18	43	3	2	19

宋	趙		衛		魏		韓		鄭		越
24		31		9	文侯	1				11	4
25		32		10		2				12	5
26		33		11		3				13	6
27		34		12		4				14	7
28		35		13		5				15	8
29		36		14		6				16	9
30		37		15		7				17	10
31		38		16		8				18	11
32		39		17		9				19	12
33		40		18		10				20	13
34		41		19		11				21	14
35		42	昭公	1		12				22	15
36		43		2		13				23	16
37		44		3		14				24	17
38		45	昭公	4		15				25	18
39		46		5		16				26	19
40		47		6		17				27	20
41		48	懷公	1		18				28	21
42		49		2		19				29	22
43		50		3		20				30	23
44		51	懷公	4		21				31	24
45	桓子	1		5	文侯	22	武子	1	幽	32	25
46	獻侯	1		6		23		2	繻 幽公	1	26
47		2		7		24		3	繻公	1	27
48		3		8		25		4		2	28
49		4		9		26		5		3	29
50		5		10		27		6		4	30
51		6		11		28		7		5	31
52		7	慎公	1		29		8		6	32
53		8		2		30		9		7	33
54		9		3		31		10		8	34
55		10	慎公	4		32		11		9	35
56		11		5		33		12		19	36

서기전	周	魯	齊	晉	秦	楚
412	14	19	44	4	3	20
411	15	20	45	5	4	21
410	16	21	46	6	5	22
409	17	穆公 1	47	7	6	23
408	18	2	48	8	7	24
407	19	3	49	9	8	聲王 1
406	20	4	50	10	9	2
405	21	5	51	11	10	3
404	22	6	康公 1	12	11	4
403	23	7	2	13	12	5
402	24	8	3	14	13	6
401	安王 1	9	4	15	14	悼王 1
400	2	10	5	16	15	2
399	3	11	6	17	惠公 1	3
398	4	12	7	18	2	4
397	5	13	8	19	3	5
396	6	14	9	20	4	6
395	7	15	10	21	5	7
394	8	16	11	22	6	8
393	9	17	12	23	7	9
392	10	18	13	孝公 24	8	10
391	11	19	14	25	9	11
390	12	20	15	26	10	12
389	13	21	16	27	11	13
388	14	22	17	桓公 1	12	14
387	15	23	18	2	13	15
386	16	24	19 亡	3	出公 1	16
305	17	25	20	4	2	17
384	18	26	21	5	獻公 1	18
383	19	27	22	6	2	19
382	20	28	23	7	3	20
381	21	29	24	8	4	21
380	22	30	25	9	5	肅王 1

宋	趙	衛	魏	韓	鄭	越
57	12	6	34	13	11	37
58	13	7	35	14	12	翳 1
59	14	8	36	15	13	2
60	15	9	37	16	14	3
61	烈侯 1	10	38	景侯 1	15	4
62	2	11	39	2	16	5
63	3	12	40	3	17	6
64	4	13	41	4	18	7
65	5	14	42	5	19	8
悼公 66	6	15	43	6	20	9
悼公 1	7	16	44	7	21	10
2	8	17	45	8	22	11
3	9	18	46	9	23	12
4	武公 10	19	47	烈侯 1	24	13
5	11	20	48	2	25	14
6	12	21	49	3	26	15
7	13	22	50	4	27	16
休公 8	14	23	武侯 1	5	康公 1	17
9	15	24	2	6	2	18
10	16	25	3	7	3	19
11	17	26	4	8	4	20
12	18	27	5	9	5	21
13	19	28	6	10	6	22
14	20	29	7	11	7	23
15	21	30	8	12	8	24
16	22	31	9	13	9	25
17	敬侯 1	32	武侯 10	文侯 1	10	26
18	2	33	11	2	11	27
休公 1	3	34	12	3	12	28
2	4	35	13	4	13	29
3	5	36	14	5	14	30
4	6	37	15	6	15	31
5	7	38	16	7	16	32

서기전	周	魯	齊	晉	秦	楚
379	23	31	26	10	6	2
378	24	32		11	7	3
377	25	33		靜公 12	8	4
376	26	共公 1		13 亡	9	5
375	烈王 1	2		14	10	6
374	2	3		15	11	7
373	3	4		16	12	8
372	4	5		17	13	9
371	5	6		18	14	10
370	6	7		靜公 1	15	11
369	7	8		2 亡	16	宣王 1

宋	趙	衛	魏	韓	鄭	越
6	8	39	17	8	17	33
7	9	40	18	9	18	34
8	10	41	19	10	19	35
9	11	42	20	哀侯 1	20	36
10	12	聲公 1	21	2	21亡	之侯 1
11	成侯 1	2	22	懿侯 1		2
12	2	3	23	2		3
辟公 13	3	聲公 4	24	3		4
14	4	5	25	4		5
15	5	6	惠王 26	懿侯 5		6
剔成 16	6	7	惠王 1	6		7

전국시대 수정 연표

개요

이 표는 진晉나라가 약해지기 시작하는 경공頃公 원년(서기전 525)의 춘추시대 후기부터 전국시대를 거쳐 진秦나라가 6국을 통일한 후 2세 황제 원년(서기전 209)까지 각국 표를 기록했다. 《사기》〈십이제후연표〉와 〈육국연표〉를 기본으로, 《고본죽서기년》과 그 해설고증서 《고본죽서기년집증》을 참고했다. 아울러 《사기》의 각국 세가 및 현대의 〈중국역사기년표〉를 참고하여 수정했다. 여기에 집필진의 의견을 더했으며, 그 과정과 이유는 각국 세가에 주석하여 두었다. 《사기》〈육국연표〉에서 기록된 부분은 색자로 구분했다. 다만 정鄭나라 말기의 오류는 〈정세가〉에서 취한 것이다. 〈육국연표〉의 정나라 기년은 거의 오류가 없다.

독자들께서 사기를 보거나 연구할 때 〈십이제후연표〉 및 〈육국연표〉와 비교하여 참고하기 바란다.

주注

- 수정 연표에 색자로 표시된 왕과 제후의 명칭 등은 《사기》〈육국연표〉에 기록된 것이다. 색자로 표시한 것과 먹자로 표시한 군주가 동일한 경우 먹자가 수정한 군주이므로 먹자 중심으로 살피면 된다.

  예| 서기전 466년 노魯나라표의 '悼公'은 〈육국연표〉의 기록이나 〈노주공세가〉에 노애공은 27년(서기전 468)에 죽고 아들 영寧이 즉위하니 이

이가 도공悼公이다.(서기전 467년이 도공 원년)

서기전 514년 진晉나라표의 '祁氏 滅' 표시는 〈조세가〉에 따르면 진晉 경공 12년에 육경六卿이 군주의 친족인 기씨祁氏, 양설씨羊舌氏를 죽이고 그들의 봉읍을 10개 현으로 나눠가져 이후부터 진晉나라의 공실公室(종실)은 더욱 쇠약해짐을 나타낸 것이다.

- 서기전 491년 조趙나라표의 '邯鄲 有'는 조간자趙簡子가 범소자와 중항문자를 공격해서 쫓아내고 한단邯鄲을 차지한 것을 말한다.

- 서기전 476년 위衛나라표의 '出公 後'는 서기전 477년 석부石傅가 군주 기起를 쫓아내자 이전의 군주인 출공出公이 다시 즉위한 것을 말한다.

- 서기전 453년 진晉나라표 '智伯 滅'은 이해에 한韓, 위魏, 조趙 세 명의 대부들이 진양晉陽에서 지백을 죽이고 그 땅을 나누어가지는데 이때부터 실질적인 전국시대가 시작되었다는 견해가 있다.

- 서기전 423년 정鄭나라표 '繻幽公'은 〈정세가〉에 의하면 유공幽公이 서기전 424년에 즉위한 것으로 나오고 한韓무자가 정나라를 공격해서 유공을 살해하자 유공의 동생을 옹립하니 이이가 수공繻公으로 서기전 423년에 즉위한 것으로 기록되어 있다. 그러나 〈한세가〉와 〈육국연표〉 등을 통해서 정나라 멸망 시점을 고려하면 서기전 423년이 유공幽公 원년이고 이해에 유공이 죽고 다음 해인 서기전 422년이 수공繻公 원년이 된다. 이후의 정나라 기년은 〈육국연표〉의 기록과 모두 맞는다.

- 서기전 411년 제齊나라표의 '田齊'는 〈전경중완세가〉의 진완陳完 후손인 전田씨 세가에 대한 기록이다. 위쪽에 있는 〈제태공세가〉의 연속된 기록은 〈춘추시대 수정 연표〉를 참고하면 된다.

- 서기전 392년 진晉나라표 '孝公'은 《죽서기년》에서 효공이 아니라 환

공桓公이라 하며 같은 군주를 가리킨다고 한다.

- 서기전 386년 전제田齊나라표 '太公'은 이해에 전田씨인 전화田和가 처음으로 제후의 반열에 오르고 얻은 전화의 시호이다. 제강공(강태공의 후예인 여呂씨)을 해변으로 쫓고 성城 하나를 식읍으로 주어 조상들을 받들게 했다. 그 후 서기전 379년에 제강공이 죽자 여呂씨의 제사가 끊어지고 전田씨가 제나라를 모두 병탄한다.

- 서기전 384년 전제田齊나라표 '桓公'은 〈육국연표〉에서 환공이 즉위했다는 기록이다. 그러나 《죽서기년》에는 서기전 384년에 전화田和(太公)가 사망했고 다음해(서기전 383)에 후작侯爵 섬剡이 즉위했다. 환공桓公은 서기전 374년에 즉위한다.

- 서기전 378년 전제田齊나라표 '威王'은 〈육국연표〉에서는 위왕이 즉위했다고 기록했으나 《죽서기년》에서는 이때에 제후 섬剡이 재위하고 있다. 제위왕齊威王 원년은 서기전 356년이다.

- 서기전 372년 송宋나라표 '辟公'은 《죽서기년》을 중심으로 고찰하면 벽공辟公은 송나라 환후桓侯로 서기전 361년이 원년이다. 또한 서기전 369년의 척성剔成은 원년이 서기전 348년이다.

- 서기전 342년 위魏나라표 '馬陵戰'은 위魏나라와 제齊나라가 마릉에서 싸운 유명한 전투표시이다. 마릉전에서 승리한 제나라는 강국으로 발돋움한다. 《죽서기년》에서는 이 싸움이 제위왕 14년과 위혜왕 28년으로, 위혜왕 27년 12월부터 28년 초까지 이어진 것으로 나온다. 위魏나라 패배 이후 삼진三晉의 주도권은 조趙나라로 넘어간다.

  또한 같은 해 전제田齊조 '宣王'은 〈육국연표〉의 착오 기록으로 보며 《죽서기년》 등에서 제선왕의 원년은 서기전 319년이다.

- 서기전 334년 위魏나라표 '襄惠後'는 〈육국연표〉에서 양왕襄王 원년

은 착오 기록으로 보며 《죽서기년》에서 양왕襄王의 원년은 서기전 318년이다. 따라서 이해(서기전 334)는 각국의 제후들이 서로 왕을 칭하기 시작했으므로 혜왕 후 1년으로 표시한 것이다.

- 서기전 323년 전제田齊조 '湣王'은 〈육국연표〉의 착오 기록으로 보며 《죽서기년》 등에 따르면 이때는 제위왕 34년이다.

- 서기전 318년 위魏나라표 '哀 襄王'은 《죽서기년》과 《세본》에는 애왕이 없고 〈위세가〉에는 기록되어 있다. 《죽서기년》이 양왕襄王에서 끝나고 있어 애왕이 후에 있을 수 있으나 《사기지의》에서는 애왕과 양왕이 같은 사람인데, 사마천이 착오로 두 사람으로 나누었을 것으로 본다.

- 서기전 260년 진秦나라표 '長平戰'은 전국시대 진秦나라와 조趙나라가 한韓나라의 상당군上黨郡을 차지하기 위한 최대의 전쟁으로 '장평대전'이라고도 한다. 이 전쟁에서 진秦나라는 조趙나라를 대파하고, 항복한 조趙나라 군사 40만 명을 매장시켜 죽인다.

- 서기전 249년 주周나라표 '東周亡'은 진나라에 멸망한 시기이다. 주周나라는 난왕赧王 원년(서기전 314)에 동주東周와 서주西周로 분리되어 다스려졌다. 이때 난왕赧王은 도읍을 서주로 옮긴다. 《사기색은》에서 서주西周는 왕성王城으로 하남河南에 있고 동주東周는 성주成周로 공鞏에 있었다고 한다. 서기전 256년인 난왕 59년에 진秦의 소양왕昭襄王이 장군 규摎를 보내 서주를 공격하자 난왕이 항복하였고, 동주東周는 서기전 249년에 진秦의 장양왕莊襄王이 여불위呂不韋를 보내 멸망시킨다.

- 서기전 249년 노魯나라표 '亡'은 〈육국연표〉에서 이해에 노나라가 멸망했다는 표시이다. 그러나 〈노주공세가〉에는 서기전 250년 노경공 24년에 초나라에 의해 멸망했다고 나온다.

- 서기전 210년 진秦나라표 '崩'은 진시황제秦始皇帝가 죽은 것을 나타낸다.

전국시대 수정 연표

서기전	周	秦	晉	趙	魏	韓
525	景王 20	襄公 12	頃公 1			
524	21	13	2			
523	22	14	3			
522	23	15	4			
521	24	16	5			
520	25	17	6			
519	敬王 1	18	7			
518	2	19	8			
517	3	20	9	簡子 1		
516	4	21	10	2		
515	5	22	11	3		
514	6	23	祁氏 滅	4		
513	7	24	13	5		
512	8	25	14	6		
511	9	26	定公 1	7		
510	10	27	2	8		
509	11	28	3	9		
508	12	29	4	10		
507	13	30	5	11		
506	14	31	6	12		
505	15	32	7	13		
504	16	33	8	14		
503	17	34	9	15		
502	18	35	10	16		
501	19	36	11	17		
500	20	惠公 1	12	18		
499	21	2	13	19		
498	22	3	14	20		
497	23	4	15	21		
496	24	5	16	22		
495	25	6	17	23		
494	26	7	18	24		
493	27	8	19	25		

鄭	衛	宋	燕	齊	楚	魯
定公 5	靈公 10	元公 7	共公 4	景公 23	平王 4	昭公 17
6	11	8	5	24	5	18
7	12	9	平公 1	25	6	19
8	13	10	2	26	7	20
9	14	11	3	27	8	21
10	15	12	4	28	9	22
11	16	13	5	29	10	23
12	17	14	6	30	11	24
13	18	15	7	31	12	25
14	19	景公 1	8	32	13	26
15	20	2	9	33	昭王 1	27
16	21	3	10	34	2	28
獻公 1	22	4	11	35	3	29
2	23	5	12	36	4	30
3	24	6	13	37	5	31
4	25	7	14	38	6	32
5	26	8	15	39	7	定公 1
6	27	9	16	40	8	2
7	28	10	17	41	9	3
8	29	11	18	42	10	4
9	30	12	19	43	11	5
10	31	13	簡公 1	44	12	5
11	32	14	2	45	13	7
12	33	15	3	46	14	8
13	34	16	4	47	15	9
聲公 1	35	17	5	48	16	10
2	36	18	6	49	17	11
3	37	19	7	50	18	12
4	38	20	8	51	19	13
5	39	21	9	52	20	14
6	40	22	10	53	21	15
7	41	23	11	54	22	哀公 1
8	42	24	12	55	23	2

서기전	周	秦	晉	趙	魏	韓
492	28	9	20	26		
491	29	10	21	邯鄲 有		
490	30	悼公 1	22	28		
489	31	2	23	29		
488	32	3	24	30		
487	33	4	25	31		
486	34	5	26	32		
485	35	6	27	33		
484	36	7	28	34		
483	37	8	29	35		
482	38	9	30	36		
481	39	10	31	37		
480	40	11	32	38		
479	41	12	33	39		
478	42	13	34	40		
477	43	14	35	41		
476	元王 44	厲公 1	36	42		
475	元王 1	2	37	襄子 1		
474	2	3	出公 1	2		
473	3	4	2	3		
472	4	5	3	4		
471	5	6	4	5		
470	6	7	5	6		
469	7	8	6	7		
468	貞定王 1	9	7	8		
467	2	10	8	9		
466	3	11	9	10		
465	4	12	10	11		
464	5	13	11	12		
463	6	14	12	13		
462	7	15	13	14		
461	8	16	14	15		
460	9	17	15	16		

鄭	衛	宋	燕	齊	楚	魯
9	出公 1	25	獻公 1	56	24	3
10	2	26	2	57	25	4
11	3	27	3	58	26	5
12	4	28	4	孺子	27	6
13	5	29	5	悼公 1	惠王 1	7
14	6	30	6	2	2	8
15	7	31	7	3	3	9
16	8	32	8	4	4	10
17	9	33	9	簡公 1	5	11
18	10	34	10	2	6	12
19	11	35	11	3	7	13
20	12	36	12	4	8	14
21	13	37	13	平公 1	9	15
22	莊公 1	38	14	2	10	16
23	2	39	15	3	11	17
24	起 1	40	16	4	12	18
25	出公 後 1	41	17	5	13	19
26	2	42	18	6	14	20
27	3	43	19	7	15	21
28		44	20	8	16	22
29	5	45	21	9	17	23
30	6	46	22	10	18	24
31	7	47	23	11	19	25
32	8	48	24	12	20	26
33	悼公 1	昭公 1	25	13	21	27
34	2	2	26	14	22	悼公 1
35	3	3	27	15	23	悼公 2
36	4	4	28	16	24	3
37	5	5	孝公 1	17	25	4
哀公 1	6	6	2	18	26	5
哀公 2	7	7	3	19	27	6
3	8	8	4	20	28	7
4	9	9	5	21	29	8

서기전	周	秦	晉	趙	魏	韓
459	10	18	16	17		
458	11	19	17	18		
457	12	20	18	襄子 19		
456	13	21	哀公 19	20		
455	14	22	20	21		
454	15	23	懿公 21	22		
453	16	24	智伯 滅	23	桓子	康子
452	17	25	23	24		
451	18	26	敬公 1	25		
450	19	27	2	26		
449	20	28	3	27		
448	21	29	4	28		
447	22	30	5	29		
446	23	31	6	30		
445	25	32	7	31	文侯 1	
444	25	33	8	32	2	
443	26	34	9	33	3	
442	27	躁公 1	10	34	4	
441	28	2	11	35	5	
440	考王 1	3	12	36	6	
439	2	4	13	37	7	
438	3	5	14	38	8	
437	4	6	幽公 15	39	9	
436	5	7	16	40	10	
435	6	8	17	41	11	
434	7	9	18	42	12	
433	8	10	幽公 1	43	13	
432	9	11	2	44	14	
431	10	12	3	45	15	
430	11	13	4	46	16	
429	12	14	5	47	17	
428	13	懷公 1	6	48	18	
427	14	2	7	49	19	

鄭	衛	宋	燕	齊	楚	魯
5	10	10	6	22	30	9
6	11	11	7	23	31	10
7	12	12	8	24	32	11
8	13	13	9	25	33	12
共公 1	悼公14	14	10	宣公 1	34	13
2	15	15	11	2	35	14
3	敬公 1	16	12	3	36	15
4	2	17	13	4	37	16
5	3	18	14	5	34	17
6	敬公 4	昭公19	15	6	39	18
7	5	20	成公 1	7	40	19
8	6	21	2	8	41	20
9	7	22	3	9	42	21
10	8	23	4	10	43	22
11	9	24	5	11	44	23
12	10	25	6	12	45	24
13	11	26	7	13	46	25
14	12	27	8	14	47	26
15	13	28	9	15	48	27
16	14	29	10	16	49	28
17	15	30	11	17	50	29
18	16	31	12	18	51	30
19	17	32	13	19	52	31
20	18	33	14	20	53	32
21	19	34	15	21	54	33
22	昭公 1	35	16	22	55	34
23	2	36	潛公 1	23	56	35
24	3	37	2	24	57	36
25	昭公 4	38	3	25	簡王 1	37
26	5	39	4	26	2	元公 1
27	6	40	5	27	3	2
28	懷公 1	41	6	28	4	元公 3
29	2	42	7	29	5	4

서기전	周	秦	晉	趙	魏	韓
426	15	3	8	50	20	
425	威烈王 1	4	9	51	21	
424	2	靈公 1	10	桓子 1	文侯 22	武子 1
423	3	2	11	獻侯 1	23	2
422	4	3	12	2	24	3
421	5	4	13	3	25	4
420	6	5	14	4	26	5
419	7	6	烈公 15	5	27	6
418	8	7	16	6	28	7
417	9	8	17	7	29	8
416	10	9	18	8	30	9
415	11	10	烈公 1	9	31	10
414	12	簡公 1	2	10	32	11
413	13	2	3	11	33	12
412	14	3	4	12	34	13
411	15	4	5	13	35	14
410	16	5	6	14	36	15
409	17	6	7	15	37	16
408	18	7	8	烈侯 1	38	景侯 1
407	19	8	9	2	39	2
406	20	9	10	3	40	3
405	21	10	11	4	41	4
404	22	11	12	5	42	5
403	23	12	13	6	43	6
402	24	13	14	7	44	7
401	安王 1	14	15	8	45	8
400	2	15	16	9	46	9
399	3	惠公 1	17	武公 10	47	烈侯 1
398	4	2	18	11	48	2
397	5	3	19	12	49	3
396	6	4	20	13	50	4
395	7	5	21	14	武侯 1	5

鄭	衛	宋	燕	齊	楚	魯
30	3	43	8	30	6	5
31	懷公 4	44	9	31	7	6
幽 32	5	45	10	32	8	7
繻幽公 1	6	46	11	33	9	8
繻公 1	7	47	12	34	10	9
2	8	48	13	35	11	10
3	9	49	14	36	12	11
4	10	50	15	37	13	12
5	11	51	16	34	14	13
6	慎公 1	52	17	39	15	14
7	2	53	18	40	16	15
8	3	54	19	41	17	16
9	慎公 4	55	20	42	18	17
10	5	56	21	후략	19	18
11	6	57	22		20	19
12	7	58	23	田齊	21	20
13	8	59	24	悼子 1	22	21
14	9	60	25	2	23	穆公 1
15	10	61	26	3	24	2
16	11	62	27	4	聲王 1	穆公 3
17	12	63	28	5	2	4
18	13	64	29	6	3	5
19	14	65	30	和 1	4	6
20	15	悼公 66	31	2	5	7
21	16	悼公 1	釐公 1	3	6	8
22	17	2	2	4	悼王 1	9
23	18	3	3	5	2	10
24	19	4	4	6	3	11
25	20	5	5	7	4	12
26	21	6	6	8	5	13
27	22	7	7	9	6	14
康公 1	23	休公 8	8	10	7	15

서기전	周	秦	晉	趙	魏	韓
394	8	6	22	15	2	6
393	9	7	23	16	3	7
392	10	8	孝公24	17	4	8
391	11	9	25	18	5	9
390	12	10	26	19	6	10
389	13	11	27	20	7	11
388	14	12	桓公 1	21	8	12
387	15	13	2	22	9	13
386	16	出公 1	3	敬侯 1	武侯10	文侯 1
385	17	2	4	2	11	2
384	18	獻公 1	5	3	12	3
383	19	2	6	4	13	4
382	20	3	7	5	14	5
381	21	4	8	6	15	6
380	22	5	9	7	16	7
379	23	6	10	8	17	8
378	24	7	11	9	18	9
377	25	8	靜公12	10	19	10
376	26	9	13 亡	11	20	哀侯 1
375	烈王 1	10	14	12	21	2
374	2	11	15	成侯 1	22	懿侯 1
373	3	12	16	2	23	2
372	4	13	17	3	24	3
371	5	14	18	4	25	4
370	6	15	靜公 1	5	惠王 26	懿侯 5
369	7	16	2 亡	6	惠王 1	6
368	顯王 1	17		7	2	7
367	2	18		8	3	8
366	3	19		9	4	9
365	4	20		10	5	10
364	5	21		11	6	11
363	6	22		12	7	12
362	7	23		13	8	昭侯 1

鄭	衛	宋	燕	齊	楚	魯
2	24	9	9	11	8	16
3	25	10	10	12	9	17
4	26	11	11	13	10	18
5	27	12	12	14	11	19
6	28	13	13	15	12	20
7	29	14	14	16	13	21
8	30	15	15	17	14	22
9	31	16	16	18	15	23
10	32	17	17	太公 1	16	24
11	33	18	18	2	17	25
12	34	休公 1	19	桓公 3	18	26
13	35	2	20	剡 1	19	27
14	36	3	21	2	20	28
15	37	4	22	3	21	29
16	38	5	23	4	蕭王 1	30
17	39	6	24	5	2	31
18	40	7	25	威王 6	3	32
19	41	8	26	7	4	33
20	42	9	27	8	5	共公 1
21亡	聲公 1	10	28	9	6	2
	2	11	29	桓公 1	7	3
	3	12	30	2	8	4
	聲公 4	辟公 13	桓公 1	3	9	5
	5	14	2	4	10	6
	6	15	3	5	11	7
	7	剔成 16	4	6	宣王 1	8
	8	17	5	7	2	9
	9	18	6	8	3	10
	10	19	7	9	4	11
	11	20	8	10	5	12
	成侯 1	21	9	11	6	13
	2	22	10	12	7	14
	3	23	11	13	8	15

서기전	周	秦	晉	趙	魏	韓
361	8	孝公 1		14	9	2
360	9	2		15	10	3
359	10	3		16	11	4
358	11	4		17	12	昭侯 5
357	12	5		18	13	6
356	13	6		19	14	7
355	14	7		20	15	8
354	15	8		21	16	9
353	16	9		22	17	10
352	17	10		23	18	11
351	18	11		24	19	12
350	19	12		25	20	13
349	20	13		肅侯 1	21	14
348	21	14		2	22	15
347	22	15		3	23	16
346	23	16		4	24	17
345	24	17		5	25	18
344	25	18		6	26	19
343	26	19		7	27	20
342	27	20		8	馬陵戰	21
341	28	21		9	29	22
340	29	22		10	30	23
339	30	23		11	31	24
338	31	24		12	32	25
337	32	惠文君 1		13	33	26
336	33	2		14	34	27
335	34	3		15	35	28
334	35	4		16	襄 惠後 1	29
333	36	5		17	2	30
332	37	6		18	3	宣惠王 1
331	38	7		19	4	2
330	39	8		20	5	3
329	40	9		21	6	4

鄭	衛	宋	燕	齊	楚	魯
	成侯 4	桓侯 1	文公 1	14	9	16
	5	2	2	15	10	17
	6	3	3	16	11	18
	7	4	4	17	12	19
	8	5	5	18	13	20
	9	6	6	威王 1	14	21
	10	7	7	2	15	22
	11	8	8	3	16	康公 1
	12	9	9	4	17	2
	13	10	10	5	18	康公 3
	14	11	11	6	19	4
	15	12	12	7	20	5
	16	13	13	8	21	6
	17	剔成 1	14	9	22	7
	18	2	15	10	23	8
	19	3	16	11	24	9
	20	4	17	12	25	景公 1
	21	5	18	13	26	2
	22	6	19	14	27	景公 3
	23	7	20	宣王 15	28	4
	24	8	21	16	29	5
	25	9	22	17	30	6
	26	10	23	18	威王 1	7
	27	11	24	19	2	8
	28	12	25	20	3	9
	29	13	26	21	4	10
	平侯 1	14	27	22	5	11
	2	15	28	23	6	12
	3	16	29	24	7	13
	平侯 4	17	易王 1	25	8	14
	5	18	2	26	9	15
	6	19	3	27	10	16
	7	20	4	28	11	17

서기전	周	秦	晉	趙	魏	韓
328	41	10		22	7	5
327	42	11		23	8	6
326	43	12		24	9	7
325	44	13		武靈王 1	10	8
324	45	惠文王 1		2	11	9
323	46	2		3	12	10
322	47	3		4	13	11
321	48	4		5	14	12
320	愼靚王 1	5		6	15	13
319	2	6		7	16	14
318	3	7		8	哀襄王 1	15
317	4	8		9	2	16
316	5	9		10	3	17
315	6	10		11	4	18
314	赧王 1	11		12	5	19
313	2	12		13	6	20
312	3	13		14	7	21
311	4	14		15	8	襄王 1
310	5	武王 1		16	9	2
309	6	2		17	10	3
308	7	3		18	11	4
307	8	4		19	12	5
306	9	昭襄王 1		20	13	6
305	10	2		21	14	7
304	11	3		22	15	8
303	12	4		23	16	9
302	13	5		24	17	10
301	14	6		25	18	11
300	15	7		26	19	12
299	16	8		27	20	13
298	17	9		惠文王 1	21	14
297	18	10		2	22	15
296	19	11		3	23	16

鄭	衛	宋	燕	齊	楚	魯
	8	偃 1	5	29	懷王 1	18
	嗣君 1	2	6	30	2	19
	2	3	7	31	3	20
	3	4	8	32	4	21
	嗣君 4	5	9	33	5	22
	5	6	10	湣王 34	6	23
	6	7	11	35	7	24
	7	8	12	36	8	25
	8	9	噲 1	37	9	26
	9	10	2	宣王 1	10	27
	10	11	3	2	11	28
	11	12	4	3	12	29
	12	13	5	4	13	平公 1
	13	14	6	5	14	2
	14	15	7	6	15	平公 3
	15	16	8	7	16	4
	16	17	9	8	17	5
	17	18	昭王 1	9	18	6
	18	19	2	10	19	7
	19	20	3	11	20	8
	20	21	4	12	21	9
	21	22	5	13	22	10
	22	23	6	14	23	11
	23	24	7	15	24	12
	24	25	8	16	25	13
	25	26	9	17	26	14
	26	27	10	18	27	15
	27	28	11	19	28	16
	28	29	12	湣王 1	29	17
	29	30	13	2	30	18
	30	31	14	3	頃襄王 1	19
	31	32	15	4	2	20
	32	33	16	5	3	文公 1

서기전	周	秦	晉	趙	魏	韓
295	20	12		4	昭王 1	釐王 1
294	21	13		5	2	2
293	22	14		6	3	3
292	23	15		7	4	4
291	24	16		8	5	5
290	25	17		9	6	6
289	26	18		10	7	7
288	27	19		11	8	8
287	28	20		12	9	9
286	29	21		13	10	10
285	30	22		14	11	11
284	31	23		15	12	12
283	32	24		16	13	13
282	33	25		17	14	14
281	34	26		18	15	15
280	35	27		19	16	16
279	36	28		20	17	17
278	37	29		21	18	18
277	38	30		22	19	19
276	39	31		23	安釐王 1	20
275	40	32		24	2	21
274	41	33		25	3	22
273	42	34		26	4	23
272	43	35		27	5	桓惠王 1
271	44	36		28	6	2
270	45	37		29	7	3
269	46	38		30	8	4
268	47	39		31	9	5
267	48	40		32	10	6
266	49	41		33	11	7
265	50	42		孝成王 1	12	8
264	51	43		2	13	9
263	52	44		3	14	10

鄭	衛	宋	燕	齊	楚	魯
	33	34	17	6	4	文公 2
	34	35	18	7	5	3
	35	36	19	8	6	4
	36	37	20	9	7	5
	37	38	21	10	8	6
	38	39	22	11	9	7
	39	40	23	12	10	8
	40	41	24	13	11	9
	41	42	25	14	12	10
	42	43 亡	26	15	13	11
	懷君 1		27	16	14	12
	2		28	17	15	13
	3		29	襄王 1	16	14
	懷君 4		30	2	17	15
	5		31	3	18	16
	6		32	4	19	17
	7		33	5	20	18
	8		惠王 1	6	21	19
	9		2	7	22	20
	10		3	8	23	21
	11		4	9	24	22
	12		5	10	25	23
	13		6	11	26	頃公 1
	14		7	12	27	頃公 2
	15		武成王 1	13	28	3
	16		2	14	29	4
	17		3	15	30	5
	18		4	16	31	6
	19		5	17	32	7
	20		6	18	33	8
	21		7	19	34	9
	22		8	建 1	35	10
	23		9	2	36	11

서기전	周	秦	晉	趙	魏	韓
262	53	45		4	15	11
261	54	46		5	16	12
260	55	長平戰		6	17	13
259	56	48		7	18	14
258	57	49		8	19	15
257	58	50		9	20	16
256		51		10	21	17
255		52		11	22	18
254		53		12	23	19
253		54		13	24	20
252		55		14	25	21
251		56		15	26	22
250		孝文王 1		16	27	23
249	東周亡	莊襄王 1		17	28	24
248		2		18	29	25
247		3		19	30	26
246		始皇帝 1		20	31	27
245		2		21	32	28
244		3		悼襄王 1	33	29
243		4		2	34	30
242		5		3	景湣王 1	31
241		6		4	2	32
240		7		5	3	33
239		8		6	4	34
238		9		7	5	安 1
237		10		8	6	2
236		11		9	7	3
235		12		遷 1	8	4
234		13		2	9	5
233		14		3	10	6
232		15		4	11	7
231		16		5	12	8
230		17		6	13	9 亡

鄭	衛	宋	燕	齊	楚	魯
	24		10	3	考烈王 1	12
	25		11	4	2	13
	26		12	5	3	14
	27		13	6	4	15
	28		14	7	5	16
	29		孝王 1	8	6	17
	30		2	9	7	18
	31		3	10	8	19
	元君 1		喜 1	11	9	20
	2		2	12	10	21
	元君 3		3	13	11	22
	4		4	14	12	23
	5		5	15	13	24 亡
	6		6	16	14	25 亡
	7		7	17	15	
	8		8	18	16	
	9		9	19	17	
	10		10	20	18	
	11		11	21	19	
	12		12	22	20	
	13		13	23	21	
	14		14	24	22	
	15		15	25	23	
	16		16	26	24	
	17		17	27	25	
	18		18	28	幽王 1	
	19		19	29	2	
	20		20	30	3	
	21		21	31	4	
	22		22	32	5	
	23		23	33	6	
	24		24	34	7	
	25		25	35	8	

서기전	周	秦	晉	趙	魏	韓
229		18		7	14	
228		19		8 亡	15	
227		20	王 嘉 1		假 1	
226		21	2		2	
225		22	3		3 亡	
224		23	4			
223		24	5			
222		25	6 亡			
221		26 統一				
220		27				
219		28				
218		29				
217		30				
216		31				
215		32				
214		33				
213		34				
212		35				
211		36				
210		37 崩				
209		2세 1				

鄭	衛	宋	燕	齊	楚	魯
	角 1		26	36	9	
	2		27	37	10	
	3		28	38	負芻 1	
	4		29	39	2	
	5		30	40	3	
	6		31	41	4	
	7		32	42	5 亡	
	8		33 亡	43		
	9			44 亡		
	10					
	11					
	12					
	13					
	14					
	15					
	16					
	17					
	18					
	19					
	20					
	21 亡					

인명

ㅊ

기타

《신주 사마천 사기》〈세가〉를 만든 사람들

한가람역사문화연구소 사기연구실

이덕일(한가람역사문화연구소 소장, 문학박사)

김명옥(문학박사)

송기섭(문학박사)

이시율(고대사 및 역사고전 연구가)

정　암(지리학박사)

최원태(고대사 연구가)

한가람역사문화연구소는 1998년 창립된 이래 한국 사학계에 만연한 중화사대주의 사관과 일제식민 사관을 극복하고 한국의 주체적인 역사관을 세우려 노력하고 있는 학술연구소이다. 독립운동가들의 역사관 계승 작업을 꾸준히 진행하는 한편《사기》본문 및 '삼가주석'에 한국 고대사의 진실을 말해주는 수많은 기술이 있음을 알고 연구에 몰두했다. 지난 10여 년간 '《사기》원전 및 삼가주석 강독(강사 이덕일)'을 진행하는 한편 사기연구실 소속 학자들과《사기》에 담긴 한중고대사의 진실을 찾기 위한 연구 및 답사도 계속했다.《신주 사마천 사기》는 원전 강독을 기초로 여러 연구자들이 그간 토론하고 연구한 결과의 집대성이라고 할 수 있다. 한가람역사문화연구소는《신주 사마천 사기》 출간을 시작으로 역사를 바로세우기 위해 토대가 되는 문헌사료의 번역 및 주석 추가 작업을 꾸준히 이어갈 계획이다.

한문 번역 교정

박종민　유정님　오선이　김효동　이주은　김현석

《사기》를 지은 사람들

본문_ 사마천

사마천은 자가 자장子長으로 하양(지금 섬서성 한성시) 출신이다. 한 무제 때 태사공을 역임하다가 이릉 사건에 연루되어 궁형을 당했다. 기전체 사서이자 중국 25사의 첫머리인 《사기》를 집필해 역사서 저술의 신기원을 이룩했다. 후세 사람들이 태사공 또는 사천이라고 높여 불렀다. 《사기》는 한족의 시각으로 바라본 최초의 중국민족사라고 할 수 있는데 여기서 사마천은 동이족의 역사를 삭제하거나 한족의 역사로 바꾸기도 했다.

삼가주석_ 배인·사마정·장수절

《집해》 편찬자 배인은 자가 용구龍駒이며 남북조시대 남조 송(420~479)의 하동 문희(현 산서성 문희현) 출신이다. 진수의 《삼국지》에 주석을 단 배송지의 아들로 《사기집해》 80권을 편찬했다.

《색은》 편찬자 사마정은 자가 자정子正으로 당나라 하내(지금 하남성 심양) 출신인데 굉문관 학사를 역임했다. 사마천이 삼황을 삭제한 것을 문제로 여겨서 〈삼황본기〉를 추가했으며 위소, 두예, 초주 등 여러 주석자의 주석을 폭넓게 모으고 자신의 견해를 덧붙여 《사기색은》 30권을 편찬했다.

《정의》 편찬자 장수절은 당나라의 저명한 학자로, 개원 24년(736) 《사기정의》 서문에 "30여 년 동안 학문을 섭렵했다"고 썼을 정도로 《사기》 연구에 몰두했다. 그가 편찬한 《사기정의》에는 특히 당나라 위왕 이태 등이 편찬한 《괄시시》를 폭넓게 인용한 것을 비롯해서 역사지리에 관한 내용이 풍부하다.